Peter F. Drucker

Bevor die Lichter erloschen

Peter F. Drucker

Bevor die Lichter erloschen

Roman

Amalthea

Deutsche Übersetzung von Maria-Concetta Hübner
und Mischa Lentz

Schutzumschlag: Wolf Bachmann, München
Das Umschlagfoto zeigt ein Interieur aus der ehemaligen
Wohnung des Wiener Stadtbaumeisters
Friedrich von Schmidt, Am Heumarkt 19, Wien III,
nunmehr Sitz des Amalthea Verlags
Satz: Fotosatz Weihrauch, Würzburg
Gesetzt aus der 10/12 Punkt Bembo
Druck und Binden: Welsermühl, Wels/Oberösterreich
Printed in Austria 1985
ISBN 3-85002-195-5

Vorwort

Das ist das erste meiner Bücher, das offen zugibt, daß seine Handlung erfunden ist – aber auch das erste, das in meine Heimat zurückführt, die ich vor fast sechzig Jahren (1927) verlassen habe. Seinem Umfang nach ist dieses Buch ein Roman. In seinem Aufbau aber ist es der Kammermusik nachempfunden; ein wenig vielleicht den so einfach wirkenden Quartetten Anton Dvoraks, der ein Zeitgenosse und Mitbürger einiger der Personen in diesem Buch war und wenige Jahre vor den hier beschriebenen Erlebnissen wirkte. Oder vielleicht klingt in der Gestaltung dieses Buches die *Sinfonia Concertante* mit, in der in jedem Satz ein anderes Instrument desselben kleinen Ensembles ein Solo spielt. Österreichische Leser mag es auch ein wenig an Schrammlmusik erinnern, die, halb heiter, halb wehmütig, vom milden Herbstwind getragen durch die Grinzinger Weinberge summt.
Die Handlung dieses Buches spielt in London und in Wien im Zeitraum einiger Junitage im Jahr 1906. Nur wenige Menschen sind noch am Leben, die zu jener Zeit schon erwachsen waren und sich ihrer noch erinnern können. Obwohl es damals schon Kraftwagen, Fernsprecher und elektrisches Licht gab, ist jene Zeit und ihre Welt doch für alle anderen – und auch für mich – so weit entfernt wie das Ägypten des Pharaos oder die Turniere gepanzerter Ritter. Trotzdem ist dieses Buch kein ›Historischer Roman‹. Keiner sagt ›parbleu‹, niemand wird zum Duell gefordert, niemand trägt historische Kostüme. Wohl werden historische Persönlichkeiten erwähnt – Bis-

marck, Marx, Disraeli, Gustav Mahler und John Pierpont Morgan, der mächtige Bankier. Aber sie sind nicht einmal Statisten auf dieser Bühne und tauchen eigentlich nur nebenbei im Gespräch auf, wie es eben Namen bekannter Zeitgenossen tun. Die Personen dieses Buches sind frei erfunden. Sie haben ihren Wert und ihre Bedeutung als Menschen und nicht als ›Persönlichkeiten‹.

Peter F. Drucker

Claremont, Kalifornien, im Sommer 1984

1. SOBIESKI

Henrietta
Margit
Josefa
Lord Owen
»Eine Geschichte nach Goldoni«

Henrietta

Nur zweimal in seinem Leben, und das war nun auch schon Jahrzehnte her, hatte der Fürst Sobieski eine solche Welle sinnlichen Wollustgefühls empfunden, wie sie ihn gestern nachmittag, als der Kunsthändler das neueste Bild von Claude Monet aus der Verpackung hob, überflutet hatte: vor sich sah er die Fassade der Kathedrale von Rouen, schäumendes Blau mit leuchtenden rostfarbenen Tupfen, das große Rosettenfenster in strahlendem Karminrot. Jedesmal, wenn er zu dem Bild hinsah, durchflutete ihn dieses beseligende Gefühl von neuem, ja er empfand es sogar dann, wenn er sich das Bild mit geschlossenen Augen vorstellte.

Er spürte dabei dieselbe immense Zärtlichkeit wie vor vierzig Jahren, als er zum ersten Mal jener langbeinigen Elfjährigen begegnet war, die später seine Frau werden sollte. Damals aber war sie noch ein Kind, das seine Hand vertrauensvoll in die Hand des Fremden legte, jenes entfernten Vetters, den es noch nie zuvor gesehen und von dem es aller Wahrscheinlichkeit nach auch noch nie gehört hatte. Sie hatte ihn zu einem langen Spaziergang durch die staubigen Straßen der österrreichischen Garnisonsstadt entführt, hatte ihm ihr Herz ausgeschüttet, ihre Einsamkeit und ihre Verzweiflung gestanden, die sie über den vom Spiel besessenen Vater und die verbitterte, heimlich trinkende Mutter empfand.

Kurz vor seinem dreißigsten Geburtstag hatte er neuerlich dieses Gefühl entzückter Zärtlichkeit empfunden, als er seine unehelich erstgeborene Tochter betrachtete, das

Kind seiner Pariser Geliebten, wo er zu jener Zeit am Hof Napoleons III. seine Elevenzeit im diplomatischen Dienst absolvierte.
Und nun, an der Schwelle des Alters, durfte er diese Zärtlichkeit, diese Harmonie, dieses Wonnegefühl noch einmal erleben. Sobieski fragte sich in diesem Augenblick, ob das vielleicht für ihn das letzte Mal sei.
Zugleich gestand er sich ein, daß die Freude, die ihm Dr. Wegners offensichtliche Verwirrung bereitete, sein Wohlbefinden noch erhöhte, so wie ein Pfefferkorn den Geschmack einer Speise abrundet.
Der Monet hatte seinen Platz auf einer Staffelei in der unteren Bibliothek gefunden, die jetzt als Büro und Empfangszimmer diente, früher aber der Ballsaal des im achtzehnten Jahrhundert errichteten Palais war, das Sobieski kurz nach seiner Ernennung zum Botschafter in London erworben hatte. Nach dem morgendlichen Bad und der darauffolgenden Massage hatte er sich spontan dazu entschlossen, sein Frühstück hier und nicht wie üblich im Wohnzimmer im ersten Stock einzunehmen, um dem Gemälde nahe zu sein. Das war etwas, was er in den siebenundzwanzig Jahren, die er nun schon in London lebte, noch nie getan hatte.
Für Wegner, seinen Privatsekretär, bedeutete das, daß er bei der Morgenbesprechung nicht wie gewohnt sich hinter seinem Lesepult verschanzen konnte, sondern ungeschützt in der Mitte des großen Raumes stehen bleiben mußte. Es gehörte zu Wegners täglichen Pflichten, den Fürsten an die bevorstehenden Termine zu erinnern, ihn über den Inhalt der in der Nacht eingetroffenen Depeschen des Außenministeriums in Wien zu informieren, die wichtigsten Nachrichten und Leitartikel der »Times«, der »Morning Post«, der »Wiener Neuen Freien Presse« (die stets erst zwei Tage nach Erscheinen eintraf) vorzulesen,

den »Court Circular« und die täglichen Berichte des Generaldirektors der Sobieskischen Besitzungen und Unternehmen.
Wegner, ansonsten die Tüchtigkeit in Person, war heute derart verwirrt, daß er zu stottern begann und sich bei den für ihn absolut geläufigen Namen der österreichischen Diplomaten sowie der Direktoren der Sobieskischen Holzfabriken und Zuckerraffinerien verhaspelte. Den »Court Circular« hätte er wohl überhaupt vergessen, wenn der Fürst ihn nicht energisch daran erinnert hätte.
Plötzlich fiel Sobieski eine längst vergessene Geschichte aus der Schulzeit ein. Man hatte ihm erzählt, daß selbst der unnachgiebigste und strengste Lehrer aus dem Gleichgewicht gebracht werden konnte, wenn ihm seine Schüler lange genug auf den Hosenschlitz sahen. Sobieski hatte in seiner eigenen Jugend nie die Gelegenheit gehabt, das auszuprobieren. Er war von Privatlehrern unterrichtet worden, bis auf die zwei kurzen Jahre, die er als Sechzehn- und Siebzehnjähriger auf der Nobelschule der Jesuiten in Kalksburg bei Wien verbracht hatte. Die Patres dort hatten natürlich knöchellange Kutten getragen, davon abgesehen sah man sie niemals gehend oder stehend, immer thronten sie äußerst formell auf einem hohen Podium oder hinter einem riesigen Tisch. Einem plötzlichen Einfall nachgebend fixierte Sobieski den Hosenschlitz des armen Wegners, worauf dieser bis an die Wurzeln seines spärlichen, sandfarbenen Haares errötete und in seiner grenzenlosen Verlegenheit sämtliche Unterlagen fallen ließ. Offensichtlich litt er Höllenqualen, wirkte dabei aber so komisch, daß Sobieski sich nicht enthalten konnte, mit vorgetäuschtem Mitgefühl zu fragen: »Fühlen Sie sich etwa nicht wohl, Dr. Wegner?«
Vor Jahren, bei einem Essen am Haager Königshof, war Sobieski eine sehr süße ost-indische Schokoladenspeise

serviert worden, in die der Koch einige fast unerträglich scharfe Körner roten Pfeffers gemengt hatte. Der unvermittelt beißende Geschmack dieser Körner ließ die Süße des Desserts noch stärker zur Geltung kommen. Genauso hatte Sobieski jetzt das Gefühl, daß die offensichtliche Qual des sonst so selbstsicheren, arroganten und wichtigtuerischen Wegner die harmonische, klare Vollkommenheit des Monet noch erhöhte und die Erregung, die er bei dem Gedanken, daß dieses Bild jetzt ihm gehörte, empfand, noch steigerte.

Alles in allem war der heutige Morgen außerordentlich erfreulich gewesen. Als er zu seinem zweistündigen Morgenritt aufbrach, war es, obwohl bereits Juni, noch dunkel, so dicht lag der Nebel über der Stadt. Das war sein London, wie er es liebte: jedes Geräusch wurde von einer unheimlichen Stille gedämpft und aufgesogen, von Zeit zu Zeit riß der Nebel kurz auseinander und gab den Blick frei auf wohlbekannte und dennoch fremd scheinende Plätze, enthüllte hier und dort eine bislang unbekannte Seite des Gesichts dieser Stadt. Dem dichten Nebel war ein heftiger Regenguß vorangegangen und nun war der Park so leer, daß Sobieski ihn beinah ganz für sich allein hatte. So wie bei den meisten seiner einsamen Ausritte war auch heute Pauline an seiner Seite. Genauso waren sie jeden Morgen zusammen ausgeritten in jenen längst vergangenen Tagen ihrer Jugendzeit, als sie in jenem Schloß tief in den polnischen Wäldern eine zauberhafte Liebe erlebt hatten – er der Prinz und Pauline sein Dornröschen. Es schien ihm, als könnte er den Duft ihres frischen, jungen Körpers spüren, obwohl der scharfe Geruch der Pferde und der aufdringliche Dunst der Großstadt ihn umgaben: der gelbe Nebel, gesättigt vom Geruch des Kohlenstaubes, von abgestandenen Autoabgasen und der Ausdünstung Millionen ungewaschener Menschenleiber, die in schmutzigen Mietska-

sernen zusammengepfercht waren. Als er zurückritt, begann die Sonne den Nebel mit ihren goldenen und silbernen Speeren zu durchbrechen und als er zum Atherton Square kam, blinkten bereits hier und dort kleine Stücke blauen Himmels durch den steigenden Nebel.
Dank dem neuen amerikanischen Masseur, den der Bankier Hinton entdeckt und ihm vor einigen Wochen empfohlen hatte, spürte er zum ersten Mal seit Monaten keine Schmerzen in seiner Schulter, die er sich vor ewigen Zeiten bei dem Versuch, Pauline das Hindernisspringen beizubringen, ausgerenkt hatte. Dann war da noch die telegraphische Nachricht von seinem Generaldirektor in Wien, die besagte, daß die Aktienausgabe der Polonia-Brauerei in Krakau ein voller Erfolg war, in Zahlen gesprochen ein Vermögen von mehreren Millionen Pfund Sterling, nicht etwa österreichischen Kronen. Was Sobieski besonders daran freute war die Tatsache, daß es seine ureigenste Idee gewesen war, die Polonia zu gründen und dann die Aktien zu verkaufen. Er hatte diese Idee gegen die beiden überaus skeptischen Bankiers, Hinton in London und Mosenthal in Wien, durchgesetzt; beide hatten ihn gewarnt: »Es gibt ohnedies schon zuviel Bier, zu viele Brauereien und zu viele Brauereiaktien.« Nun, die beiden hatten Unrecht behalten.
Schließlich sein täglicher Anruf bei Margit in Horne Abbeye, der ihn von der Sorge, mit der er neuerdings jeden Morgen erwachte, befreit hatte. Am Klang ihrer Stimme erkannte er, daß die Fürstin sich einstweilen noch keine Gedanken wegen ihrer Affäre mit Owen Rhys Nevis machte, daß sie sich ihres Liebhabers und seiner Liebe nach wie vor sicher war. Natürlich konnte das Ganze nicht lang so weitergehen – schließlich war sie jetzt fünfzig. Sobieski fürchtete den Tag, an dem diese Affäre zu Ende sein und es der armen Fürstin klar werden würde, daß sie nicht

länger jene »jeune fille« war, die eben erst von der Klosterschule kommt. Mit Sicherheit würde er dann wieder in die Rolle des edlen Ritters schlüpfen müssen, als den sie ihn von jeher gesehen hatte; schon damals, als sie ihm als kleines Mädchen das erste Mal begegnet war, war er ihr in ihrer Einsamkeit und Verzweiflung wie die ersehnte Antwort auf ihr kindliches Gebet um ein Wunder vorgekommen. Aber was konnte er heute für sie tun? Wie konnte ihr überhaupt jemand helfen? Aber wenigstens für den Augenblick war die Fürstin noch zufrieden und glücklich und konnte sich in Ruhe all den Klatschgeschichten widmen, die ihr unschuldiges Gemüt so amüsierten.

Ein ausnehmend erfreulicher Morgen also – wäre da nicht Henriettas Brief gewesen.

Zeitweise war es ihm zwar gelungen, den Brief zu vergessen, wenn er an seinen neuen Monet dachte, das Bild betrachtete oder sich an den Qualen des armen Wegners weidete. Trotzdem – seitdem er den Brief gesehen hatte, verfolgte ihn ein unbehagliches Gefühl, eine undeutliche, aber unabweisbare Vorahnung, daß damit etwas äußerst Unangenehmes auf ihn zukam.

Obwohl der Brief schon gestern nachmittag angekommen war, hatte er noch keine Zeit gehabt, ihn richtig zu lesen. Zuerst war der Kunsthändler mit dem Monet erschienen, gleich darauf hatte er den Besuch eines übereifrigen Beamten des Außenministeriums erhalten, der ihn mit einem Problem belästigte, das eigentlich gar keines war: irgendein Geschäftsmann aus Manchester wurde der Hehlerei verdächtigt, aber da er Honorarkonsul eines dieser Balkankönigreiche war, bestand er auf diplomatischer Immunität. An sich eine lächerliche Angelegenheit, aber da Sobieski der Doyen des Corps diplomatique war, mußte er darüber informiert und um seine Meinung gefragt werden. Danach war es für ihn höchste Zeit gewesen, sich für ein offizielles Souper umzuziehen, das der Außenminister zu Ehren der in England weilenden Botschafter und Minister gab und das mit seinen langweiligen Reden und nichtssagenden Trinksprüchen bis Mitternacht gedauert hatte.

Natürlich gehörten dergleichen Dinge zu den Routineaufgaben seines Berufes, das wußte Sobieski sehr wohl – schließlich hatte man ihm bereits vor vierzig Jahren beigebracht, sich nicht darüber zu beklagen. Er erinnerte sich noch lebhaft daran, wie er sich damals bei seinem ersten Vorgesetzten, dem österreichischen Botschafter in Frankreich, Fürst Richard Metternich-Sandor, dessen Eleve er gerade geworden war, darüber beschwert hatte, wie entsetzlich er sich auf seinem ersten, vier Stunden dauernden offiziellen Essen gelangweilt habe. »Gab es denn gar nichts, was Ihnen gefallen hat?« erkundigte sich Metternich-Sandor.

»Oh, doch, Franz Liszt hat Klavier gespielt – aber leider nur zwanzig Minuten.« »Ja, und ist Ihnen nicht klar, mein Lieber«, erwiderte Metternich-Sandor stillvergnügt, »daß Liszt jeden Tag mindestens vier Stunden lang die langweiligsten Etuden üben muß, damit Sie sich dann zwanzig Minuten lang an seinem Spiel erfreuen können?«

Sobieski hatte wie jeder zukünftige Diplomat gelernt, wie man eine zweistündige Besprechung oder ein vierstündiges Essen übersteht, ohne einzuschlafen, ohne zu gähnen, ohne sich an der Nase zu kratzen und ohne sich zu Tode zu langweilen. Gestern abend hatte er sich damit beholfen, daß er an seine Sammlung impressionistischer Bilder dachte. Er hatte sofort erkannt, daß der neue Monet ohne Zweifel die Krönung der gesamten impressionistischen Malerei darstellte. Dieses Bild sollte zugleich auch die Krönung seiner Sammlung sein – danach wollte er kein weiteres mehr kaufen. Vor vierzig Jahren hatte er den Grundstein

für seine Sammlung gelegt mit einem kleinen Degas – eine Gouache, die eine Ballettänzerin darstellte. Er hatte dieses Bild nicht eigentlich deshalb erstanden, weil es ihm so gut gefallen oder weil er damals bereits einen Blick für Malerei gehabt hätte. Vielmehr hatte er damals gerade Lucille, Henriettas Mutter kennengelernt, die selbst Ballett*elevin* war, und ihr wollte er den Degas schenken.
Aber so sehr er sich auch dagegen sträuben mochte, der Gedanke an Henriettas Brief verfolgte ihn und Angst und Unbehagen wurden immer stärker. Er hatte sich dazu gezwungen, den Brief bis nach seiner Besprechung mit Wegner beiseite zu legen. Danach würden ihm dann zwei oder drei Stunden bleiben, ihn in Ruhe durchzulesen, zu analysieren und zu durchdenken. Sein nächster Termin war erst um ein Uhr, dann mußte er die paar Schritte hinübergehen, um mit den Herren von der Botschaft zu Mittag zu essen, wie er es jeden Tag tat, wenn er in London war. Freilich hatte er beim flüchtigen Überfliegen des Briefes bereits einen ersten Eindruck gewonnen – und vermutlich konnte er sich auf diesen ersten Eindruck auch verlassen, denn sein Gedächtnis war darin geübt, jedes einmal gelesene Wort zu behalten. Aber was hatte Metternich-Sandor ihn noch gelehrt? Sich auf den ersten Eindruck zu verlassen, ist für einen Diplomaten eine unverzeihliche Sünde und die sicherste Voraussetzung dafür, Fehler zu machen.
Jahre später, er war inzwischen selbst Botschafter einer Großmacht und Senior im diplomatischen Dienst, lernte er in London den Herzog von Avila, der seit zehn oder zwölf Jahren Spaniens Botschafter in Großbritannien war, kennen und als einen der hervorragendsten Diplomaten seiner Generation schätzen. Sie wurden Freunde und eines Tages zeigte ihm Avila eine wissenschaftliche Abhandlung, an der er bereits seit zwanzig Jahren arbeitete: *Das*

Metier des Diplomaten. »Ich bin fast fertig damit«, hatte er damals erklärt (seither sind weitere zwanzig Jahre vergangen, dachte Sobieski, und er arbeitet immer noch daran, inzwischen weit über achtzig, im Ruhestand und halbblind). Da hieß es im ersten Kapitel: »Vertraue nicht Deinen Eindrücken. Lies aufmerksam Wort für Wort und analysiere dann das Gelesene.«
Inzwischen war Wegner verschwunden und Sobieski war allein – bis auf die beiden Kürassiere, die vor der Türe und am Stiegenaufgang Wache standen und die drei oder vier Pagen auf ihrer Bank, die darauf warteten, für ihn Botengänge zu erledigen. Endlich konnte Sobieski die Schublade seines Schreibtisches öffnen, in der er seine Privatsachen aufbewahrte, und Henriettas Brief hervorholen.
Als erstes betrachtete er die Handschrift, wie Metternich-Sandor es ihm beigebracht hatte. Ohne Zweifel, das war Henriettas Schrift mit den schrägliegenden Buchstaben, diese auf den ersten Blick so leserlich scheinende Schulmädchen-Schrift, die in Wirklichkeit kaum zu entziffern war. Dann das Kuvert. Die Anschrift lautete:

His Royal Highness
Jan Casimir IX, Prince of Sobieski
and Duke of Przemysl
Ambassador Extraordinary and Minister
Plenipotentiary to the Court of St. James's
The Austro-Hungarian Embassy
Londres, Angleterre

In einer Ecke stand der Vermerk ›Persönlich‹ und die Initialen H.D.S. (Henrietta Duguit-Sobieski). Dies sollte Dr. Wegner bedeuten, daß er ein privates Schreiben vor sich hatte, das er nicht öffnen dürfe.
Die Adresse war korrekt bis ins letzte Detail und das war

typisch für Henrietta. Typisch für sie war auch die Angewohnheit, Englisch und Französisch gleichzeitig zu verwenden. Als er sie deswegen einmal geneckt hatte, hatte sie ihm geantwortet: »Aber Papa, man kann von den Londoner Postbeamten doch kaum erwarten, daß sie Französisch können, folglich muß ich Euren Namen und Titel in Englisch schreiben. Den Ort und das Land dagegen muß ich selbstverständlich in Französisch schreiben, denn von den Beamten in Paris kann man wieder nicht erwarten, daß sie Englisch sprechen.«

»Du bist inkonsequent, Henrietta«, hatte Sobieski eingewendet. »Wenn ich mich gerade in Österreich aufhalte, adressierst du deine Briefe an mich schließlich auch in Französisch!«

»Das ist richtig, Papa«, hatte sie erwidert. »Aber jeder österreichische Beamte weiß, daß Französisch die Sprache der zivilisierten Welt ist, und er würde niemals zugeben, daß er sie nicht lesen kann.« Und damit hatte sie natürlich absolut recht.

Das war eben Henriettas unvergleichliche Logik! Sie nannte es ihren Sinn fürs ›Praktische‹. Den hatte sie von ihrer Mutter Lucille geerbt, einer flämischen Bauerntochter, die sich dank dieser Veranlagung sogar im Dschungel der Halbwelt behauptet hatte: Bereits mit fünfzehn hatte Lucille ihr kleines Heimatdorf in der Nähe von Dunquerque verlassen – sie war mit dem Maler, dem sie den Sommer über Modell gestanden hatte, nach Paris durchgebrannt. Dort brachte sie sich als Modell, als Ballettänzerin, aber auch als unbedeutende ›Kurtisane‹ weiter durch. Bis sie schließlich die Geliebte eines Fürsten wurde. Die Abfindung, die Sobieski ihr bei der Trennung gab, verwendete sie dazu, sich im geachteten Bürgertum zu etablieren, indem sie einen verwitweten Textilfabrikanten in Tourcoing oder Roubaix oder einem ähnlichen Provinznest

heiratete. Und es war ihr Sinn fürs ›Praktische‹, der sie erfolgreich die Rolle der pflichtgetreuen Ehefrau ihres alternden Mannes und der ebenso pflichtgetreuen Mutter seiner verwaisten Kinder spielen ließ, derselbe Sinn fürs ›Praktische‹, der sie zuvor zur pflichtgetreuen Geliebten eines jungen, wilden Prinzen und zur ebenso pflichtgetreuen Freundin verarmter Maler gemacht hatte, denen sie tagsüber Modell saß und mit denen sie des Nachts schlief.
Die aus diesem »praktischen Verstand« resultierende Logik war kalt, unbarmherzig und völlig amoralisch. Lucilles Logik hatte seinerzeit den jungen Sobieski schockiert, und eben dieselbe Logik, die er bei Henrietta, Lucilles Tochter wiederfand, machte heute auch dem älteren Sobieski Angst. Es hatte für ihn einen echten Schock bedeutet, als er dahinter kam, daß Lucille dreißig Prozent Provision für jedes Bild ihrer jungen impressionistischen Maler-Freunde einstrich, das Sobieski kaufte. Denn sie war es, die den untrüglichen Blick für gute Bilder hatte, die ihm das richtige Sehen beibrachte und die ihn zum Kauf des einen oder anderen Bildes überredete. »Schließlich nehme ich weniger Provision als ein Kunsthändler«, hatte Lucille ihm damals erklärt. »Andererseits bringe ich dich dazu, den Malern mehr zu bezahlen als ein Kunsthändler. Alles in allem bekommst du auf diese Weise die besten Bilder – und du bekommst sie zu einem verdammt günstigen Preis.«
Gestern abend erst war ihm klar geworden, wie recht Lucille gehabt hatte.
Denn während er die Bilder seiner Sammlung vor seinem inneren Auge Revue passieren ließ, hatte er auch darüber nachgedacht, wieviel er für jedes einzelne bezahlt hatte – und er hatte es mit dem Betrag verglichen, den der Kunsthändler heute für den neuen Monet verlangte. Er hatte die Bilder nie gekauft, um damit eine gute Geldanlage zu haben; er hatte sie gekauft, weil Lucille ihm beigebracht

hatte, die Bilder richtig zu sehen und zu lieben. Trotzdem hatte ihm seine Sammlung impressionistischer Maler genausoviel Geld eingebracht wie die Polonia-Brauerei. Nicht einmal seine größte finanzielle Transaktion hatte ihm mehr eingebracht: Damals hatte er seine großen böhmischen und mährischen Güter von Weizen- auf Zuckerrübenanbau umgestellt, da es unmöglich geworden war, mit Ungarn, Amerika und Argentinien beim Weizen mitzuhalten; damit hatte er den Grundstein für die heute größte Zuckerraffinerie Mitteleuropas gelegt.
Diesen speziellen »Sinn fürs Praktische« hatte Henrietta auch vor zehn Jahren während der Dreyfus-Affäre bewiesen. Pierre, ihr Mann, war zu jener Zeit noch Rittmeister und gerade von der Kavallerie zum französischen Generalstab versetzt worden. Er hatte Alfred Dreyfus öffentlich als »Verräter« und »Judenschwein« bezeichnet, für den sogar »ein Schuß Pulver noch zu schade sei«. Damals hatte Sobieski Henrietta gebeten: »Sorg dafür, daß Pierre sich etwas mehr zurückhält. Das Beweismaterial gegen Dreyfus ist noch keineswegs überzeugend.«
Henrietta hatte eingewendet: »Aber Papa, jeder im Generalstab weiß, daß Dreyfus unschuldig ist. Tatsächlich will Pierre mir immer den Namen des wirklichen Spions verraten. Aber mir ist es weitaus angenehmer, ihn nicht zu wissen, und das habe ich Pierre auch gesagt. Natürlich wird die Wahrheit in einigen Jahren herauskommen. Viel zu viele Menschen kennen sie, also kann sie gar kein Geheimnis bleiben. Aber im Augenblick haben sich die Generäle auf seine Schuld festgelegt und können es sich daher nicht leisten, daß etwa das Gegenteil bewiesen wird. Und jeder junge Offizier, der nicht noch lauter schreit als sie, ist in ihren Augen illoyal und bewirkt nur das Ende seiner Karriere. Vielleicht wird ein Kriegsminister abdanken müssen, wenn die Wahrheit eines Tages herauskommt.

Aber ausbaden werden es zu guter Letzt die Offiziere, die Dreyfus nicht laut genug denunziert haben. Und davon einmal abgesehen: Was bringt es denn, wenn ein so unbedeutender Rittmeister wie Pierre den Don Quichotte spielt?«
Natürlich war die Geschichte genauso ausgegangen. Pierre, mit geistigen Gaben nicht gerade gesegnet, brachte es immerhin zum Oberstleutnant im Generalstab, obwohl inzwischen sogar die Generäle die Unschuld von Dreyfus zugeben mußten.
Dieses skrupellose, grausame und amoralische ›praktische Denken‹ nach Bauern- und Kurtisanenart schockierte und ängstigte Sobieski. Andererseits faszinierte es ihn: es war so gänzlich frei von jeder Heuchelei.
Im Grunde war es eben diese kaltschnäuzige, selbstbezogene Aufrichtigkeit, die ihn von Anfang an zu Lucille hingezogen hatte. Kennengelernt hatte er sie durch Lord apRhys, der damals zwar schon von seiner Frau getrennt lebte, aber noch nicht endgültig geschieden war. In der Tat war Owen Rhys Nevis die Folge eines letzten Versöhnungsversuches, der einige Monate später stattfand. (Owen kam in derselben Woche auf die Welt wie Henrietta). Owens Vater lebte inzwischen in Paris, als *Eleve* seines Vetters, des britischen Botschafters in Frankreich, obwohl er immerhin zehn Jahre älter war als Sobieski. Ganz Paris kannte ihn als den ›verrückten Lord‹, der offensichtlich gewillt war, einen Rekord im Verbrauch von Ballettratten aufzustellen. Die Freundschaft zwischen Sobieski und dem Lord entstand aus ihrer gemeinsamen Liebe zu den Pferden. Jeden Morgen ritten sie zusammen aus. ›Und so habe ich auch mein Englisch gelernt‹, erinnerte sich Sobieski. Eines Tages arrangierte apRhys ein Picknick in den Wäldern von Rambouillet, zu dem er Sobieski einlud. Und er bat seine damalige Freundin, eine talentierte

Ballerina an der Opéra Comique, eine junge Kollegin mitzubringen. Es war Lucille.
»Ihr beiden müßtet eigentlich glänzend miteinander auskommen«, sagte apRhys in seinem furchtbaren Französisch. »Ihr seid beide *Eleven* und beide im komischen Fach. Du«, wandte er sich an Lucille, »im Corps de Ballet und du«, meinte er lächelnd zu Sobieski, »im Corps Diplomatique. Ihr seid wie füreinander geschaffen.« Der junge Sobieski war furchtbar verlegen, das Mädchen aber, das fast noch wie ein Kind aussah, lachte nur.
»Warum sind Sie mitgekommen?« wandte sich Sobieski an das Mädchen.
»Um einen großzügigen Gönner zu finden«, antwortete das Mädchen ohne eine Spur von Verlegenheit.
Sobieski widmete sich wieder Henriettas Brief. Das Kuvert war wirklich nichts weiter als ein Kuvert, als Mittel zur Beförderung gedacht und als solches verwendet. Er konnte es beruhigt zur Seite legen. Dann endlich nahm er sich den Brief vor.
Die Anrede war ihm vertraut. Alle Briefe Henriettas begannen so, seitdem sie, sechs oder sieben Jahre alt, ihm zum ersten Mal zum Geburtstag geschrieben hatte.

Monseigneur, mon Père:
Noch drei Wochen und wir sind bei Euch in London. Wir warten nur noch auf Pierres Rückkehr aus den Frühlingsmanövern, an welchen er als persönlicher Adjutant von General Martineau teilnimmt; übrigens eine große Ehre und normalerweise einem weitaus höheren Offizier vorbehalten. Wie immer wird der Aufenthalt bei Euch der Höhepunkt des Jahres sein. Ihr wißt ja, wie sehr wir von Euren klugen Ratschlägen abhängen.
Gerade dieses Jahr brauchen wir Eure Hilfe mehr denn je zuvor. Pierre steht an einem kritischen Punkt seiner Karriere. An

sich ist mir völlig klar, was jetzt zu geschehen hat. Und doch muß es für Pierre und mich unerreichbar bleiben, wenn Ihr uns nicht dabei helft. Denn für Euch, den Botschafter Ihrer Apostolischen Majestät in London, ist es das Einfachste auf der Welt. Pierre wird nächstes Jahr vierzig. Er ist also noch verhältnismäßig jung, trotz seines Ranges und der ihm vom Generalstab übertragenen Verantwortung. In einigen Jahren aber wird er zu den vielen Kavallerie-Offizieren gehören, denen nichts mehr bleibt als in Pension zu gehen. Natürlich könnte sich Pierre auch zur Truppe zurückversetzen lassen. Sicher bekäme er sofort das Kommando über ein Regiment und damit auch den Rang eines Obersten. Und selbstverständlich wären wir auch ohne weiteres bereit, den Aufenthalt in irgendeiner langweiligen, schrecklichen Garnisonsstadt in der Provinz auf uns zu nehmen – nur leider hilft das Pierre nicht weiter. Für ihn wäre das das Ende – fünfzehn Jahre Rekruten ausbilden und Krankmeldungen unterschreiben! Dank dieser gräßlichen Sozialisten, die von Tag zu Tag einflußreicher werden und die nichts anderes im Sinn haben, als die Armee zu zerstören, wird man immer weniger Offiziere brauchen; man zögert ja jetzt schon die Neubesetzung freigewordener Stellen unverzeihlich lange hinaus – ›Sparmaßnahmen‹ nennt man das! Natürlich würde sich das bei einem eventuellen Krieg ändern, aber dann ist Pierre vielleicht schon über fünfzig und ohne Chance auf eine Beförderung.
Pierre hält mir oft vor, daß ich viel zu ehrgeizig denke. Dabei tue ich das nicht etwa für Pierre Duguit, sondern für Pierre Duguit-Sobieski. Als Ihr damals in Eurer Liebe und Großzügigkeit die Tochter jenes einfachen Bauernmädchens anerkanntet und uns später sogar noch erlaubtet, den erlauchten Namen Sobieski dem Namen des Sohnes eines Notars aus Toulon beizufügen, habt Ihr damit Maßstäbe gesetzt, denen ich verpflichtet bin. Demzufolge ist das Ganze nicht eine Frage des Ehrgeizes, sondern der Ehre. Ich bin fest entschlossen, dem Namen

Sobieski nicht dadurch Schande zu bereiten, daß ich als die Frau eines alternden, unbedeutenden Mannes, der es nicht weiter als bis zum Oberst gebracht hat, wohl aber Euren Namen trägt, bei Euch zu Gast bin und in Eurem Salon sitze.
Es muß also eine andere Lösung geben. Und es gibt sie auch, aber nur mit Eurer Hilfe. Für einen Offizier in Pierres Alter und mit seinem Rang gibt es nur einen einzigen militärischen Posten, bei dem das Fehlen des höheren Dienstalters kein absolutes Hindernis ist. Natürlich werdet Ihr es bereits erraten haben: die Beförderung zum Militärattaché an eine Botschaft. Freilich ist für diese Beförderung nicht das Militär zuständig, sondern der Personalchef im Außenministerium. Natürlich muß zuerst beim Generalstab eine Eingabe gemacht werden, weil sich dieser ja das Recht auf Einspruch vorbehält, aber das sollte kein Problem sein, denn der dort zuständige Mann ist uns sehr gewogen. Pierre erfüllt für den Posten eines Militärattachés die Voraussetzung, auf die am meisten Wert gelegt wird: er spricht mehrere Sprachen. Sein Englisch ist, dank der vielen Besuche bei Euch in London, hervorragend; und er spricht immer noch sehr gut Italienisch, da er ja an der Côte d'Azur aufgewachsen ist.
Ein französischer Militärattaché wird automatisch schon einige Monate nach seiner Einstellung zum Obersten befördert und avanciert gegen Ende seines Turnus zum ›général de brigade‹. Vier oder fünf Jahre später wird er dann fast zwangsläufig ›général de division‹. Kommt es zum Krieg – und die Frage ist eher ›wann‹ und nicht ›ob‹ –, dann gibt es für einen früheren Militärattaché in jedem Fall einen wichtigen Posten. War er in einem alliierten Land stationiert, wird er Verbindungsmann zwischen zwei wichtigen Befehlsstellen; war er in einem nunmehr feindlichen Land stationiert, so setzt man ihn als erfahrenen Berater des Geheimdienstes ein.
Liebster Papa, Ihr habt bereits so viel für uns getan, daß es mir schwerfällt, Euch wieder um etwas bitten zu müssen. Anderer-

seits habt Ihr mir im vorigen Jahr, als wir uns zuletzt über Pierres Zukunft unterhielten, jede nur erdenkliche Hilfe versprochen. Als Eure natürliche Tochter kann ich mich weder auf Euren Namen noch auf die erlauchte Familie Sobieski berufen. Ich kann nur auf die Hilfe vertrauen, die Ihr mir in Person und aufgrund Eurer hohen Stellung gewähren könnt.
Ich kann es kaum erwarten, Euch die Hand küssen zu dürfen – aber es sind ja nur noch drei Wochen. Und bis dahin, dessen bin ich sicher, habt Ihr bereits einen Weg gefunden, mir aus meinen Sorgen und Schwierigkeiten herauszuhelfen, so wie Ihr auch bisher immer einen Ausweg für Euer kleines Mädchen aus allen Sorgen und Schwierigkeiten gefunden habt.

Eure Euch liebende Tochter
Riri

Wirklich geschickt, dachte Sobieski, nachdem er den Brief ein zweites Mal gelesen hatte. Sie könnte sogar einem erfahrenen Diplomaten noch etwas beibringen.
Selbstverständlich unterschrieb sie nicht ohne Grund mit ›Riri‹. Das sollte ihn rühren, und es rührte ihn auch. Riri nannte sie sich selbst, als sie noch sehr klein war und ihren Namen Henrietta nicht aussprechen konnte. Ihm hatte das gefallen und er rief sie auch dann noch so, als sie schon längst ihren Namen richtig sagen konnte. Dieser kindliche Kosename rief in dem jungen, vernarrten Vater jene Zärtlichkeit und Zuneigung wach, die er selbst, wie er nun erkannte, in seiner eigenen Kindheit schmerzlich vermißt hatte. Denn weder seine Mutter, die sich durch ihre Heirat in die polnischen Wälder verbannt sah, die sie haßte, noch sein Vater, der nichts anderes im Kopf hatte als seine Pferde und seine unzähligen Zigeunerliebchen, waren je zärtlich und liebevoll zu ihm gewesen, und auch nicht seine Großmutter, die dem Knaben warme Zuneigung und

Interesse entgegenbrachte, jedoch als Tochter des sächsischen Königshauses gefangen war in ihrem Familienstolz und als Habsburger-Enkelin das starre Hofprotokoll befolgte.

Später wurde dann Henrietta der Name Riri lästig, und sie beschwerte sich sogar einmal: »Das ist der Spitzname einer Kokotte.« Trotzdem hatte sie nun ihren Brief mit diesem Namen unterschrieben. Das war mehr als nur der Wunsch, ihm Freude zu bereiten. Es war ein Hilfeschrei aus tiefster Seele, das Eingeständnis ihrer Hilflosigkeit. Sobieski war gerührt und sie tat ihm leid, denn er wußte, es mußte ihr eine Demütigung bedeutet haben.

Und wie geschickt sie die unausgesprochene Drohung hatte durchklingen lassen! Freilich war es als Drohung nicht viel wert. Er gab sich nicht der Illusion hin, daß Henrietta ihn liebte – sie liebte keinen außer sich selbst. Aber solange er am Leben war und sie hoffen konnte, ihm Geld zu entlocken, würde sie seinen Einladungen Folge leisten und ›in seinem Salon sitzen‹. Sie wußte, wie sehr er ihre Zuneigung brauchte, und sie verstand es, ihn daran zu erinnern, auch ohne ihre Krallen zu zeigen. »Sie ist der einzige Mensch, den ich liebe«, dachte Sobieski, »und das weiß sie«.

Wie gründlich sie alles vorbereitet hatte! Eigentlich hätte er nichts anderes mehr zu tun brauchen, als die von ihr entworfenen Briefe zu unterschreiben. Freilich, sollte Pierres Italienisch nicht wesentlich besser als sein Englisch sein, dann wäre es um seine Sprachkenntnisse schlecht bestellt. Aber Sprachkenntnisse waren nun einmal das einzige Argument, das seine Beförderung trotz seines niederen Ranges rechtfertigen könnte. Und wie zum Teufel mochte Henrietta es fertiggebracht haben, daß Pierre Adjutant bei General Martineau wurde? Da hatte sie wohl einige Wochenenden mit dem alten eitlen Mann in Biarritz verbracht. Er genoß es, in Gesellschaft fashionabler Frauen gesehen zu werden. Etwas in dieser Art war es auch ohne Zweifel, warum der Personalchef des Generalstabs ihnen so gewogen war. Schließlich ist sie nicht umsonst die Tochter einer Kurtisane, dachte Sobieski bei sich.

Natürlich hatte Henrietta recht: Die Berufung zum Militärattaché war in der Tat für Pierre die letzte und einzige Möglichkeit. Daß es mit seiner Karriere nicht voranging, lag weniger an seinem Alter oder an den »gräßlichen Sozialisten« (dem Sobieski von Herzen zustimmte), es lag vielmehr daran, daß er keinen Funken Intelligenz besaß. *Pierre de Duguit*, sein Großvater, war ein Immobilienspekulant, der sich das »de« vor dem Namen 1842 von Louis Philippe erkauft hatte. Als Henrietta Pierre als ihren Auserwählten vorstellte, war er der typische ›beau sabreur‹, ein junger Kavallerie-Leutnant, hübsch anzusehen auf seinem Pferd, mit seinem gepflegten, glänzenden Schnurrbart, und vor allem sehr geübt darin, den diversen Kindermädchen im Bois de Boulogne schöne Augen zu machen. Heute war er ein Mann in mittleren Jahren, der zu fett wurde und außer seinem inzwischen gefärbten Schnurrbart immer noch nichts weiter zu bieten hatte. Aber, dachte Sobieski, Mangel an Intelligenz war für einen Militärattaché nicht unbedingt ein Handicap.

Sobieski selbst hatte nie viel fürs Militär übrig gehabt, es beeindruckte ihn nicht einmal sonderlich. Allerdings war er durch die Erbfolge Kommandeur der Sobieski-Kürassiere, dem berühmtesten österreichischen Kavallerie-Regiment. Mit neunzehn hatte er sogar an einer Schlacht teilgenommen, als 1859 die Österreicher gegen die Italiener kämpften. Er hatte alles entsetzlich langweilig gefunden, sowohl das alberne Geschwätz seiner Offiziers-Kameraden als auch den nicht endenwollenden Herbstregen.

Am allerwenigsten respektierte Sobieski den Militärattaché, der in seinen Augen weder Soldat war – dessen Aufgabe es war, auf sich schießen zu lassen –, noch Diplomat, dessen Aufgabe es war, dafür zu sorgen, daß überhaupt auf niemanden geschossen wurde. Er war nichts als ein eitler Geck. Sobieski fand, daß der Posten des Militärattachés eine der unglücklichsten Erfindungen des zwanzigsten Jahrhunderts sei und er hatte sich lange dagegen gewehrt, daß ihm einer zugeteilt werde. Übrigens vergeblich, denn Wien bestand darauf und entsandte einen Grafen aus uraltem Geschlecht und von sehr jungem Reichtum – er war mit einer Wald-Reifnitz-Tochter verheiratet –, und Sobieski sah sich voll in seinem Vorurteil bestätigt. Der Graf tat nichts, außer einmal im Monat einen Boten in den Buchladen in der Victoria Station zu schicken, um dort die Kursbücher der britischen Eisenbahn zu besorgen. Die ließ er dann sorgfältig in Wachstuch wickeln und mit dem Vermerk »Streng geheim« an das Kriegsministerium in Wien schicken. Irgendwer mußte ihm einmal gesagt haben, daß Eisenbahnen strategisch wichtig seien.

Nun, wenn Dummheit und Indolenz Voraussetzung für einen solchen Posten waren – Pierre besaß beides und konnte folglich guten Gewissens empfohlen werden. Wieder einmal fragte sich Sobieski, was Henrietta eigentlich an diesem Dummkopf gefunden haben mochte. Dann fiel ihm ein Gespräch ein, das er einmal mit ihr gehabt hatte. »Warum willst du einen so unbedeutenden Mann heiraten?« hatte er sie gefragt.

»Eben weil er so unbedeutend ist, Papa«, hatte sie geantwortet. »Ich möchte einen Mann, den ich lenken kann, dirigieren, beherrschen.« Sie sagte das ebenso einfach und direkt wie seinerzeit ihre Mutter gesagt hatte: »Ich will einen großzügigen Gönner finden.«

Und Henrietta hatte auch diesmal recht. Ihr Vater mußte etwas für sie tun, solange er noch lebte und im Amt war.

Nach seinem Tod würde der Name Sobieski für sie zu einem Hindernis werden. Margit war von jeher auf sie eifersüchtig gewesen, und seine legitimen Kinder taten überhaupt so, als ob seine natürliche Tochter nicht existiere. Niemals würden sie ihm verzeihen, daß er Henrietta bei ihrer Geburt anerkannt hatte und sie würden auch niemals verstehen, wie er etwas so Ausgefallenes und völlig Unnötiges hatte tun können.
Seine legitime Tochter, nunmehr mit dem Fürsten Wottawa-Sonthofen verheiratet, hatte in seiner Gegenwart einmal zu ihrer Mutter die ätzende Bemerkung gemacht: »Eine finanzielle Abfindung wäre für diesen Balg aus der Gosse doch wohl wirklich mehr als genug gewesen.«
Ebenfalls recht hatte Henrietta mit der Behauptung, daß es für ihren Vater verhältnismäßig einfach sei, dafür zu sorgen, daß Pierre Militärattaché wurde. Freilich waren die einzigen französischen Botschaften, die in Frage kamen – Madrid und Rom –, ziemlich bedeutungslos. Ein Blick in den »Diplomatischen Almanach« belehrte Sobieski darüber, daß Henrietta an diese beiden gedacht haben mußte. Hier wie dort war der amtierende Militärattaché gerade zum »général de brigade« befördert worden und laut Henrietta – auf die man sich in solchen Dingen verlassen konnte – waren beide bereit, in die Heimat zurückzukehren. Das erklärte auch, warum sie auf Pierres Italienischkenntnisse anspielte, von denen Sobieski hier das erste Mal hörte. Alles weitere würde tatsächlich einfach sein. Vor allem, weil Sobieski den Personalchef des französischen Diplomatischen Corps seit langem kannte und dieser tief in seiner Schuld stand. Der Vorfall hatte sich vor zehn Jahren ereignet, als der Personalchef, damals noch ein junger Mann, zum Nachwuchs an der französischen Botschaft gehörte. Seine hübsche, aber leichtsinnige Frau hatte wegen hoher Spielschulden einige Schuldscheine zu Wu-

cherzinsen unterschrieben und wurde damit erpreßt. Ein Wort Sobieskis an den Bankier Hinton hatte genügt, die Schuldscheine wurden in einem neutralen Kuvert retourniert.
Den für die Einstellungen zuständigen Mann im Generalstab kannte Sobieski allerdings nicht persönlich. Doch in den entsprechenden Heeres-Listen wurde er als Segur-Ponchivy geführt. Folglich war seine Schwester, vielleicht auch seine Kusine, mit einem der jüngeren Sonthofen verheiratet und demzufolge mit Sobieskis Schwiegersohn, Wottawa-Sonthofen, verwandt. Er konnte also direkt an Segur schreiben und ihn als ›mon cousin‹ anreden. Ohne Zweifel würde sich Segur geschmeichelt fühlen, von einer so hochgestellten Persönlichkeit wie dem Herzog von Przemysl persönlich einen Brief zu bekommen und noch dazu als dessen Verwandter angesprochen zu werden. Sobieski dachte erneut, wie klug Henrietta war. Sicher hatte sie das alles schon vorher gewußt und bis ins Detail geplant.
»Es stimmt, sie hat mich bereits auf dieses Anliegen vorbereitet«, dachte Sobieski. »Es war nicht ihre Schuld, daß ich das damals nicht begriff.« Er erinnerte sich deutlich an jene Unterhaltung mit Henrietta, auf die sie in ihrem Brief anspielte. Wie bei jedem ihrer Besuche war sie kurz vor ihrer Abreise zu ihm gekommen, um ihn um Geld zu bitten. Und so wie jedes Mal war er auch diesmal wieder verblüfft über die Höhe der von ihr erbetenen Summe – es wäre mehr als genug gewesen, um einem französischen Offizier mit Familie bis ans Ende des Lebens ein komfortables Dasein zu ermöglichen. Abgesehen von diesen jährlichen Geldgeschenken hatte er ihr bereits bei ihrer Geburt eine fürstliche Summe ausgesetzt, einen noch höheren Betrag hatte sie bei ihrer Hochzeit von ihm erhalten. Gar nicht zu reden von den großzügigen Zuwendungen

bei der Geburt ihrer beiden Söhne. Gottlob wußte sie nicht, wie reich er wirklich war!
Als er den Scheck für sie ausschrieb – es war fast doppelt soviel, wie er vorgehabt hatte ihr zu geben –, sagte Henrietta zu ihm: »Nächstes Jahr, Papa, muß ich wegen Pierres Karriere zu Euch kommen. Kann ich mit Eurer Hilfe rechnen?«
Selbstverständlich hatte er ›ja‹ gesagt, aber es wäre ihm nie in den Sinn gekommen, es könnte sich um etwas anderes handeln als um Geld.
Aber nun mußte er erkennen, daß sie um einiges mehr verlangte als nur Geld. Sie verlangte aktives Eingreifen. Und es war ihr gutes Recht, ihn darum zu bitten, und es war seine Verpflichtung, ihre Bitte zu erfüllen. Denn das war es wohl, was man seinen Kindern schuldete, vor allem einem natürlichen Kind. Seine ehelichen Kinder konnten selbst für sich sprechen, alle mit dem Namen Sobieski verbundenen weitreichenden Beziehungen standen ihnen zur Verfügung. Henrietta aber besaß nichts – nur seinen Schutz und sein Wohlwollen.
Warum nur war er eigentlich so traurig, unruhig und durcheinander? Nicht einmal der Monet konnte ihm seine Ruhe und Zufriedenheit wiedergeben. Vor allem aber – warum war er so besorgt?
Vorigen Herbst, bei einer diplomatisch-militärischen Konferenz mit dem österreichischen Generalstab, hatte er sich einer geplanten Maßnahme widersetzt und sie als »kriegsmäßige Herausforderung« bezeichnet. »Sind Sie etwa Pazifist?« hatte ihn daraufhin einer der hervorragenden österreichischen Offiziere erstaunt gefragt.
»Nein, ich bin nicht Pazifist, General«, hatte er geantwortet, »aber ich finde, man darf den Krieg nicht so leicht nehmen, dafür ist er viel zu riskant. In Ihren Offiziersschulen wird viel von dem berühmten Clausewitz-Epigramm ge-

sprochen. Da heißt es: ›Der Krieg ist die Fortsetzung der Diplomatie mit anderen Mitteln.‹ Dem stimme ich absolut nicht bei. In meinen Augen bedeutet Krieg das Versagen der Diplomatie.«
Und dann versuchte er dem Mann zu erklären, welchen ungeheuren Eindruck ein Erlebnis auf ihn gemacht hatte, das er einige Wochen zuvor gehabt hatte. Da hatte ihn sein jüngerer Sohn, der ein ebenso fanatischer Bergsteiger war wie Sobieski zu seiner Zeit ein fanatischer Reiter, in die Dolomiten mitgenommen und ihm dort einen berühmten Bergführer vorgestellt.
»Die wichtigste Regel beim Klettern ist«, erklärte ihm der Bergführer, »niemals vorwärts zu gehen, bevor man sichergestellt hat, daß man auch wieder zurück kann. Die zweite wichtige Regel ist, daß man einen Arm oder ein Bein erst dann bewegen darf, wenn die drei anderen Gliedmaßen einen sicheren Halt gefunden haben.«
»Für mich gibt es keine bessere Definition der Diplomatie«, sagte Sobieski zu dem General. »Im Vergleich dazu ist der Krieg so etwas wie das Herunterspringen von der Spitze eines Berges in der Hoffnung, daß Gott einem Flügel wachsen lassen wird.«
Der General hörte ihm nicht mehr zu, aber Sobieski fuhr fort: »Ich bin nicht gegen den Krieg, weil er nicht berechenbar ist. Ich bin gegen den Krieg, weil seine Auswirkungen so sicher vorherberechenbar sind. Es ist ebenso ungewiß, wer einen Krieg gewinnen und wer ihn verlieren wird, wie es ungewiß ist, was geschieht, wenn man von einer Bergspitze herunterspringt. Daran ändern auch alle Kriegspläne und Manöver nichts. Seit meinem ersten Feldzug in Italien, damals vor beinahe einem halben Jahrhundert, habe ich fünf oder sechs Kriege mitgemacht, darunter vor ein paar Jahren den Buren-Krieg, den die Briten so schimpflich verpatzt haben. Und keiner dieser Kriege hat-

te dann auch nur die geringste Ähnlichkeit mit dem, was eure schlauen Offiziere in ihren gutsitzenden Uniformen vorhergesagt hatten. Aber gleichgültig wer nun gewinnt – in dieser unserer Welt wird der Verlierer in eine blutige Anarchie getrieben; und vielleicht nicht nur er, vielleicht auch der Gewinner. Egal, wer gewinnt – die Zivilisation geht zugrunde.«

Und wieder dachte Sobieski an jene furchtbaren Monate, als er als einziger Diplomat in Paris zurückgeblieben war, damals, als 1871 die Preußen die Stadt belagerten, in der sich der Pöbel tobend zusammenrottete. In jener schrecklichen Zeit voller Haß, unsinniger Gewalt und Gesetzlosigkeit wurde er erwachsen. Aus dem jungen Lebemann wurde ein Mann. Während dieser Monate begann seine berufliche Karriere, aus dem *Eleven* wurde ein Diplomat. In der österreichischen Botschaft hatten ein paar hundert unglückliche deutsche Zivilisten (Schneider und Buchbinder, Geschäftsleute, ein oder zwei Ärzte und einige völlig verstörte Frauen) Zuflucht gesucht. Eine Gruppe alter Weiber mit blutgierigen Augen und junger Männer, die nach Raub und Vergewaltigung verlangten, versuchten die Botschaft zu stürmen. Die revolutionäre Miliz, die das Gebäude hätte beschützen sollen, war Hals über Kopf davongerannt, und so blieb ihm nichts übrig, als dem Pöbel allein die Stirn zu bieten, als Pole und Freund Frankreichs an die Massen zu appellieren.

Zuerst wollten sie ihn lynchen – nie war er dem Tod so nahe gewesen –, doch schließlich waren sie doch zurückgewichen. Als es den Regierungstruppen einige Wochen später gelang, die Kommune niederzuschlagen – übrigens ebenso brutal, raublustig und gewälttätig wie die Kommunarden zuvor selbst vorgegangen waren –, da griffen englische und amerikanische Journalisten die Geschichte auf und veröffentlichten sie. Und plötzlich war er ein Held!

Er stieg daraufhin derart in der Achtung der Deutschen – der Kaiser persönlich schrieb ihm, um ihm für die Rettung der deutschen Zivilisten zu danken –, daß er einige Monate später, knapp dreißigjährig, als Botschafter in das eben erst begründete Deutsche Reich geschickt wurde. Er war nun zuständig für die Beziehung mit Österreichs alten Verbündeten, die nun zu Bismarcks Reich gehörten.

Seinen Erfahrungen mit der Kommune verdankte er schließlich auch einige Jahre später seine Berufung nach London. Bismarck, inzwischen auf dem Höhepunkt seiner Macht, bat ihn eines Tages zu sich und horchte ihn im Verlauf eines langen Abends, den sie allein verbrachten, gründlich über das Paris der Kommune aus. Bei diesem Gespräch vertrat Sobieski zu seinem eigenen Erstaunen zum ersten Mal die Ansicht, daß der moderne Krieg, mit großen, zwangsweise rekrutierten Armeen, zu einer sozialen Gefahr geworden sei. Die Folge davon wäre eine Zerstörung von Kultur und Gemeinwesen der besiegten Nation, und die solcherart entstehende Zerrüttung könnte leicht auf die Siegermacht übergreifen.

Offensichtlich hatte er Bismarck mit diesem Standpunkt beeindruckt, denn 1878, beim Berliner Kongreß, legte Bismarck Disraeli, dem britischen Premierminister, und Lord Salisbury, dem Sekretär für auswärtige Angelegenheiten, nahe, sich einmal mit Sobieski über die Pariser Kommune zu unterhalten. Und tatsächlich hatte dann Salisbury Sobieskis Berufung zum österreichischen Botschafter in England gefordert.

Inzwischen war es Mode geworden, die Pariser Kommune als Folge eines »Klassenkampfes« darzustellen. Mit wachsendem Erstaunen hatte Sobieski eine Abhandlung von Karl Marx gelesen, dem großen Propheten der Sozialisten, in welcher er die Kommunarden als Helden der Revolution und Vorläufer einer neuen perfekten Welt von Liebe,

Frieden und Brüderlichkeit schilderte. Nun, Sobieski wußte es leider besser. Er hatte sie gesehen, Marx nicht. Nichts war da zu bemerken von Liebe, Frieden und Brüderlichkeit bei diesem Haufen Pöbel, der die verängstigten Deutschen am liebsten am nächsten Laternenpfahl aufgeknüpft oder gleich in Stücke gehackt hätte. Die Menschen waren beherrscht von den niedrigsten Instinkten: Haß, Neid und Mordgier. Diese armen Deutschen waren keine ›Klassenfeinde‹ und auch keine ›Ausbeuter‹. Sie waren nichts anderes als einfache Leute, die nicht genug Geld hatten, um aus der Stadt zu fliehen. Unnötig zu erwähnen, daß die Reichen schon längst geflohen waren.
Doch was Sobieski in jenen grauenvollen Monaten angesichts des rasenden Mobs gelernt hatte, wollte nun niemand mehr wahrhaben. Niemand sah ein, wie leicht es war, die Zivilisation zu zerstören, wie unendlich dünn die Schicht an Humanität, unter der sich die Bestialität verbarg, wie wenig es brauchte, um den ungezähmten Wilden hervorbrechen zu lassen.
Einmal hatte er über seine Erfahrungen mit dem Herzog von Avila gesprochen und der Ältere hatte gesagt: »Ich bin nicht der alte Reaktionär, für den mich die Freimaurer in Spanien und die liberalen Zeitungen halten, nur weil ich nicht der Meinung bin, daß ein Händedruck der Freimaurer und ein Doktortitel der Rechtswissenschaften oder der Volkswirtschaft ausreichen, um das Paradies auf Erden zu erreichen. Aber in einem Punkt haben sie recht: Ich habe nicht viel übrig für den ›Fortschritt‹. Wir leben bereits in der letzten aller möglichen Welten. Von jetzt an kann es nur mehr schlechter werden, nicht besser.
Heute können wir noch Könige haben, und vielleicht ist ihre Bedeutung noch gestiegen, seitdem sie sich an die Verfassung halten müssen. Und uns gibt es auch noch, die Aristokratie. Wir haben noch immer einen Papst und Bi-

schöfe – aber wenn sich jemand als Atheist bekennt, wird er deswegen nicht mehr auf den Scheiterhaufen kommen, nicht einmal in Spanien. Und das Bürgertum wird von Tag zu Tag reicher und kann sich seiner Besitzungen sicher sein wie nie zuvor und vielleicht auch in Zukunft nie wieder. Und sieh dir die Bauern an – sogar in meinem armen Andalusien lassen die Bauern jetzt schon Ochsen den Pflug ziehen und nicht mehr ihre Frauen. Die Proletarier bilden Gewerkschaften, haben ihre Abgeordneten, arbeiten am Sonntag nicht mehr und fordern die 50-Stunden-Woche.

Eben das ist die letzte der möglichen Welten, in der alle diese Gruppen und Klassen miteinander leben können, ohne einander die Kehlen durchzuschneiden und einen Bürgerkrieg zu beginnen. Wenn hier irgendetwas geändert wird, führt das dazu, daß eine Gruppe die anderen beherrscht. Und da spielt es keine Rolle, ob es die Reichen sind, die das Militär bezahlen, damit es auf die Armen schießt – oder ob die Armen ihren Neid gegen uns losbrechen lassen. In jedem Fall würde nichts von all dem übrigbleiben, was das Leben lebenswert macht – Ausgewogenheit und Abwechslung, Toleranz und freie Wahl der Möglichkeiten, alles das, was wir Zivilisation nennen.«

Natürlich war Avila ein Reaktionär; trotzdem hatte er recht. Könige und Bischöfe, Herzöge und Bankiers, Bauern und Arbeiter – sie alle balancierten auf dünnem Seil über dem Abgrund. Das hatte sich vor einem Jahr gezeigt, als St. Petersburg und Moskau ausbrachen, nachdem die Japaner die Russen in einem Krieg geschlagen hatten, von dem jeder Stabsoffizier in Europa wußte, daß die Russen ihn gewinnen würden. Und man konnte es wohl kaum als einen Schritt zum Besseren betrachten, daß das Zaren-Regime jetzt den Pöbel in seiner Blutgier gegen die Juden aufhetzte in der Hoffnung, daß Arbeiter, Bauern, Kirche

und Adel zusammenfinden würden im wahnsinnigen Rausch der Pogrome.
Aber keiner wollte mehr etwas davon hören. Vor ein paar Monaten hatte Sobieski alle Vorsicht außer Acht gelassen und hatte sich zu etwas hinreißen lassen, was für einen erfahrenen Diplomaten unverzeihlich ist. Er hatte es riskiert, sich an höchster Stelle einen Feind zu machen, indem er den britischen Außenminister, den stolzen Begründer der britischen Bündnisse mit Frankreich und Rußland, auf die Gefahren hinwies, die ein Krieg mit sich brachte: Zusammenbruch der Staatsordnung und Anarchie.
»Da kennen Sie die Engländer schlecht!« hatte ihn der Minister eisig zurechtgewiesen.
»Nun, vielleicht kennen *Sie* die Ihren nicht«, erwiderte Sobieski.
Er hatte einen wunden Punkt berührt. Ein paar Wochen später sprach ihn sogar der König auf diesen Vorfall an: »Wie ich höre, mein lieber Sobieski, haben Sie einen meiner Minister reichlich hart angefaßt?« bemerkte er nur halb im Scherz.
Natürlich hatte Sobieski alles in allem weder den Außenminister noch den König beeindrucken können.
Und nun hatten sogar seine Österreicher diesen selbstmörderischen Weg eingeschlagen – sie, die sich auf keinen Fall einen Krieg leisten konnten, nicht einmal einen gewonnenen. Jener alte General in Wien, der so lange Jahre hindurch dafür gesorgt hatte, daß Österreich die vielen verlorenen Kriege nicht vergaß – er hatte nun seinen persönlichen Kampf gegen das Alter verloren und mußte sich pensionieren lassen. Jetzt lag die Führung in den Händen der Männer um den Erzherzog Franz Ferdinand, diesen forschen Säbel-Rasslern, die ihren ›Freunden‹ in Berlin und vor allem dem ›großen Freund‹ des Erzherzogs, dem deut-

schen Kaiser, unbedingt beweisen wollten, daß auch sie ›Draufgänger‹ und ›schneidig‹ waren. Er hatte gehört, daß Conrad von Hoetzendorf – jener General, der ihn gefragt hatte, ob er etwa Pazifist sei – der nächste Generalstabschef werden sollte. Und die wenigen Freunde, die Sobieski in Wien noch hatte, versicherten, daß Aehrenthal, der Scharfmacher, der österreichische Botschafter in St. Petersburg ist, aller Wahrscheinlichkeit nach der nächste Außenminister sein werde; er galt als blitzgescheiter Mann, weil er in jedem Satz so hochtrabende Ausdrücke wie ›kalkuliertes Risiko‹ und ›Übergewicht der Macht‹ einflocht.

Nein, er konnte es Henrietta wirklich nicht verübeln, wenn sie so bestimmt mit dem nächsten Krieg rechnete. Sicher hatte sie recht. Er konnte es ihr nicht verübeln, daß sie versuchte, ihre Vorbereitungen zu treffen. Er konnte ihr keinen Vorwurf daraus machen, daß sie in diesem Krieg die große Chance für ihren Mann erblickte. Und schon gar nicht konnte er es ihr verübeln, daß sie lieber die Frau eines weit hinter der Front in Sicherheit lebenden Generals als die trauernde Witwe eines den Heldentod gestorbenen Obersten wäre.

Und trotzdem, durfte er, Sobieski, sich zu ihrem Werkzeug machen lassen? Konnte er in dieser Sache als ihr Komplize handeln, ohne sich selbst und seine Überzeugung zu verraten?

Kaum hatte er sich diese Frage gestellt, wurde ihm klar, daß es genau das war, was ihn so tief beunruhigt hatte, was in ihm dieses Unbehagen, diesen Anflug von Panik hatte entstehen lassen. Sicher, er hatte seit langem akzeptiert, daß seine Bemühungen umsonst gewesen waren, daß er verloren hatte, daß sein Lebenswerk keine Früchte getragen hatte. Aber er hatte wenigstens nicht nachgegeben, er war nicht zum Feind übergelaufen, er hatte nicht versucht, aus etwas Kapital zu schlagen, wovon er überzeugt war, daß es krimineller Irrsinn und unverantwortlicher Wahnsinn sei. Und da kam nun Henrietta mit ihrer Bitte, er solle den Zusammenbruch der Zivilisation dazu benützen, die Karriere ihres Mannes voranzutreiben.

»Aber das ist doch gegen jede Vernunft!« wies Sobieski sich selbst zurecht. »Es würde wohl kaum jemanden geben, der begreifen würde, was mich eigentlich so aus der Fassung bringt.«

Welchen Unterschied kann es schon machen, ob Pierre Duguit Militärattaché in Madrid oder Rom ist oder ob er als ältlicher Oberst auf einem schönen Pferd sitzt und sinnlose Heldentaten vollbringt? Wenn Pierre den Posten nicht bekommt, bekommt ihn eben ein anderer. Und überhaupt – es sind ja wirklich nicht die Militärattachés, die die Geschichte dieser Welt bestimmen. Sie schreiben doch nur Berichte, die niemand liest oder verschicken bestenfalls Zugfahrpläne in Päckchen mit dem Vermerk »Streng geheim«.

Wenn man es richtig bedenkt, haben freilich auch die Botschafter wenig Einfluß auf den Verlauf der Geschichte – nicht in der heutigen Zeit mit ihren Telegrafen und Telefonen. Was macht denn ein Botschafter anderes, als endlose Diners über sich ergehen zu lassen und all die pompösen Reden – auch die eigenen – möglichst wenig zu beachten. Aller Wahrscheinlichkeit nach weiß Henrietta nichts von meiner Überzeugung und meiner politischen Einstellung – warum auch? Und selbst wenn sie davon wüßte, würde sie nur sehr vernünftig reagieren – sie selbst würde es ›praktisch‹ nennen – und das alles als die Schwächen eines alternden Exzentrikers abtun. Sie würde mich bitten, meine Pflicht als Vater zu tun: ihre Interessen wahrzunehmen, sie zu beschützen, gerade eben weil die drohende Katastrophe mit jedem Tag näherkam.

Plötzlich fiel ihm wieder der Herzog von Avila ein. In einer ihrer endlosen Diskussionen über den Begriff »gentleman« hatte Avila gesagt: »Für mich ist ein echter Gentleman, dem es nicht so wichtig ist, was die anderen über ihn denken, sondern dem es wichtig ist, daß er sich selbst in der Früh im Spiegel in die Augen sehen kann. Ich weiß, kein Mensch findet zum Beispiel etwas dabei, wenn bei diesen Herrenabenden, die die Botschafter hin und wieder arrangieren, leichte Mädchen den Gästen zur Verfügung stehen; wie ich höre, sollen sich sogar gekrönte Häupter auf diese Weise amüsieren. Aber ich für meinen Teil hätte keine Lust, einen Zuhälter zu sehen, wenn ich am Morgen in den Spiegel schaue. Und jeder, den *ich* als Gentleman bezeichne, würde genauso denken.«
Wenn er nun Henriettas Bitte erfüllte und tatsächlich diese Briefe schrieb und damit bewirkte, daß Pierre Militärattaché wurde – wie müßte *er* sich dann wohl nennen, wenn er am Morgen in den Spiegel sah?
Sobieski hätte nicht zu sagen gewußt, wie lange er so dasaß, in düsteres Grübeln versunken. Er wußte nur eines – noch nie in seinem Leben hatte er sich so elend gefühlt. Er hatte Henrietta gegenüber eine Verpflichtung. Vielmehr, er hatte diese Verpflichtung sich selbst gegenüber übernommen, als er vor nunmehr achtunddreißig Jahren einer entgeisterten und schockierten Hebamme befohlen hatte: »Streichen Sie das ›Vater unbekannt‹ aus der Geburtsurkunde, geben Sie meinen Namen und meinen Titel an.« Sie war so überrascht, daß sie ein paar Stunden später zurückkam, und am darauffolgenden Tag noch einmal, um nachzufragen, ob er das tatsächlich ernst gemeint habe.
Auch die immer praktisch denkende Lucille war überrascht gewesen – aber keineswegs freudig. »Eine Sache ist es, eine uneheliche Tochter zu haben, die man finanziell angemessen versorgt und der gegenüber man keine weite-

ren Verpflichtungen hat – schließlich gibt es genügend Klöster und Waisenhäuser, die sich solcher ›Fehltritte‹ annehmen. Etwas ganz anderes ist es aber, wenn ein Herzog seine natürliche Tochter anerkennt – das wird zu einer Last, gleichgültig, wieviel Geld sie mitbekommen hat, und mir wäre es lieber, eine solche Bürde nicht übernehmen zu müssen.«
Er aber war unerschütterlich geblieben in seinem Entschluß, ohne recht zu wissen, warum – vielleicht war es Mitleid mit diesem hilflosen, schreienden Bündel Mensch. Er hatte damals sich selbst ein Versprechen gegeben, hatte sich selbst gegenüber eine Verpflichtung übernommen, und das wog für ihn ebenso schwer wie die moralische Verpflichtung, seiner Überzeugung und seinem Berufsethos die Treue zu halten.
Immer und immer wieder wog er ein Argument gegen das andere ab – und plötzlich hatte er die Lösung klar vor Augen. Von einem Ehrenmann erwartete man, daß er seine Pflicht tat, und in diesem Fall war es seine Pflicht, seiner Tochter zu helfen – und dann zu demissionieren. Ein Minister trat zurück, wenn er im Auftrag seiner Regierung etwas tun sollte, was er vor seinem Gewissen nicht verantworten konnte. Und von einem Offizier erwartete man gleichfalls den Rücktritt, wenn er nicht bereit war, die Befehle seiner Vorgesetzten auszuführen, weil sie ihn in einen Gewissenkonflikt stürzten.
Sobieski wußte sofort, daß das der Ausweg war und die einzig richtige Antwort auf sein Problem. Die wunderbare Fassade der *Kathedrale von Rouen* begann mit einem Mal vor seinen Augen wieder zu leuchten.
Er hatte gehofft, noch drei Jahre bis zu seinem dreißigsten Dienstjahr als Botschafter in London zu bleiben, oder sogar noch vier Jahre bis zu seinem siebzigsten Geburtstag. Aber immerhin – siebenundzwanzig Jahre auf ein und

demselben Posten war auch keine schlechte Leistung. Es gab nur sehr wenige Diplomaten, denen das gelungen war, und seines Wissens keinen, der mehr Dienstjahre aufweisen konnte. Davon abgesehen, war sechsundsechzig ein absolut angemessenes Alter, um sich ins Privatleben zurückzuziehen. Es gab so vieles, was er gern tun wollte und wozu er nie Zeit gefunden hatte, solange er an seine Pflichten als Botschafter gebunden war und bei langweiligen Mittagessen und geistlosen Diners dabei sein mußte. Wie oft hatte ihn der Leiter des österreichischen Hof- und Staatsarchivs, Robert Mosenthal, jüngerer Bruder des Bankiers Mosenthal und einer der berühmten ›Mosenthal-Zwillinge‹, darum gebeten, ihm bei der Herausgabe der Sobieski-Dokumente über die Erste Teilung Polens behilflich zu sein. Und er selbst hegte schon lange den Wunsch, die Briefe, Aufzeichnungen und Tagebücher jenes Sobieski durchzusehen, der als einziger wirklich Geschichte gemacht hatte.
Ein einziges Mal hatte Henrietta Interesse für seine Arbeit nicht nur vorgetäuscht: das war, als er ihr gegenüber seinen Wunsch erwähnte, sich näher mit diesem Mann befassen zu können.
»Oh, Papa«, fragte sie mit leuchtenden Augen, »ist das der königliche Feldherr, der wegen seines Sieges 1683 vor den Mauern Wiens in allen Geschichtsbüchern erwähnt wird? Der Mann, der Europa von der Türkenplage befreit hat? Über den möchte ich gern mehr wissen – von allen unseren Vorfahren fasziniert er mich am meisten.«
Er aber mußte sie enttäuschen. »Der Sobieski, der in allen Geschichtsbüchern steht, war Jan Casimir I. Er war ein ›beau sabreur‹, ähnlich wie dein Pierre, ein unbedeutender Mann, der von seiner klugen, ehrgeizigen und skrupellosen Frau manipuliert wurde. Und sprich nicht von diesem berühmten Sieg! Der König von Polen konnte keine

größere Dummheit begehen, als die Türkengefahr von Europa abzuwenden. Denn ohne diese Türkengefahr war Polen erledigt – ein unabhängiges Polen war doch nur solange interessant, solange es als Puffer gegen die Türken diente.
Nein, der einzige Sobieski, der wirklich Geschichte gemacht hat, wird in keinem Buch erwähnt, und das ist auch gut so. Ich bin sicher, du hast noch nie von ihm gehört. Jan Casimir IV. war der Urenkel des Soldatenkönigs; er war verschlossen, listig, berechnend und alles andere als ein Held. Siebzig Jahre nach dem Sieg seines Ahnen über die Türken wurde ihm klar, daß Polen keine Chance hatte, unabhängig zu bleiben. Seine Landsleute konnten nur dann überleben, wenn sie sich unter den Schutz einer Großmacht begaben, und zwar am besten unter den Schutz der größten katholischen Großmacht, dem Österreich Maria Theresias. Und so setzte er seine ganze List und Schläue daran und verhandelte so lange, bis er tatsächlich die Teilung Polens erreicht hatte und selbst zum höchsten österreichischen Adel gehörte. Er bekam ein Herzogtum, große Güter, den Herzogtitel und die damit verbundene Macht für sich und seine Nachkommen.«
Henrietta umarmte ihn und zwang sich zu einem Lächeln. »Wie ich Euch um Eure Geschichtskenntnisse beneide!« sagte sie.
Jetzt würde er also genug Zeit haben für Jan Casimir IV. Er konnte sich in seine Schriften, Notizen und Geheimkorrespondenz vertiefen und so den Gedankengängen dieses Mannes nachspüren, der eigentlich der einzige echte Diplomat in der Familie Sobieski gewesen war – sah man von Henrietta ab.
Am meisten aber hatte er sich alle diese Jahre hindurch danach gesehnt, mehr Zeit für seine Besitzungen und verschiedenen Betriebe zu haben. Sicher, zu Beginn seiner

diplomatischen Laufbahn hatte es einen gewissen Reiz auf ihn ausgeübt, alle möglichen Geheimnisse zu kennen und in Staatsaffären eingeweiht zu sein. Aber nicht einmal damals hatte er dieses Gefühl von Befriedigung und Produktivität wie in den drei Jahren, in denen er sich unter der Anleitung des alten Jeidels mit Verwaltung, Buchführung und Zukunftsplanung des Familienbesitzes vertraut machte.

Und plötzlich fiel es Sobieski wieder ein: nicht erst zweimal in seinem Leben hatte er dieses Gefühl von Euphorie und Beseligung verspürt wie beim Anblick des Monets – da hatte es noch ein drittes Mal gegeben, schon vor sehr langer Zeit, als der alte Jeidels ihn segnete, bevor er ihn in die Welt hinaus entließ.

Sobieski war dreiundzwanzig, als er nach Przemysl ins Palais Sobieski zurückkehrte. Mit sechzehn war er, begleitet von zwanzig Bediensteten und einem Erzieher, nach Wien geschickt worden, um in Kalksburg bei den Jesuiten zu studieren. Danach mußte er etwa zwei Jahre lang bei seinem Regiment, den Sobieski-Kürassieren verbringen und dann nahm er 1859 am Krieg gegen Italien teil. Wie es für junge Männer aus adeligem Haus damals üblich war, studierte er dann einige Zeit an der Universität in Wien, hörte Vorlesungen über Rechtswissenschaft, Ökonomie, Philosophie und Geschichte. Sobieski lächelte ein wenig bitter, als er sich sagte, daß er damals wohl mehr Zeit mit jungen Frauen als mit seinen Büchern und seinen Vorlesungen verbracht hatte.

Als er gerade dreiundzwanzig war, überraschte er den Fürsten, seinen Vater, mit der Mitteilung, er wolle zurück in die polnischen Wälder ins Palais Sobieski, um bei seinem alten jüdischen Verwalter Jeidels alles über die Führung der Familienbesitztümer zu erlernen. In der heutigen Zeit war das für junge Männer aus adeligem Haus etwas absolut

Selbstverständliches. Aber in Sobieskis Jugend war ein solcher Gedanke etwas geradezu Unerhörtes.

Damals war er Pauline begegnet. Die Angestellten des Hauses Sobieski hatten einen Empfang und einen Ball arrangiert, um die Rückkehr ihres jungen Herrn zu feiern. Und da stand also Pauline an der Seite ihres verwitweten Vaters, des deutschen Försters: ein großes, schlankes Mädchen mit weißblonden Haaren und leuchtend blauen Augen. Er hatte einen Pflichttanz mit ihr getanzt und solches Vergnügen daran gefunden, daß er sie ein zweites Mal zum Tanz aufforderte, obwohl er damit allerlei Getuschel riskierte. Als er sie dann zu ihrem Vater zurückbrachte, wurde sie rot und fragte flüsternd: »Werde ich Sie jemals wiedersehen?«

Einer spontanen Eingebung folgend, antwortete er: »Wie wäre es mit morgen nachmittag?«, ohne freilich recht daran zu glauben, daß sie ihn beim Wort nehmen würde.

Doch am nächsten Nachmittag war sie zu ihm in sein Arbeitszimmer gekommen, das Gesicht halb verborgen hinter einem riesigen Kornblumenstrauß, der ebenso blau war wie ihre Augen. Er war geistesgegenwärtig genug gewesen, sie nicht wieder gehen zu lassen. Er hatte sie bei sich behalten, und sie hatte sich nicht lange dagegen gewehrt.

Und so begannen die drei glücklichsten Jahre seines Lebens. Am Morgen, bei welchem Wetter auch immer, ritten beide gemeinsam aus. Danach folgten drei oder vier Stunden harter Arbeit mit Jeidels, der mit ihm genauestens jedes Hauptbuch, jedes Kontenblatt, jede einzelne Besitzung durchging. Den späten Nachmittag und den Abend verbrachte er dann wieder mit Pauline. Er hätte nicht sagen können, was ihn glücklicher machte: die vier Stunden harter Arbeit mit Jeidels oder die wilden, leidenschaftlichen Nächte mit Pauline.

Das Ende kam unvermeidlich. Sein Vater, der seit fünf Jahren in einem entlegenen Schloß in Ungarn mit seinen Zigeunerliebchen lebte, verstarb plötzlich. Nach einem heftigen Streit mit seiner augenblicklichen Favoritin war er völlig betrunken aufs Pferd gestiegen und nach kurzem Ritt tödlich gestürzt. Trotz des strengen Winters reiste Sobieski in die Karpaten, um den Leichnam seines Vaters nach Polen zu überführen. Es gab noch keine Eisenbahn und die Fahrt über tiefverschneite Straßen dauerte eine Ewigkeit. In der Kathedrale von Krakau fand schließlich ein Staatsbegräbnis statt, an dem Hunderte Würdenträger und Familienmitglieder teilnahmen, dann wurde der Tote in der Familiengruft beigesetzt.
Als Sobieski nach vier Wochen endlich nach Hause zurückkehrte, war Pauline nicht mehr da.
Aber Jeidels war da. »Ich habe mir die Freiheit genommen«, sagte er, »Fräulein Pauline zu empfehlen, sie möge zu ihrem Vater zurückkehren. Ich weiß, Hoheit sind der jungen Dame sehr zugetan. Es ist besser, Hoheit sehen sie nicht wieder. Hoheit werden in den nächsten Monaten ständig unterwegs sein, um sich Seiner kaiserlichen Majestät und den hohen Familienangehörigen als das neue Oberhaupt des Hauses Sobieski vorzustellen. Hier habe ich eine Liste. Es ist dieselbe, die Euer Hoheit Vater – Gott habe ihn selig – vor achtzehn Jahren nach dem Tod Eures Großvaters verwendete. Ich habe sie auf den neuesten Stand gebracht. Sicher würden Hoheit nicht wünschen, auf diese Reise eine junge Dame mitzunehmen, der Hoheit zugetan sind. Sie würde in dieser Situation Beleidigungen und Erniedrigungen ausgesetzt sein.
Dann werden Hoheit ein weiteres halbes Jahr brauchen, um die wichtigsten Familienbesitzungen kennenzulernen und mit den einzelnen Verwaltern zu sprechen. Auch hier wäre es für die junge Dame nicht angenehm, dabeizusein.

Selbstverständlich können Hoheit die junge Dame nicht heiraten. Selbst wenn Hoheit diese Möglichkeit ins Auge gefaßt haben sollten – die junge Dame würde niemals einwilligen und ich glaube, das hat sie Eurer Hoheit auch gesagt. Wenn die junge Dame hier bei uns bleibt, so werden wir alle sie ehren als die Frau, der unser geliebter Fürst seine Zuneigung zu schenken geruhte, wir alle werden sie respektieren. Wenn Hoheit nur einwilligen wollten, die junge Dame vor der Abreise nicht mehr wiederzusehen ... alles würde nur noch schlimmer sein für Hoheit selbst und für Fräulein Pauline.«

»Ich hoffe«, fuhr Jeidels ruhig fort, »daß ich Hoheit gegenüber nicht die Grenzen meiner Stellung überschreite, wenn ich die Zukunft Eurer Hoheit zur Sprache bringe. Ihr habt von mir gelernt, was ich zu lehren vermochte. In der Tat sind Eure Hoheit ein besserer Verwalter, als ich selbst es je war oder je sein werde, besser auch als mein Sohn es ein kann, falls Eure Hoheit ihn als meinen Nachfolger einsetzen werden, wenn ich mich in wenigen Jahren zurückziehe – Hoheit entsinnen sich, daß wir schon des öfteren darüber gesprochen haben. Ich habe meinen Sohn durch mehr als zwanzig Jahre auf seine Aufgabe vorbereitet. Hoheit werden es hoffentlich nicht übelnehmen, wenn ich mir erlaube zu sagen, daß es schwerlich jemanden mit mehr Geschäftssinn gibt als Eure Hoheit selbst.

Trotzdem, für einen Fürsten Sobieski wäre es undenkbar und völlig unpassend, Verwalter und Geschäftsmann zu werden – das wäre sicherlich nicht die richtige Position für Eure Hoheit. Ein Leben in Müßiggang würde Eure Hoheit aber wohl auch nicht befriedigen – eben deswegen haben Eure Hoheit vermutlich gewünscht, von mir in die Verwaltung der Güter eingeführt zu werden.

Darf ich mir daher den Vorschlag erlauben, daß Hoheit in den diplomatischen Dienst eintreten? Diese Tätigkeit im öffentlichen Bereich hat ja ein wenig Ähnlichkeit mit der Administration einer sehr großen Besitzung im privaten Bereich. Natürlich liegt die Entscheidung bei Eurer Hoheit allein. Aber ich habe mir erlaubt, inzwischen an den Privatsekretär des Fürsten Metternich-Sandor zu schreiben, der ja ein Verwandter Eurer Hoheit ist. Er ist jetzt österreichischer Botschafter in Paris und nach allem, was ich gehört habe, einer der anerkanntesten Diplomaten – ein überaus würdiger Nachfolger seines Vaters, des großen Fürsten Klemens.«

Jeidels beugte sich vor, um den Brief, den er in der Hand hielt, besser lesen zu können: »Seine Gnaden Fürst Metternich-Sandor ist hocherfreut, seinen Vetter, den Fürsten Sobieski und Herzog von Przemysl, als seinen *Eleven* und persönlichen Adjutanten in Paris willkommen zu heißen ...«

In diesem Augenblick erkannte Sobieski, daß dieser alte Jude mit seinem Käppchen, seinem Gehstock, seinem hinkenden Gang und dem unüberhörbaren Jiddisch im sorgfältig gesprochenen Hochdeutsch vielleicht der einzige Mensch war – abgesehen von Pauline –, der sich jemals um ihn Sorgen gemacht hatte, ihn als Mensch und nicht als einen Titel und eine Uniform gesehen hatte, der einzige, der ihn liebte. In einem jähen Aufwallen warmer Zuneigung bat Sobieski den alten Juden um seinen Segen. Als der alte Mann seine Hand hob und die tönenden hebräischen Segensworte sprach »Möge der Herr sein Wohlwollen über dir scheinen lassen«, da hatten beide Tränen in den Augen.

Noch in der selben Woche verließ Sobieski das Schloß, ohne Pauline noch einmal gesehen zu haben. Acht Monate später stellte er sich Metternich-Sandor in Paris als neuer *Eleve* vor.

Doch in all der Zeit danach verlor er nie das Interesse an

der Leitung seiner Besitzungen. Die Vorstellungen und Prinzipien, die der alte Jeidels ihm vermittelt hatte, machten Sobieski zu einem sehr reichen Mann, etwa zehnmal so reich wie zu der Zeit, als sein Vater starb und er sein Erbe angetreten hatte.

Jeidels war es gewesen, der ihm klargemacht hatte, daß die Zukunft in der Eisenbahn lag. »Eure Standesgenossen, Hoheit, hassen die Eisenbahn«, sagte er. »Sie fürchten, daß mit ihr allerlei subversive Ideen in die Bevölkerung kommen werden. Aber diese Ideen werden so und so kommen – sie fliegen mit dem Wind. Die Eisenbahn aber, Hoheit, bringt Waren und nicht Ideen. Die Leute von der Eisenbahn könnten eine Menge von dem Holz brauchen, das jetzt in den Wäldern Eurer Hoheit verrottet. Neue Verkaufsmöglichkeiten für Kohle könnten geschaffen werden. Die Eisenbahn ermöglicht es Eurer Hoheit, das Getreide bis Wien zu versenden und aus den Häuten Eurer Kühe in Ungarn könnten Schuhe gefertigt und verschickt werden. Habt Ihr erst einmal die Möglichkeit, Eure Produkte zu den Marktzentren zu fahren, so werden ganze Industriegebiete entstehen, wo bisher nur Landwirtschaft war. Aus Euren leerstehenden, kostspieligen Palais – in Wien, Krakau, Prag, Budapest und in vielen anderen Städten – könnte man Büro- und Wohnhäuser machen und damit würden sie plötzlich zu wertvollem Grundbesitz. Die Eisenbahn wird Menschen in die Städte bringen, und die Städte werden wachsen.

In der Tat beschäftigt mich dieser Gedanke schon seit längerem«, fuhr Jeidels fort. »Seitdem vor dreißig Jahren mit dem Bau der Eisenbahnstrecke von Wien nach Prag begonnen worden ist, habe ich in allen Hauptstädten der Monarchie zu günstigen Preisen Grundbesitz aufgekauft. Heute beträgt der Wert dieses Grundbesitzes das Sechsfache des seinerzeitigen Kaufpreises.«

Und Jeidels war es gewesen, der ihn empfänglich gemacht hatte für Hintons und Mosenthals Vorschlag, die Bank London & Österreich zu gründen. Es war eine seiner lukrativsten Investitionen geworden. Vor fünfzig Jahren schon hatte Jeidels all die Vorstellungen und Ideen gehabt, die inzwischen aus Hinton den mächtigsten Bankmann Europas gemacht hatten.
Und Jeidels Schulung verdankte er es schließlich, daß er zugestimmt hatte, seinen eigenen Grundbesitz in den Städten mit dem der beiden Immobilien-Barone Perkacz und Wald-Reifnitz in der Österreichischen Grundbesitz-Gesellschaft zu vereinen. Dieser Schritt brachte ihm kaum weniger Profit als die London & Österreich-Bank.
Er mußte sich unbedingt wieder aktiv um die Leitung der Geschäfte kümmern. Sicherlich, Jeidels Sohn war ein tüchtiger Verwalter gewesen und auch der jetzige Generaldirektor, der Mann von Jeidels Enkelin, machte seine Arbeit gut. Aber die wirklich großen Ideen, Weitblick und Mut zum Risiko – das alles mußte von ihm kommen; die Arbeit der Verwalter beschränkte sich auf die praktische Durchführung und die alltäglichen Erfordernisse.
Mochte es für einen Fürsten Sobieski nun passend sein oder nicht, er hatte nie den Kontakt zu seinen Besitzungen und Industrie-Unternehmen verloren, und er hatte sich die Freude am Geschäftsleben bewahrt. Sein ganzer Kummer war es gewesen, daß er nicht genügend Zeit dafür hatte.
Nun würde er sofort jede einzelne seiner wichtigsten Besitzungen besuchen, ebenso seine größten Fabriken. Jeden einzelnen Direktor, jeden einzelnen Verwalter würde er jetzt endlich persönlich kennenlernen. Den Anfang wollte er bei seinen polnischen Gütern machen, in jenem Schloß, das er nicht mehr wiedergesehen hatte, seitdem er sich vor vierzig Jahren vom alten Jeidels verabschiedet hatte.

Es würde einige Wochen dauern, bis Pierre seine neue Stellung antreten konnte. Sofort danach wollte er dem alten Kaiser seine Demission übermitteln, spätestens aber wenn er, wie jedes Jahr im August, anläßlich des Kaisers Geburtstag an den Hof zitiert wurde, und daran anschließend beim Minister des Äußeren vorsprechen mußte. Spätestens im September würde er bereits ein Exbotschafter sein; und wenn er dann am Morgen in den Spiegel sah, konnte er mit sich selbst zufrieden sein.
Ein Gedanke allerdings bereitete ihm fast körperlichen Schmerz: Wie würde Margit mit all dem fertigwerden?

Margit

Es war wenige Tage – oder besser gesagt Nächte – vor dem Zeitpunkt, als der Pariser Mob den Versuch machte, die Botschaft zu stürmen. Sobieski schlief in einem stickigen Dienstbotenzimmer unterm Dach, alle anderen Räume der Botschaft waren überfüllt mit Flüchtlingen. Er war den ganzen Tag über auf den Beinen gewesen, von Früh bis Abend wurde er von völlig verängstigten Menschen bestürmt, die nach Essen, Wasser, Toiletteräumen und einem Platz zum Schlafen verlangten. Wie ein Lauffeuer hatte es sich herumgesprochen, daß die österreichische Botschaft Asyl gewährte. Vor dem Portal trampelten verzweifelte Männer und Frauen einander beinahe zu Tode, um hinter die schützenden Mauern der Botschaft zu gelangen. Sobieski war am Rande der Erschöpfung. Laut internationalem Recht durfte er nur Österreichern, Deutschen und Schweizern Asyl gewähren, und es war ihm unerträglich, allen anderen den Schutz seiner Botschaft verweigern zu müssen, nur weil sie anderer Nationalität waren. Lange nach Mitternacht erst war er ins Bett gekommen und sofort in tiefen Schlaf gefallen.

Zuerst glaubte er noch zu träumen, als ihn eine Stimme mit dem Ruf »Cousin Sobieski! Cousin Jan-Casimir!« aufweckte.

Nur langsam und mit unendlicher Mühe gelang es ihm, aus der Tiefe seiner Schlaftrunkenheit aufzutauchen. Als er endlich die Augen geöffnet hatte, war er sicher, daß er noch träumte. In der Nähe seines Bettes gewahrte er eine gespenstische Erscheinung, ein Mädchen oder eine Frau, im flackernden Schein einer Kerze. Das hochgesteckte Haar schimmerte dunkelrot – dasselbe Rot, wie es Renoir bei seinen Mädchen- und Frauenbildnissen verwendete (war etwa hier der Grund zu suchen, weshalb er in seiner Sammlung keinen einzigen Renoir hatte?).

Mit einer Hand hielt die Erscheinung ihr Negligé zusammen – aber was für ein Negligé! Die billigsten Pariser Huren trugen so etwas, rosa gerüschte Spitzen, die mehr enthüllten, als sie verbargen, das tiefe Dekolleté gab den Blick auf die jungen, festen Brüste frei, die Seitenschlitze ließen die Beine bis zur Hüfte sehen. Sobieski erinnerte sich, daß diese Art von Negligé in ›La Vie Parisienne‹ den lüsternen kleinen Kommisburschen und Schulknaben als ›schlimmes Nachthemdchen‹ angepriesen wurde. Jedenfalls sah dieses Kind, wer immer es auch sein mochte, in diesem Negligé wie ein kleines Mädchen aus, das die Kleider seiner Mutter angezogen hat und damit ›Erwachsensein‹ spielt.

»Cousin Sobieski!« sagte eine hohe Klein-Mädchen-Stimme nahe an seinem Ohr. »Kennst Du mich nicht mehr? Ich bin Margit Balaton, deine Cousine. Ich möchte, daß du mein Liebhaber wirst. Seitdem wir damals in Baden diesen langen Spaziergang gemacht haben, möchte ich dich zu meinem Liebhaber. Erkennst du mich denn nicht?«

Und da erinnerte sich Sobieski wieder an alles.

Es war nach dem Tod seines Vaters gewesen, als er alle wichtigen Anverwandten besuchte, um sich als neues Oberhaupt des Hauses Sobieski vorzustellen. Als er von besagtem Spaziergang mit Margit zurückkam, hatte ihn ihre Mutter, die Prinzessin Balaton-Balat, beiseite genommen und unter viel Gehüstel und Gestammel darum gebeten, ihr Geld zu leihen. »Wir sind da in einer momentanen Verlegenheit«, erklärte sie. »Wir brauchen Geld, um Margit zur Schule schicken zu können.«

Sobieski war auf diese Bitte schon vorbereitet gewesen. Der alte Jeidels hatte die Liste der zu besuchenden Verwandten in seiner gestochen scharfen Schrift mit Randbemerkungen versehen. Und da stand unter anderem: »Prinz und Prinzessin Balaton-Balat werden Eure Hoheit um ein Darlehen bitten. Ich schlage vor, Hoheit sollten diese Bitte nur erfüllen, wenn es sich um eine nicht allzu hohe Summe handelt und der Verwendungszweck deutlich formuliert ist. Jedenfalls hat es keinen Sinn, das Geld als Darlehen zu geben. Hoheit werden das Geld nie zurückerhalten und das Ganze würde nur böses Blut machen. Hoheit sollten das Geld lieber als Geschenk geben. Es empfiehlt sich jedoch, das Geld nicht dem Prinzen oder der Prinzessin auf die Hand zu geben, da die Gefahr besteht, daß sie es vertrinken oder verspielen. Die Rechnungen sollen an mich geschickt werden und ich werde sie dann direkt bezahlen.« Sobieski hatte sich also einverstanden erklärt, Margits Schulgeld zu bezahlen – schließlich war ihre Mutter eine Sobieski, die Tochter des jüngeren Bruders seines Großvaters und folglich eine Cousine ersten Grades seines verstorbenen Vaters. Wenn sie nicht imstande wäre, ihre Tochter auf eine anständige Schule zu schicken, würde diese Schande auf ihn selbst als dem Oberhaupt des Hauses Sobieski zurückfallen, ja die gesamte Familie würde davon betroffen werden. Und so kam es, daß seit vier oder fünf Jahren die Sobieskische Verwaltung das Schulgeld für die kleine Cousine direkt an das Sacré-Cœur-Internat in Paris zahlte. Sobieski erhielt zweimal im Jahr die Rechnungen zur Durchsicht. Nur sehr selten hatte er einen Gedanken an seine Cousine verschwendet. Heute freilich hatte er bereits einmal an sie gedacht. Das Kloster von Sacré-Cœur war vom Pöbel in Brand gesteckt worden, und Sobieski hatte den Nonnen und etlichen ihrer Schülerinnen den Zutritt in die schützende Botschaft gewährt. Es war die

einzige Ausnahme gewesen, die er entgegen der strengen Vorschrift machte, nur Österreichern, Deutschen und Schweizern Asyl zu gewähren. Die Schwester Oberin war zu ihm gekommen, um ihm zu danken. Er erbot sich, mit in die Stallungen zu gehen, wo er sie hatte unterbringen müssen, um dafür zu sorgen, daß sie und ihre Schülerinnen es einigermaßen komfortabel hätten. Sie aber hatte ziemlich hochmütig gesagt: »Männer haben bei uns keinen Zutritt!« Da war ihm Margit eingefallen und er fragte: »Ist vielleicht meine Cousine, Prinzessin Margit Balaton-Balat, unter den Schülerinnen oder konnte sie rechtzeitig aus Paris flüchten?«
Die ältliche Nonne hatte im eisigen Ton geantwortet: »Sie müßten wohl wissen, daß wir dergleichen Informationen nur an die Eltern unserer Schülerinnen oder an ihren Vormund geben!« Sobieski hatte den Verdacht, daß Margit tatsächlich unter den Schülerinnen war, aber im Laufe des Tages hatte er Wichtigeres zu tun, als an seine kleine Cousine zu denken, so daß er sie völlig vergaß.
Aber nun schoß ihm durch den Kopf, daß er der Schwester Oberin vermutlich Unrecht getan hatte. »Wahrscheinlich versteht sie mehr von heranwachsenden Mädchen, und speziell von diesem einen hier, als ich ihr zugetraut habe. Aber wie, um Gottes Willen, ist es dem Kind gelungen, dieses scheußliche, vulgäre Nachthemd durchzuschmuggeln? Und woher wußte sie, wo sie mich finden konnte?«
Gerade in diesem Augenblick fragte das Kind mit kaum hörbarer Stimme: »Möchtest du, daß ich mein Nachthemd ausziehe?«
Sobieski war so erschrocken, daß er antwortete ohne nachzudenken: »Nein, nein, tu das nicht. Du würdest dich verkühlen.«
Kaum hatte er das gesagt, wußte er, daß die Antwort albern war. Außerdem hatte er sich damit selbst in Gefahr ge-

bracht. Er hielt entsetzt den Atem an und wartete auf ihr unvermeidliches »Das macht nichts, du wirst mich schon warm halten«. Er hatte sich später oft gefragt, was er dann wohl getan oder gesagt hätte. Aber das Kind stand nur unentschlossen da und kaute auf seiner Unterlippe.
Die ganze Situation war absurd, lächerlich, eine einzige Komödie. Sobieski konnte sich kaum das Lachen verbeißen. Andererseits empfand er sehr deutlich eine schwüle, erotische Stimmung, die ihm gefährlich werden konnte. Denn dieses junge Mädchen mit dem Gesicht, der Stimme und den Bewegungen eines Kindes, hatte unter dem fürchterlichen Negligé den vollentwickelten Körper einer reifen Frau. Von diesem Körper ging eine so starke Sinnlichkeit aus, daß Sobieski alle Mühe hatte, die in ihm aufsteigende Begierde zu unterdrücken. Hätte sie ihn berührt, so hätte er sich nicht länger beherrschen können. Aber sie berührte ihn nicht, sie stand nur da, in der einen Hand die flackernde Kerze, die andere Hand in dem Saum ihres Negligés verkrampft. Sobieski unterdrückte mit einiger Mühe den Wunsch, sie an sich zu ziehen.
Plötzlich, ohne daß er wußte warum, wurde ihm klar, daß er die Pflicht hatte, dafür zu sorgen, daß diesem Kind-Weib nichts Böses geschah – weder durch ihn selbst noch durch andere. Es war nicht so sehr das Gefühl einer Verpflichtung ihren Eltern gegenüber, obwohl er nicht ganz frei davon war. Er hätte auch nicht gezögert, mit einem so jungen Mädchen zu schlafen. Alles in allem mußte sie so an die sechzehn sein, und er hatte eine ganze Menge wesentlich jüngerer Mädchen in seinem Bett gehabt, ohne daß er oder die Mädchen von Gewissensbissen geplagt worden wären.
Die Situation war absurd und komisch. Sobieski unterdrückte mit Mühe ein Lachen, und er fragte sich, was eigentlich geschehen wäre, hätte er sie, so wie sie es wollte,

in die Arme genommen. Es war etwas ganz anderes, etwas, was er nicht zu definieren wußte: eine Art Ehrgefühl oder Ritterlichkeit vielleicht, oder Scheu vor ihrer Unschuld. Denn tatsächlich war das Kind die Unschuld selbst. Trotz ihres forschen Eindringens in sein Schlafzimmer, trotz dieses Huren-Negligés und trotz ihres eindeutigen Angebotes. Daran änderte auch ihre furchtbar gewöhnliche Ausdrucksweise nichts, die das Kind vermutlich aus einem dieser halbpornographischen Heftchen aufgeschnappt hatte, die offensichtlich auch in Klosterschulen hinter dem Rükken der Schwestern eingeschmuggelt und dann nachts unter der Bettdecke begierig gelesen wurden. Das dauernde Gerede der Schwestern über die »Sünde des Fleisches« weckte in den heranwachsenden Mädchen offensichtlich die wildesten Phantasien.
Mit einem Mal fühlte sich Sobieski älter als er war. Bisher hatte es immer geheißen »Das ist Jeidels Schüler, der junge Fürst wird vom alten Juden in Güterverwaltung unterwiesen« oder »Das ist der *Eleve* von Fürst Metternich, der vom alten Botschafter in der Kunst der Diplomatie unterwiesen wird« oder »Das ist der junge Freund von Lord ypRhys, der von ihm in die Welt der Lebemänner eingeführt wird«. Er war zwar erst einunddreißig Jahre alt, aber die Zeit, da er »dieser junge Mann« gewesen war, war ein für alle Mal vorbei. In dieser Nacht war er reifer geworden, er war erwachsen, hatte Verantwortung zu tragen und wollte auch danach handeln. Vor allem für Margit war er der ältere, vertrauenswürdige Mann. »... und das bin ich auch seither für sie geblieben«, dachte Sobieski.
Er brauchte fast eine ganze Stunde, bis er das junge Mädchen dazu überredet hatte, sein Zimmer zu verlassen. Als sie schließlich ging, wirkte sie ganz zufrieden. Vielleicht war sie sogar ganz erleichtert, daß ihr Abenteuer lediglich ›romantisch‹ geblieben war. Zumindest zweifelte er daran,

daß sie sich darüber klar war, was alles hätte passieren können, hätte er ihr nachgegeben. Zum Abschied küßte sie ihn fast scheu und schwesterlich auf die Wange. Allerdings mußte er ihr vorher versprechen, daß sie ihm schreiben durfte, daß er keine andere heiraten würde, jedenfalls nicht, bevor er ihr davon erzählt hätte, und er mußte ihr versprechen, daß er ihr Geliebter werden würde, sowie sie mit der Schule fertig und ein wenig älter wäre. Alles in allem mußte er eine solche Menge von romantischen und bombastischen Reden über sich ergehen lassen, daß es ihm schließlich vorkam, er könnte nun ebensogut in der Politik Karriere machen wie in der Diplomatie.

Drei Jahre später heiratete er Margit. Als ältester Sproß eines großen Fürstengeschlechtes hatte er die Pflicht, für Nachkommen zu sorgen, also mußte er eine standesgemäße Ehe eingehen.

Wohl war die Familie Balaton-Balat durch den Leichtsinn von Margits Großvater und Vater ziemlich heruntergekommen, aber es war immer noch ein großer Name, fast so groß wie der Name Sobieski. Schon lange bevor die Türken im sechzehnten Jahrhundert das Land überschwemmten, waren die Balaton ungarische Magnaten gewesen, unter der osmanischen Herrschaft waren sie fast unabhängige Herrscher. Im siebzehnten Jahrhundert verbündeten sie sich mit den Habsburgern und wurden nun als Prinzen mit den größten und reichsten Gütern beschenkt, die die besiegten Türken in West-Ungarn hatten freigeben müssen. Schon seit vier Generationen heirateten sie immer wieder in die Familie Sobieski ein. Eine Prinzessin Balaton-Balat war also sicherlich eine absolut passende Partie für einen Fürsten Sobieski.

Außerdem waren da noch Margits wöchentliche Briefe: erstaunliche Briefe voller Leidenschaft, die in rückhaltloser Offenheit Begierden und Sehnsüchte bis ins Detail schilderten. Es war ihm schleierhaft, wie sie diese Briefe aus dem Kloster schmuggelte. Später wurde ihm klar, daß Josefa, die zu dieser Zeit die Schule schon verlassen hatte, dabei geholfen hatte. Pünktlich einmal die Woche erhielt er einen solchen Brief und jedesmal war er dann von einer seltsamen Mischung von Begierde und Verlegenheit befallen, obwohl er beim Lesen auch sehr oft lachen mußte. Wenn er mit anderen Frauen zusammen war, sah er Margits vollerblühten Körper unter dem dünnen Nachthemd vor sich, und so wurde der Wunsch, sie zu besitzen, immer stärker.

Ein paar Jahre, nachdem er nach Berlin übersiedelt war – Margit war neunzehn und gerade zwei Jahre aus der Schule –, machte er also sein Versprechen wahr, das er ihr damals in jenem stickigen Dienstbotenzimmer gegeben hatte: Margit wurde Fürstin Sobieski und Herzogin von Przemysl. Viele Jahre später erzählte sie ihm, daß sie schon gewußt habe, daß es so kommen würde, als sie damals – als elfjähriges einsames und liebebedürftiges Kind – einen langen Spaziergang an der Seite ihres edlen Ritters gemacht hat.

Margits Körper erfüllte alle Versprechungen, die er unter jenem Pariser Dach in einer denkwürdigen Nacht gegeben hatte. Er war ganz Sinnlichkeit, ging auf jede Forderung ein und wurde um so leidenschaftlicher, je mehr er gefordert wurde. Pauline in die Geheimnisse der Liebe einzuweihen, war Seligkeit gewesen. Margits Körper die Wonnen der Liebe zu lehren, war ein nicht endendes Abenteuer.

Auch die Frage der Nachkommenschaft war bei Margit kein Problem. Ihr prächtiger Körper war wie geschaffen fürs Kinderkriegen. In den ersten fünf Jahren ihrer Ehe, als sie noch in Berlin lebten, gebar sie ihm drei gesunde Kinder, zwei Knaben und ein Mädchen. Gerade während ihrer

Hoffnungen war ihr Körper besonders sinnlich und verlockend weiblich.

Ihr Gesicht aber, ihre Bewegungen und ihre Stimme blieben ganz ›jeune fille‹, und ihr helles, ungeniertes Lachen war das eines Kindes, das gerade erst erwachsen wird. Sie benahm sich wie eine temperamentvolle Fünfzehnjährige. Eben noch konnte sie jemanden ihren besten Freund nennen und ihn mit tausend Liebesbezeugungen überschütten, und gleich darauf schmollte sie und weigerte sich, ein Wort zu sprechen. Zehn Minuten später wieder gab es dann zwischen Tränen und Lachen große Versöhnung. Alle behandelten sie wie ein liebenswertes, bezauberndes, aber etwas verzogenes Kind. Vor allem junge Leute sahen in ihr viel eher eine Gleichaltrige als eine erwachsene Frau, eine große Dame, Gattin des Herzogs und Botschafters und Mutter dreier Kinder.

In den ersten Jahren ihres Aufenthaltes in England, um 1880, verbrachten sie etliche Wochenenden beim Marquis von Salisbury in dessen großem Haus in Hatfield. Die Konservativen waren noch nicht am Ruder und folglich hatte der Marquis ziemlich viel Zeit. Er und Sobieski schlossen sich stundenlang ein und diskutieren über Politik und internationale Belange. Margit tollte während dessen mit den lauten, aber entzückenden Kindern des Marquis herum, spielte mit ihnen Scharaden, veranstaltete eine Schatzsuche im ganzen Haus oder spielte mit ihnen Cowboy und Indianer im Wald. Die Kinder hörten sehr bald auf, sie als Erwachsene oder als einen Gast zu behandeln, und riefen sie einfach ›Margie‹. Der Marquis, der trotz der langjährigen Freundschaft mit Sobieski diesen immer mit ›Hoheit‹ und ›Fürst‹ anredete, tadelte seine Kinder jedesmal wegen dieser unpassenden Vertraulichkeit – ihm selber aber passierte es immer öfter, daß er Margit ›Margie‹ rief. Auch ihre eigenen Kinder behandelten Margit eher als

Gleichaltrige, bestenfalls wie eine ältere Schwester. Margit hatte kein allzu lebhaftes Interesse an ihren Kindern, sie war ganz zufrieden, wenn die verschiedenen Ammen, Nurses, Gouvernanten und Erzieher sich um sie kümmerten. Trotzdem mochten die Kinder ihre Mutter. Sobieski selbst bemerkte, daß die Kinder sich in seiner Gegenwart unbehaglich fühlten, obwohl sie keine Angst vor ihm hatten, wie er seinerzeit vor seinem Vater. Aber als sich zum Beispiel sein jüngerer Sohn mit vierundzwanzig Hals über Kopf in eine um zehn Jahre ältere Wiener Operetten-Sängerin verliebte und sie heiraten wollte, lief er sofort zu seiner Mutter, um ihr alles zu erzählen. Margit wußte natürlich längst über diese Affaire Bescheid. Eine ihrer Zofen, die es wiederum von dem Diener des jungen Herrn erfahren hatte, hatte ihr davon berichtet. Und Margit wußte sogar noch mehr als ihr Sohn: Die betreffende Sängerin war schon verheiratet, mit einem Kaffeehausbesitzer in der kleinen Provinzstadt, in der sie aufgewachsen war. Von Heirat konnte also gar keine Rede sein und es drohte keinerlei Mesalliance.
Margit war überhaupt immer genauestens informiert. Jedes Gerücht, jede Klatschgeschichte wurde ihr auf schnellstem Weg zugetragen. Ihre Zofen erzählten ihr den ganzen Hintertreppentratsch, ebenso ihr Friseur, ihr Masseur und die Frau des Kutschers. Aber auch die Damen in den Botschaftshäusern und Landsitzen versorgten sie mit Informationen. Margit las niemals eine Zeitung – sie las überhaupt sehr wenig. Trotzdem wußte sie schon Wochen vorher, wer als nächster Bischof von Ely in Frage kam, wen der Premierminister für einen freigewordenen Posten nominieren würde, und vor allem, wer gerade in wessen Bett schlief oder schon wieder nicht mehr darin schlief, wer in Wahrheit der Vater des letztgeborenen Kindes der Herzogin von Soundso war, wieviel Geld die-

ser Schurke von Lakai seinem jungen Herrn stahl und wieviel Trinkgeld die jungen Maler-Modelle demselben Lakai zusteckten, damit er sie ins Schlafzimmer des jungen Lords schlüpfen ließ.
Jeden Morgen um zehn, nach einer Tasse Kaffee, widmete Margit sich zwei Stunden lang ihrer Lieblingsbeschäftigung: sie telefonierte. »Ihre Telefonrechnung ist wirklich empörend«, dachte Sobieski. »Sie ist höher als die der gesamten österreichischen Botschaft!« Wenn sie endlich gegen Mittag nach ihrer Zofe klingelte, um sich ankleiden zu lassen, wußte sie mehr über die Londoner Gesellschaft als die hinreichend bekannten Klatschmäuler, der Herzog von Saint-Simon und Samuel Pepys, zu ihrer Zeit über die Intrigen am Hof Louis XIV. beziehungsweise Charles II. gewußt hatten.
Außerdem war sie vollkommen indiskret, eben wie ein Kind. Aber niemand schien ihr das übelzunehmen. Im Gegenteil, ihr Charme lag gerade darin, daß sie unter lautem Gelächter völlig unbefangen von Bettgeschichten und Hintertreppentratsch, von Luxus-Kokotten und homosexuellen Pärchen, von adeligen Betrügern und diversen Familienintrigen erzählte. Der alte Graf Cardiff, Großvater von Owen Rhys Nevis, dessen großer Liebling sie von jeher gewesen war, hatte sie einmal deswegen aufgezogen: »Sie sollten eigentlich ihre Geschichten veröffentlichen unter dem Titel ›Erzählungen von Goldoni‹.« Leider verlor dieser anzügliche Witz seine ganze Wirkung, weil er Margit erst umständlich erklärt werden mußte. Sie hatte noch nie etwas von Charles Lambs »Tales from Shakespeare« gehört, mit denen jedes englische Kind sozusagen aufwächst. Sie hatte auch noch nie etwas von der Commedia dell'arte gehört, dem italienischen Stegreifspiel des 18. Jahrhunderts, mit improvisierter Handlung und feststehenden Charaktermasken wie der ehebrecherischen Frau,

dem lüsternen Alten und dem diebischen Lakai. Goldoni, der Shakespeare der Commedia dell'arte, war ihr natürlich vollkommen unbekannt.
Margit war hoffnungslos ungebildet, trotz der vielen Jahre in der teuren und vornehmen Schule des Sacré-Cœur in Paris. Und auch keine andere Schule hätte daran etwas ändern können. Das wurde Sobieski klar, als er sie einmal in Hatfield bei einer Dinner Party zu ihrem Tischnachbarn, einem angesehenen Mathematiker, sagen hörte: »Ich finde es absolut unpassend, bei Tisch über Multiplikationen zu diskutieren.« Da begriff er, daß Margit glaubte, Multiplikation habe etwas mit der Zeugung von Kindern zu tun. Margit hatte einfach kein Talent für abstrakte Ideen, Politik, Diplomatie, Bücher und theoretische Erwägungen. Sie beschäftigte sich mit Menschen, sie beobachtete sie, hörte zu, nahm sie in sich auf als Individuen, als Männer, Frauen oder Kinder. Sie war an ihren elementaren Bedürfnissen interessiert – an ihrem Liebesleben zum Beispiel.
Trotzdem war sie weit davon entfernt, dumm zu sein. Drei- bis viermal im Monat fuhr sie von Horne Abbeye, ihrem Landsitz in der Nähe von Maidstone, nach London, um ins Theater zu gehen. Ibsen mochte sie nicht, obwohl seine Stücke vor etwa zehn Jahren sehr in Mode waren. »In seinen Stücken kommen keine lebenden Personen vor«, behauptete sie. »Nur Ideen, die sprechen.« Hingegen war sie begeistert von George Bernard Shaw und sie versäumte keinen Premierenabend seiner neuen Stücke.
»Aber Shaw ist doch ein Schriftsteller, der noch weit mehr als Ibsen seine Ideen auf die Bühne stellt – und noch dazu so bizarre Ideen über Feminismus, vegetarisches Leben, Antialkoholismus und Sozialismus!« hatte ihr einmal jemand entgegengehalten.
»Das weiß ich«, hatte sie erwidert. »Aber zu guter Letzt

gewinnen doch immer die Personen die Oberhand über seine Theorien.« Vielleicht, dachte Sobieski, hätte Shaw diese Bemerkung nicht gerade sehr gefallen. Aber jedenfalls war es nicht die Bemerkung einer dummen Person. Viel eher erinnerte es an den Scharfsinn eines intelligenten Kindes. Und genau das war Margit ja in Wirklichkeit: ein äußerst scharfsinniges Kind mit dem sinnlichen Körper einer Frau.

»Aber schließlich«, dachte Sobieski, »sind Männer und Frauen aus Fleisch und Blut doch nicht so simpel wie die Charaktermasken der Commedia dell'arte oder Margits ›Erzählungen von Goldoni‹.« Margit selbst war das beste Beispiel dafür. Sie war voller Geheimnisse, voller Rätsel, die einen reizten und die man doch nicht lösen konnte, für die man keine einfache Formel fand.

Da war zum Beispiel ihre gleichgültige Haltung gegenüber der sogenannten ›Abend-Parade‹.

Sobieski war ungefähr zwölf Jahre alt gewesen, als er das erste Mal mit einer Frau schlief. Sein Diener hatte anscheinend Spuren seiner ›feuchten Träume‹ entdeckt. Eines Abends jedenfalls, nachdem er mit seinem Erzieher sein Abendgebet gesprochen hatte und zu Bett geschickt worden war, fand er in seinem Schlafzimmer eine Frau vor, die auf ihn wartete. Sie war höchstens siebzehn oder achtzehn Jahre alt, eine kleine ungebildete polnische Bauerntochter, die im Haus als Dienstmädchen arbeitete. Dem zwölfjährigen Knaben schien sie damals überaus geheimnisvoll, wissend und erfahren zu sein, für ihn war sie wundervoll und beängstigend zugleich. Von diesem Abend an erwartete ihn jede Woche einmal eine Frau in seinem Bett, allerdings nie am gleichen Wochentag und niemals dasselbe Mädchen zweimal hintereinander, denn er sollte zu keiner eine tiefere Zuneigung fassen.

Als er sechzehn war, wurde er für zwei Jahre in das Jesuitenkonvent nach Kalksburg geschickt und bei dieser Gelegenheit wurde ihm eröffnet, daß er von jetzt an einen eigenen ›Erwachsenen-Haushalt‹ haben werde. Was das bedeutete, verstand er am ersten Abend in seinem neuen Heim, der ehemaligen Sommervilla eines Wiener Edelmannes. Als er nach dem Abendessen seine Schlafräume aufsuchte, wurde er das erste Mal in seinem Leben nicht von seinem Erzieher begleitet, nur zwei Lakeien gingen ihm mit großen Kerzenleuchtern voraus. Das Personal hatte in der Halle Aufstellung genommen, auf der einen Seite verneigten sich die männlichen Angestellten, auf der anderen Seite knicksten die weiblichen Bediensteten. Als er seine private Suite erreicht hatte, fragte ihn einer der Lakeien: »Wollen Hoheit eines der Mädchen bei sich haben?«

Das also war die ›Abend-Parade‹, die von diesem Abend an täglich abgehalten wurde. Es war eine Sitte, die in allen großen Häusern Ost-Europas üblich war, aber auch in Sizilien, in Süd-Spanien oder wo immer der Adel in enger Nachbarschaft mit den Moslems gelebt hatte und daher die Einrichtung des Harems kannte.

Pauline fand die Abend-Parade abstoßend. »Ich werde doch nicht in einem Bordell leben!« erklärte sie und verbannte das weibliche Personal in das unterste Stockwerk. Lucille sagte zwar nichts, tat aber dasselbe wie Pauline. Nur Margit blieb der Abend-Parade gegenüber völlig gleichgültig. »Wenn wir zusammen sind, verlange ich dich ganz und gar für mich!« hatte sie einmal zu ihm gesagt. »Und wenn ich nicht bei dir bin, ist es mir egal, was du tust.«

Aber das, was an Margit am meisten überraschte, war ihre Freundschaft mit Josefa.

Josefa

Als Sobieski seine Berufung nach London erhielt, erwartete Margit gerade ihr drittes – und letztes – Kind. Sie hatte ihm wiederholt erklärt, daß sie das Leben als Diplomatengattin mit seinen offiziellen Verpflichtungen entsetzlich langweilig finde. Sie hoffte, daß er bald demissionieren und dann ein sorgenfreies Leben im Palais in Wien oder auf einem der Güter in Polen oder Böhmen führen würde. Als er ihr aber eröffnete, daß sie nach London übersiedeln würden, war sie wider Erwarten begeistert.
»Jetzt kann ich endlich Josefa bitten, als meine Gesellschafterin zu mir zu kommen!« rief sie aus. »Seit wir verheiratet sind, habe ich mir gewünscht, daß Josefa bei uns leben soll. Aber nach Berlin wollte sie um keinen Preis kommen – sie haßt Deutschland und die Deutschen. Jetzt ist sie Gesellschafterin bei dieser hochnäsigen, stocksteifen Gräfin in Schottland, und ich glaube, sie ist dort todunglücklich. Aber London mag sie. Ich kann es kaum erwarten, bis wir übersiedelt sind und Josefa bei uns ist!«
Natürlich hatte Sobieski schon von Josefa gehört – dieser schönen, klugen und gebildeten Josefa, die in der Klosterschule in Paris die einzige Freundin Margits gewesen war. Sie war der Mensch, den Margit neben ihrem Mann am meisten liebte. Josefa Kaleska – das war kein unbekannter Name. Die Kaleskis waren eine angesehene Familie im österreichischen Polen, der Stammbaum reichte zweihundert Jahre zurück. Sie führten sogar den Titel eines Barons, verfügten allerdings nicht über die nötigen Mittel, um entsprechend aufwendig zu leben. So schwankten sie

also zwischen niederem Adel (Sobieskis Großmutter nannte das scharfzüngig ›Bauern, die ein *von* anstelle eines Taschentuches benützen‹) und dem wirklichen Adel. Immerhin war ein Kaleski Offizier bei den Sobieski-Kürassieren – wie sich herausstellte, war es Josefas älterer Bruder.

Sobieski war begeistert von der Idee, daß Margit in der für sie fremden und neuen Stadt, in einem Land, dessen Sprache sie nicht verstand, jemanden bei sich haben würde, den sie liebte, dem sie vertraute und mit dem sie reden konnte. Und so kam es, daß zwei oder drei Wochen nach der Übersiedlung nach London Josefa bei den Sobieskis eintraf.

Sobieski erinnerte sich genau an sein erstes Zusammentreffen mit Josefa. Als sie ihm vorgestellt wurde, machte sie einen Knicks und versuchte, ihm die Hand zu küssen. Sobieski war überwältigt. Margit war hübsch, sehr hübsch sogar, mit ihren ungarischen Farben: rotes Haar, weiße Haut, grünfunkelnde Augen. Josefa aber war eine klassische Schönheit, die Skulptur einer griechischen Göttin, von einem großen Bildhauer geformt. Sie hatte rabenschwarzes Haar, ihre Haut hatte die Farbe von frischem Rahm, ihre Hände waren schmal und feingliedrig. Hohe slawische Backenknochen gaben ihrem Gesicht einen aparten, lebendigen Ausdruck. Sie hatte, so wie Margit, eine Sopran-Stimme. Aber während Margits Stimme dazu neigte, schrill zu klingen, wenn sie erregt war, war Josefas Stimme samten wie dunkler Honig. Was Sobieski aber am meisten überraschte, war die Art, wie Josefa sich bewegte. Er wußte, daß alle Schülerinnen des Sacré-Cœur-Klosters lernen mußten, wie man geht, wie man sitzt, wie man aufsteht. Margit hatte ihm das oft vorgeführt: Mit zwei Büchern auf dem Kopf setzte sie sich auf einen Sessel und stand wieder auf, ohne dabei die Schultern oder den Kopf

zu bewegen. Josefa hingegen bewegte sich mit der Anmut einer durchtrainierten Tänzerin.
Als Margit sah, wie gut Josefa ihm gefiel, war sie überglücklich. »Ich wußte ja, du würdest Josefa lieben; sie ist das anbetungswürdigste Geschöpf der Welt!« Josefa lächelte zwar, sagte aber nichts. Offensichtlich schenkte sie ihm keinerlei Beachtung.
Um so größer war sein Erstaunen, als er einige Wochen später in sein Schlafzimmer kam und Josefa in seinem Bett vorfand. »Die Fürstin schickt mich«, sagte sie. Und die Art, wie sie das sagte, erlaubte ihm keinerlei Gegenfrage. Am nächsten Morgen fragte ihn Margit: »Nun, wie hat dir meine Josefa gefallen?«
»Warum hast du sie zu mir geschickt?« wollte er völlig verwirrt wissen und sie antwortete: »Wir haben im Kloster einander geschworen, alles im Leben zu teilen.«
Von da an fand er durch vier Jahre anstelle von Margit Josefa in seinem Bett. Josefa erfüllte Margits eheliche Pflichten, sie ersetzte Margit, sie war Margits zweites Ich und Doppelgängerin. Aber die ganze Zeit hindurch spürte er, daß er nicht wirklich ihr Liebhaber war und daß sie nicht im herkömmlichen Sinn seine Geliebte war. Sie gab sich ihm hin, weil er Margits Ehemann war und weil sie sich durch ihre Bindung an Margit auch mit ihm verbunden fühlte. Nie wieder sagte sie: »Die Fürstin schickt mich.« Aber auch ohne daß es jedesmal ausgesprochen werden mußte, war doch klar, daß das die eigentliche Basis dieser Beziehung war und daran änderte sich auch in den intimsten Augenblicken ihres Zusammenseins nichts.
Aber in welcher Beziehung standen die beiden Frauen eigentlich zueinander, was verband sie?
Etliche Jahre, bevor Josefa zu den Sobieskis kam, so um 1870 herum, öffnete sich Japan erstmals für westliche Reisende. Bei ihrer Rückkehr berichteten sie von einer Sitte,

die einem Europäer barbarisch vorkommen mußte. Die Ehefrau eines Edelmannes war verpflichtet, für ihren Mann eine Konkubine zu finden, sie in den bevorzugten Liebespraktiken auszubilden und sie dann ihrem Mann zuzuführen. Vor kurzem erst saß Sobieski während einer offiziellen Feier – eine Hochzeit oder ein Begräbnis des Königshauses – neben dem japanischen Gesandten. Während seines Gesprächs mit dem Gesandten erwähnte Sobieski auch diesen, wie er meinte, veralteten Brauch.
»Ganz und gar nicht veraltet!« widersprach der Japaner. »Immer noch üblich. Jetzige Frau von Kaiser, unfähig Kinder zu bekommen, suchte und fand Konkubine für Kaiser und trainierte sie. Jetzt überwacht sie Konkubine, damit sie als Bettgespielin wie als Mutter der Kinder ihres Mannes alles richtig macht. Phantastischer Brauch. Sehr gut für Ehe.«
Ganz unrecht hatte der Japaner nicht, dachte Sobieski. Seiner eigenen Ehe hatte es auch gut getan. In gewisser Weise bestand zwischen ihm und Margit jetzt wieder dieses Gefühl tiefen Vertrauens wie damals, als sie als elfjähriges Kind ohne zu zögern ihn bei der Hand genommen hatte. »Aber trotzdem, der Vergleich mit der japanischen Kaiserin hinkt«, dachte Sobiski. »Schließlich und endlich hat mir Margit drei Kinder geboren.« Begann sie seiner müde zu werden? Oder hatte sie Angst, er selbst könnte ihrer müde werden? Es stimmte allerdings: als Margit gegen Ende ihrer dritten Schwangerschaft gezwungen war, sich ihm zu verweigern, hatte er sie eigentlich nicht besonders vermißt und war ganz zufrieden gewesen mit dem, was ihm die »Abend-Parade« zu bieten hatte.
»Diese japanische Geschichte mag zur Not erklären, weshalb Margit mir Josefa ins Bett gelegt hat. Keineswegs aber erklärt sie die Beziehung zwischen den beiden Frauen«, dachte Sobieski.

Sobieski hielt es für möglich, wenn nicht sogar für wahrscheinlich, daß die beiden während ihrer Schulzeit ein Verhältnis miteinander gehabt hatten. Er wußte, daß so etwas sehr oft bei heranwachsenden Mädchen, die in einem Internat leben, vorkam. Von den üblichen Küssen, Umarmungen und Treueschwüren war es nur ein kleiner Schritt zum Erwachen erotischer Gefühle. Die erotischen Gefühle wiederum mündeten nur zu leicht in sexuelle Handlungen. Wie auch immer, solche Affären zwischen Schulmädchen wurden zwar mißbilligt, aber nicht besonders ernst genommen, man hielt sie für das kleinere Übel.
Er erinnerte sich an ein Abendessen in Paris zur Zeit Napoleon III. Man sprach über einen Skandal, den es wegen eines solchen lesbischen Liebesverhältnisses an einer der bekannten Schulen gegeben hatte. Pauline Metternich, die Frau des Botschafters Fürst Metternich und ›enfant terrible‹ der Pariser Gesellschaft hatte mit ihrer klaren, tragenden Stimme gesagt: »Das ist für die Mädeln in diesem Alter doch eh viel besser, als mit einem Mann anzubandeln!«
Immer, wenn die Fürstin Pauline solche Sachen sagte, taten alle so, als hätten sie nichts gehört. Um so genüßlicher wurde der Fauxpas dann am nächsten Abend beim Diner besprochen. Die meisten der Damen, die bei diesem denkwürdigen Ausspruch der Fürstin Metternich anwesend waren, waren aus dem höchsten katholischen Adel und folglich selbst einmal Internatsschülerinnen gewesen. Nach ihren Gesichtern zu schließen, wußten sie sehr wohl, wovon die Fürstin sprach und wenn das kleine Lächeln, das um so manchen Mundwinkel huschte, nicht täuschte, so hatten einige diesbezüglich ihre persönlichen Erfahrungen gemacht.
Trotzdem, was Margit und Josefa miteinander verband, war mehr als nur Eros; es war stärker und dauerhafter. Es mußte im Kern ihrer Persönlichkeit begründet liegen.

Einen wenn auch nur sehr kleinen Fingerzeig hatte Sobieski in dem gefunden, was er im Lauf der Zeit über Josefas früheres Leben herausbrachte. Josefa war das jüngste von fünf Kindern, das einzige Mädchen. Sie kam zehn Jahre nach ihrem jüngsten Bruder auf die Welt. Ihre Mutter starb, als Josefa noch sehr klein war. Sie wuchs eigentlich wie ein Einzelkind auf, allein mit ihrem rasch alternden Vater, der sowohl in der Verwaltung seiner kümmerlichen Güter als auch als kleiner Beamter versagt hatte. Josefa war eine brillante Schülerin und so hatte sie das heißbegehrte Stipendium für das Sacré-Cœur in Paris bekommen. Sie erhielt dort ausgezeichnete Noten für Sprachen und Geschichte und auch für Musik, denn sie spielte wundervoll Klavier und sang sehr gut. Außerdem erwies sie sich bald als fürsorgliche Aufsichtsperson für die jüngeren Schülerinnen.

Innerhalb von drei Jahren schaffte sie ein Studium, wofür andere vier Jahre brauchten. Ihr Vater bat sie, heimzukehren. Doch Josefa war klar, daß sie eines Tages ihren Unterhalt würde selbst verdienen müssen. Sie bat daher ihren Vater, noch einige Jahre in Paris bleiben zu dürfen. Sie hatte ein weiteres Stipendium erhalten und wollte sich bei den Schwestern für eine Stellung als Gouvernante oder Gesellschafterin ausbilden lassen.

Drei Monate später erschoß sich ihr Vater. Er hatte Josefa nichts davon gesagt, aber er wußte, daß er an der Parkinsonschen Krankheit litt und daß sein geistiger und körperlicher Verfall unaufhaltsam war. Natürlich hätte Josefa ihm keine Heilung verschaffen können, sie hätte ihm nicht helfen können. Wahrscheinlich hätte er sie zuletzt gar nicht mehr wiedererkannt. Aber offensichtlich machte sie sich große Vorwürfe und gab sich selbst die Schuld am Tod ihres Vaters, den sie durch ihren Egoismus verursacht zu haben glaubte.

»Ich glaube, sie fühlt sich noch immer schuldig«, dachte Sobieski. »Weder die Zeit noch Vernunft und logische Überlegungen können jemanden von einer solchen eingebildeten Schuld befreien.«
Kurz danach kam Margit nach Paris. Sie war knapp zwölf Jahre alt, ein einsames, verängstigtes und linkisches junges Mädchen, das völlig eingeschüchtert war von den vielen jungen Damen aus bestem Haus, zwischen denen sie auf einmal leben mußte. Es war wohl nicht weiter überraschend, daß die beiden Mädchen sich zueinander hingezogen fühlten – beide hatten weitab von der großen Welt gelebt, beide waren arm und beide waren einsam. Josefa beschützte, bemutterte und umsorgte die kleine Margit in dieser für sie fremden und feindlichen Welt. Durch Josefa wurden ihr vielleicht zum ersten Mal in ihrem Leben Zuneigung und Liebe zuteil. Dafür bewahrte Margit ihr unverbrüchliche Treue.
Aber vielleicht tat Margit noch viel mehr für Josefa, als diese für das Kind hatte tun können. »Schon damals«, dachte Sobieski, »als ich ihr ein Jahr zuvor begegnet bin, war sie so voller animalischer Vitalität, strahlender Lebensfreude und Überschwenglichkeit, trotz ihrer Ängste und Sorgen. Wenn irgend jemand Josefa aus ihren Depressionen reißen und sie ihren Schuldkomplex vergessen lassen konnte, dann war es Margit mit ihrer losen Zunge, ihren taktlosen Klatschgeschichten und ihrer beinahe heidnischen, amoralischen Unvoreingenommenheit. Josefa konnte die Tränen eines kleinen verzweifelten Mädchens trocknen. Margit aber konnte noch mehr: Sie gab einer verzweifelten, einsamen Halbwüchsigen die Freude am Lachen und die Lebenslust wieder.«
Vielleicht erklärte das einen Umstand, der Sobieski von Anfang an am meisten erstaunt hatte: Margit war die Stärkere, sie gab den Ton an. Ganz sicher beruhte das nicht auf

ihrer geistigen Überlegenheit. Denn niemand wußte besser als Margit, daß Josefa ihr hierin weit voraus war. Josefa war die weitaus bessere Studentin, sie sprach sechs Sprachen perfekt ohne eine Spur von Akzent, während Margits Sprachkenntnisse eher einem Kauderwelsch glichen. Josefa war hochmusikalisch, Margit konnte nicht einen Ton richtig singen. Josefa übertraf Margit an Schönheit und Eleganz auch dann noch, wenn sie die billigsten Kleider trug. Außerdem war Josefa bereits eine junge Dame, als Margit damals das erste Mal nach Paris kam.

»Heute spielt der Altersunterschied von vier Jahren freilich keine Rolle mehr«, dachte Sobieski. »Aber in den Augen einer Zwölfjährigen, die von Pubertätspickeln gequält wird, sich ihres zu großen Hinterteils und zu kleinen Busens bewußt ist, mußte die sechzehnjährige Josefa wie ein Wesen aus einer anderen Welt wirken. Etwa so, wie mir als zwölfjährigem Knaben die sechzehnjährigen Bauernmädchen in meinem Bett erschienen sind.«

»Aber zu guter Letzt ist es eben nicht der Verstand, der in einer Beziehung zwischen zwei Menschen ausschlaggebend ist, sondern die Macht«, dachte Sobieski. »Und die Macht, einem Verzweifelten sein Lachen wiederzugeben, ist eben größer als die Macht, ein Kind zu trösten, zu beruhigen und in den Schlaf zu wiegen. Einem Verzweifelten sein Lachen wiederzugeben heißt, ihn dem Leben wiederzugeben.« Und eben diese Macht mußte wohl Margit schon mit zwölf Jahren besessen haben.

Josefa hatte ausgezeichnete Manieren. Sie wußte sehr genau, welche Kluft zwischen einer armen Baronesse und einem vermögenden Fürsten bestand, zwischen einer Angestellten und ihrem Dienstherrrn. Sie verhielt sich Sobieski gegenüber stets mit größtem Respekt und ausgesuchtester Höflichkeit. Sie war aber dabei nie unterwürfig. Wenn Gäste da waren oder in Gegenwart des Personals sprach sie Margit immer mit »Hoheit« an. Wenn die drei aber unter sich waren, nannte sie sie »Margit« und wenn die beiden Frauen miteinander Französisch sprachen, wie sie es gern taten, sagten sie einander Du. Aber Josefa überließ Margit alle Entscheidungen, überließ Margit die Führung der Konversation, unterwarf sich Margits Urteil, vor allem wenn es andere Menschen betraf, und vor allem – sie vertraute ihr völlig, fast so, als ob Margit ihre ältere Schwester wäre.

Aber obwohl Josefa die Autorität Margits anerkannte, wußte sie doch, daß sie der klügere Kopf war – und Margit wußte das auch. Wenn es um Fragen des Intellekts ging, stand Margit zurück und Josefa übernahm die Führung. Und diese Josefa hatte keinerlei Ähnlichkeit mit der Frau, die Margits Gatten nachts im Bett zu Diensten war. Diese Josefa war eine Persönlichkeit, unabhängig und überlegen. In die Zeit mit Josefa fielen Sobieskis beste Jahre. Damals erreichte er das, was sich einst der *Eleve* von Metternisch-Sandor unter einem Diplomaten vorgestellt hatte: er hatte Macht und er beeinflußte den Gang der Geschichte. Diese gute Zeit dauerte nicht lange. Aber während dieser Jahre galt er als einer der begabtesten und einflußreichsten der jungen Diplomatengilde und man sagte ihm eine große Karriere voraus.

Als Sobieski nach London berufen worden war, hatte er eine festumrissene Vorstellung seiner Aufgabe: er nannte es ›eine besondere Beziehung‹, die er zwischen England und Österreich herstellen wollte. Wenn irgend möglich, sollte es zu einem Bündnis kommen. Zumindest aber zu einem gewissen Einvernehmen, um ein Gegengewicht zu Österreichs Abhängigkeit vom kaiserlichen Deutschland zu bilden. Im Lichte des Jahres 1906 war das damals natürlich ein Hirngespinst. Aber fünfundzwanzig Jahre zuvor war das keineswegs eine unrealistische Vorstellung gewesen.

Schließlich war Österreich, neben Portugal, Englands ältester Verbündeter; seit dem späten siebzehnten Jahrhundert standen diese beiden Nationen in jedem europäischen Konflikt auf der selben Seite. Zwischen den beiden Ländern gab es damals weder Rivalität noch irgendwelche Reibereien. Österreich hatte weder Ambitionen, eine Kolonialmacht zu werden, noch hatte es den Wunsch oder die Möglichkeit, eine Seemacht zu werden.
Aber Sobieski hatte auf ganzer Linie einen Fehlschlag erlitten. Nicht etwa, daß er mit seinen Ideen auf heftigen Widerstand gestoßen wäre – es gab kaum einen. Im Gegenteil, in Wien, London und sogar in Berlin waren alle von seinem Plan recht angetan. Doch es fand sich niemand, der aktiv mitgemacht hätte. Sobieski allein arbeitete verbissen vier oder fünf Jahre lang an der Verwirklichung seiner Idee, selbst dann noch, als er einsehen mußte, daß keinerlei Aussicht auf Erfolg mehr bestand.
Es war Josefa, mit der er während dieser Zeit über seine Ideen, seine Hoffnungen und Ängste, seine Strategie und seine Taktik diskutierte. Mit ihr gemeinsam überprüfte er den Grad seiner Fortschritte. Josefa war Realistin; sie sah längst nicht so große Erfolgschancen voraus, wie Sobieski das in seinen optimistischen Momenten tat. Aber der Plan selbst erfüllte auch sie mit Enthusiasmus. Sie war eine leidenschaftliche Polin und haßte Russen und Deutsche gleichermaßen heftig. Sobieskis geplantes Bündnis erschien ihr für das österreichische Polen, für Österreich und möglicherweise für ganz Europa als der beste Schutz gegen diese beiden Feinde. Jeden Abend diskutierten Josefa und Sobieski über Diplomatie, Margit saß schweigend daneben, sie hörte zu, sagte aber meist nichts, und wenn, dann nur ein paar Worte der Ermutigung für ihre geliebte Josefa oder für Sobieski.
Oft gesellte sich der Herzog von Avila zu den dreien. Er

war vor kurzem Witwer geworden und daher einsam. Er hegte große Bewunderung für Josefa. Er war beeindruckt von ihren Geschichtskenntnissen, ihrem Sinn für Politik, ihrer Fähigkeit, rasch zum springenden Punkt zu kommen, und ihrer Gabe, Menschen zu berurteilen, auch wenn sie diese nie persönlich kennengelernt hatte – wie zum Beispiel Salisbury oder Bismarck. Sobieski war sicher, daß Avila Josefa gerne einen Heiratsantrag gemacht hätte. Aber er scheute wohl davor zurück, weil er spürte, daß es eine zarte und ungewöhnliche Beziehung zwischen Josefa, Margit und Sobieski gab, die er nicht stören wollte.
Avila meinte, Josefa habe einen Männer-Verstand, und er hielt das für ein Kompliment – aber der sonst so kluge Mann irrte mit diesem Urteil. Josefa war sicher einer der brillantesten Köpfe, die Sobieski im Lauf seines Lebens begegnet waren. Aber dessen ungeachtet hatte sie einen weiblichen Verstand – sie war eben durch und durch Frau, mit dem Verstand ebenso wie mit dem Körper. Freilich war sie auch nicht ›feminin‹ in dem Sinn wie Margit es war, und keinesfalls war sie ›umwerfend‹, wie seine Söhne oder Owen Rhys Nevis sich ausdrückten, wenn sie von einer besonders ›weiblichen‹ Frau sprachen.
»Nein, sie ist eher ein altmodischer Typ«, dachte Sobieski. »Sie ist wie die Frauen in den griechischen Dramen, die ohne eine Träne vor ihren gefallenen Männern stehen und ungeachtet der menschlichen Hinfälligkeit ihrer Pflicht folgen, das Menschengeschlecht nicht aussterben zu lassen. Sie erinnert mich auch an die weiblichste aller Frauengestalten Shakespeares, an die Portia im ›Kaufmann von Venedig‹.« Sobieski war der Ansicht, daß von allen Stücken Shakespeares dieses eine wohl die absurdeste Handlung hatte: Kein Richter – nicht einmal ein blinder – konnte den Irrtum begehen und Portia für einen Mann halten, trotz ihrer Anwaltsrobe, der Perücke und dem falschen

Bart. Aber mochte auch die Handlung in diesem Stück so absurd sein wie in einer italienischen Oper, Portia selbst war absolut glaubhaft – und absolut weiblich. Wann immer Sobieski Josefas Stimme hörte, diese silberne Stimme mit dem dunklen honigweichen Unterton, mußte er an Shakespeares Portia denken.

Das Ende seiner Liaison mit Josefa kam, als sie von ihm ein Kind erwartete. Es war Margit, die ihm diese Nachricht mitteilte.

»Josefa bekommt ein Kind von dir«, sagte sie. »Sie ist sich ziemlich sicher; jedenfalls ist sie schon zwei Monate überfällig. Sie ist wahnsinnig glücklich – sie hat sich ja immer ein Kind gewünscht. Und ich bin auch glücklich, denn es ist ja dein Kind, das sie erwartet.«

»Aber«, fuhr Margit ruhig fort, »wir wollen doch nicht noch mehr ›natürliche‹ Kinder haben. Eines ist genug. Und Josefa ist schließlich eine Dame, keine Schlampe aus der Gosse. Für sie ist es unzumutbar, ein uneheliches Kind zu bekommen.

Wir haben daher ein Arrangement getroffen (übrigens hatten wir das schon früher besprochen, für alle Fälle): Sie wird Oberstleutnant von Goeller heiraten, der die Botschafts-Garde kommandiert. Er ist Witwer, mittleren Alters, seine Kinder sind erwachsen. Er hat kein Geld und ist gewillt, für Josefas Kind die Vaterschaft zu übernehmen. Ich habe ihm gesagt, daß wir für Josefa und ihr Kind finanziell sorgen werden. Außerdem habe ich ihm versprochen, daß du für seine Beförderung zum Oberst sorgen wirst und daß er in fünf bis sechs Jahren zum Generalmajor ernannt wird. Ich selbst werde die Taufpatin des Kindes sein und ihm als Taufgeschenk eines meiner ungarischen Güter überschreiben.«

Weder Margit noch Josefa sagten ihm, daß er Josefa nicht mehr wiedersehen würde.
Sie blieb Margits beste Freundin, und so wie bei den Japanern wurde Josefas Kind zugleich auch Margits Kind, so wie auch Josefa nur stellvertretend für Margits Körper in Sobieskis Bett gekommen war. Einmal im Jahr, wenn Sobieski auf dem Kontinent war, kam Josefa zu Besuch zu Margit nach Horne Abbey. Und so kam es, daß Sobieski seine Tochter nur zweimal zu Gesicht bekam: bei der Taufe in der Botschaftskapelle und neunzehn Jahre später, als sie in Österreich in einer kleinen Landkirche getraut wurde.
Fünf Jahre, nachdem Josefa geheiratet hatte, starb von Goellner, nur wenige Monate vor seiner Beförderung zum Generalmajor. Bald danach hatte Margit einen zweiten Ehemann für Josefa gefunden, wieder einen verwitweten, älteren Offizier, der allerdings bereits Generalmajor war. Seine erste Frau war die Schwester des Haushofmeisters von Margits Bruder gewesen, dem Prinzen Balaton-Balat.
Die Ehe von Josefas Tochter war vermutlich auch von Margit arrangiert worden. Übrigens eine bemerkenswerte Kombination: Die Braut, eine uneheliche Tochter des Herzogs von Przemysl, der Bräutigam der illegitime Sohn eines Erzherzogs aus dem Hause Habsburg und einer Frau, mit der dieser seit dreißig Jahren zusammenlebte, die er aber nicht offiziell ehelichen konnte, weil er Großmeister des Deutschen Ritterordens und somit katholischer Priester war. (Offiziell war sie die Frau seines Haushofmeisters, der selbst ausschließlich an jungen Männern interessiert war, was auch jedermann wußte.) Sobieski lächelte. Nur die Gemahlin des Herzogs von Przemysl konnte es fertigbringen, eine von Goellner mit einem Habsburger zu verheiraten. Niemand sonst konnte glaubhaft machen, daß Josefas Tochter eine Sobieski war.

Sobieski wußte, daß die beiden Frauen den Plan hatten, Josefa sollte nach dem Tod ihres zweiten Mannes, des ältlichen Generals, für immer zu Margit ziehen. Sobieski selbst aber hatte überhaupt keinen Einfluß auf die Erziehung seiner Tochter, auf die Pläne betreffend Josefas Zukunft, er hatte keinerlei Kontakt mit seiner ehemaligen Mätresse oder seinem jüngsten Kind. Es war ihm nicht klar, ob Margit das alles, aus welchen Gründen auch immer, von Anfang an so geplant hatte. War es von jeher der Plan der beiden Frauen gewesen, daß Josefa ein Kind von ihm bekommen sollte, daß man ihr einen Ehemann verschaffte und genügend Geld, um Mann und Kind erhalten zu können? Wollten sie auf diese Weise ihren jugendlichen Schwur wahr machen, alles miteinander zu teilen? Oder wollte Margit auf diese Weise sicherstellen, daß ihre geliebte Josefa für immer an sie gebunden blieb? Je mehr Sobieski nachdachte, desto verwirrter wurde er. Josefa vermochte er vielleicht zu durchschauen – aber Margit? Und weshalb hatte Margit Josefa weggeschickt – wollte sie freie Hand für ihre Liebesabenteuer haben?
Ihre Liebhaber waren immer vom selben Typ: aus bester Familie, gutaussehende, müßiggängerische, nichtssagende junge Männer, die wesentlich jünger waren als Margit selbst. Bei den meisten dauerte es nur ein paar Monate, bei einigen wenigen hielt die Affäre über ein oder zwei Jahre.
»Für Margit bedeuteten diese jungen Männer nicht mehr als die Mädchen, die ich bei den Abend-Paraden ausgesucht habe – eine Woche später konnte ich mich kaum noch an ihre Gesichter erinnern«, dachte Sobieski. »Das waren rein körperliche Abenteuer, nicht mehr.«
Aber dann war Owen Rhys Nevis gekommen.
»Ich kann Margit nicht weh tun. Ich darf ihr nicht weh tun!« brach es aus Sobieski heraus. »Sie ist glücklich mit Owens und das darf ich nicht zerstören!«

Lord Owen

Fast im selben Augenblick sagte Lord Owen Rhys Nevis zu sich selbst: »Ich kann, ich darf Margit nicht verletzen.« Er hatte sich das in den vergangenen zwei Tagen bereits ungezählte Male gesagt. »Ich kann, ich darf Margit nicht weh tun – schon dem Fürsten zuliebe nicht!«
Noch nie zuvor war Margit so leidenschaftlich, so verliebt, so feurig gewesen. Nie zuvor hatte sie ihn so sehr erregt, war so unersättlich gewesen, hatte sich so bedingungslos und so voller Wollust hingegeben. Trotzdem, als Owen vor zwei Tagen im Morgengrauen in seine eigenen Räume in Horne Abbey zurückgekehrt war, wußte er, daß nun das eingetreten war, was er seit einiger Zeit hatte kommen sehen: seine Affäre mit der Fürstin Margit Sobieski ging ihrem Ende zu.
Sie war jetzt fünfzig. Dennoch wirkte sie auf ihn verführerischer und begehrenswerter als je zuvor. Ihr Gesicht und ihr Körper waren immer noch die einer jungen Frau, nur rund um die Augen erinnerten erste Fältchen an ihr wahres Alter – aber gerade das machte sie für ihn noch interessanter und anziehender. Wie stark ihre gegenseitige Anziehung sein würde, ahnte er noch nicht, als er damals einen harmlosen Flirt mit ihr beginnen wollte. Es war bei einer Dinner Party gewesen, die Sobieski zu Owens Ehren gegeben hatte, nachdem Lord Salisbury ihn zum Mitglied des Tory Kabinetts ernannt hatte. Das alles schien eine Ewigkeit zurückzuliegen. Mit Margit fand Owen eine neue Form der Glückseligkeit, der Wonne und der körperlichen Freuden. Sie eröffnete ihm Einblicke in seine eige-

nen erotischen Möglichkeiten, von denen er bis dahin nichts geahnt hatte. Und trotzdem – so konnte es nicht weitergehen, er mußte Schluß machen.
»Morgen sage ich ihr, daß es aus ist«, war sein letzter Gedanke, bevor er in seinem Bett in erschöpften Schlaf fiel.
»So kann es nicht weitergehen«, war sein erster Gedanke, als ihn sein Diener am nächsten Morgen mit dem Tee weckte. Und »So kann es nicht weitergehen«, dachte er, als er an einem grauen, nebeligen Junimorgen fröstelnd in seinen Rolls stieg, um sich nach London fahren zu lassen. Als er die mit Rotbuchen gesäumte Straße entlangfuhr, ließ er noch einmal anhalten und warf einen letzten Blick auf Horne Abby.
»Ich werde diesen Ort nie wiedersehen«, dachte er. Als er den entgeisterten Ausdruck auf dem Gesicht des Chauffeurs sah, der ihn in den letzten sieben Jahren beinahe jede Woche zu den Sobieskischen Gütern gefahren hatte, wurde ihm bewußt, daß er anscheinend laut gesprochen hatte.
Aber es war nicht nur seine Beziehung zu Margit gewesen, die ihn in diesen letzten sieben Jahren dazu gebracht hatte, allmählich seine politische Karriere zu vernachlässigen, die am Anfang noch eine so große Rolle in seinem Leben spielte. Nicht nur diese Affäre mit Margit war es gewesen, sondern auch Margits Mann hatte dabei einen wesentlichen Anteil. Owens Großvater und auch sein Vater hielten den Fürsten für einen grand seigneur und Gentleman par excellence. Sie drängten ihn, die freundschaftliche Beziehung zu diesem Mann zu pflegen. Und obwohl der Fürst alt genug war, um Owens Vater zu sein (»Natürlich«, dachte Owens plötzlich, »ich vergesse immer ganz, daß er schon sechsundsechzig ist, sechzehn Jahre älter als Margit«), hatte er den Jüngeren doch mit offenen Armen empfangen und nahm ihn jedesmal zu seinen langen Aus-

ritten mit, wenn er sich in London aufhielt. Am Anfang seiner Affäre mit Margit hatte sich Owen deshalb auch sehr schuldbewußt gegenüber Sobieski gefühlt. Aber bald wurde ihm klar, daß der Fürst alles über diese Affäre wußte, ja, daß der Fürst schon lange vor ihm gewußt hatte, daß es zu dieser Affäre kommen würde – vielleicht hatte er es sogar schon vor Margit gewußt. Owen begriff, daß der Fürst weit davon entfernt war, sich als betrogener Ehemann zu fühlen; im Gegenteil, er empfand offensichtlich so etwas wie nachsichtigen Stolz über das Glück der, wie er sie gerne nannte, ›jungen Leute‹.

Ganz London wußte, daß der Fürst und die Fürstin längst nur mehr eine Ehe auf dem Papier führten. Natürlich waren da drei Kinder. Aber die waren längst erwachsen, das älteste war nur wenige Jahre jünger als Owen. Alle drei lebten in Österreich und kamen nur sehr selten nach London. Die jüngste Tochter war mit einem Angehörigen des bayerisch-königlichen Hauses verheiratet, der dem Fürsten Sobieski der Familie nach ebenbürtig war. Er war Diplomat und österreichischer Botschafter in Spanien gewesen.

Der Fürst und die Fürstin lebten eigentlich meistens getrennt. Er kam nur an den Wochenenden nach Horne Abbey, und sie kam nicht allzu oft nach London. In allen Botschaften und Landhäusern war es ein offenes Geheimnis, daß die Fürstin zahlreiche Liebhaber hatte – sie machte sich auch nie große Mühe, es geheimzuhalten. Ebenso wußte jedermann, daß der Fürst selbst ein unverbesserlicher Schürzenjäger war.

Was aber Owen anfänglich am meisten überraschte, später verwirrte und schließlich entzückte, war das Verhalten des Fürsten seiner Frau gegenüber. Es ging dabei nicht so sehr um Liebe; es war vielmehr Besorgtheit und Anteilnahme. Zweifelsohne hatte Sobieski seine Frau sehr gern, so wie man ein Kind gern hat. Hielten sie sich unter demselben Dach auf – sei es nun in ihrem Stadthaus in London oder draußen in Horne Abbey –, machte er ihr jeden Morgen nach seinem zweistündigen Ausritt einen formellen Besuch. Das war gerade die Zeit, in der sie aufzustehen pflegte. Er setzte sich dann zu ihr, während sie ihren Kaffee trank, und erkundigte sich ernsthaft nach ihrem Wohlbefinden und fragte, ob er irgendetwas für sie tun könne. Er ging zwar nie so weit, wie eine der komischen Mütter in den französischen Komödien zu Owen zu sagen: »Sei gut zu ihr, mein Sohn!« Aber etwas Ähnliches wollte er wohl ausdrücken, wenn er zum Beispiel scheinbar beiläufig sagte: »Ich freue mich, daß die Fürstin so wohl aussieht und daß sie so glücklich ist.«

Trotz allem war diese merkwürdige Beziehung weit davon entfernt, komisch oder gar absurd zu wirken. Vielmehr strahlte sie Würde aus, einen starken Sinn für Humor, echte Zuneigung, und das alles wurde getragen von unverrückbar einwandfreien Manieren. Owens Großvater und Vater hatten mit ihrem Urteil völlig recht: Der Fürst war in jeder Situation ein vollendeter Gentleman und Aristokrat. Weder Owens Großvater, der achte Earl von Cardiff, noch Owens Vater, der neunte Earl, hatten besonders viel für Ausländer übrig gehabt. Sie hatten eine etwas altmodische Abneigung gegenüber den amerikanischen Erbinnen und den deutschen Bankiers, die seit den letzten Regierungsjahren der alten Königin begonnen hatten, sich in die englische gute Gesellschaft hineinzudrängen. Und obwohl sie selbst sehr stolz waren auf ihren alten Waliser Namen und Stammbaum, rümpften sie doch die Nase über diese tüchtigen irischen Rechtsanwälte mit ihrer keltischen Zungenfertigkeit und ihren politischen Ambitionen. Sobieski aber bewunderten sie, sie hatten ihn geradezu ins Herz geschlossen, obwohl er einen fremd-

ländischen Namen hatte und seine Ehe ebenso wie seine außerehelichen Arrangements eindeutig unenglisch waren.
Und der Fürst brachte dem Haus Rhys Nevis seinerseits warme Zuneigung und Hochachtung entgegen.
Als sie nach dem Begräbnis von Owens Vater zusammen den Friedhof von Schloß apRhys verließen, sagte er zu Owen: »Ich habe in meinem Leben drei wirklich gute englische Freunde gehabt: Lord Salisbury, den ich 1878 in Berlin zum ersten Mal traf, als er Disraeli zum Kongreß begleitete und der später meine Berufung als österreichisch-ungarischer Botschafter nach London befürwortet hat. Dann Ihr Großvater, der mir sein Herz und sein Haus geöffnet hat, als ich nach London kam. Und schließlich Ihr Vater, der zu mir wie ein Bruder war. Diesen drei Männern verdanke ich es, daß ich England mehr liebe als meine Heimat Polen, wo meine königlichen Vorfahren zu Hause waren, oder Österreich, in dessen Dienst ich Botschafter bin. Jetzt, da alle drei nicht mehr sind, fühle ich mich sehr allein.«
Und dann tat Sobieski etwas, was bei diesem für gewöhnlich so reservierten Mann überraschte; er hing sich bei Owen ein, als wollte er mit dieser vertraulichen Geste ausdrücken »Aber ich habe ja noch einen englischen Sohn«. Dann sagte er in seinem normalen Konversationston: »Ich hoffe, daß Sie trotz ihres schmerzlichen Verlustes dieses Wochenende nach Horne Abbey kommen werden. Ich weiß noch nicht, ob ich auch werde dort sein können. Aber die Fürstin trauert auch über den Verlust Ihres Vaters.«
Dennoch, die Affäre mit Margit mußte beendet werden. Sofort. Trotz der starken physischen Anziehung, die sie auf ihn ausübte, hielt er es nur mit ihr aus, wenn sie zusammen im Bett waren. Ihr kindisches Geplapper in ihrem immer noch mangelhaften Englisch, ihre Babysprache, die

eingestreuten französischen Worte aus ihrer Schulzeit in Paris, der künstlich aufrecht gehaltene ungarische Akzent – früher hatte er das alles charmant und reizvoll gefunden. Jetzt ging es ihm einfach auf die Nerven. Ihre Art, jedes männliche Wesen sofort in einen Flirt zu verwickeln – halb scheues Kind, halb Kokotte –, langweilte ihn und stieß ihn ab. Und dann ihre Art, Konversation zu machen! Keinen einzigen Abend mehr hielt er in ihrer Gesellschaft aus. Nichts als oberflächliches Geschwätz über verschiedene Liaisonen, Eifersuchtsgeschichten und sonstigen Hintertreppenklatsch. Ihr Desinteresse an Kunst, Musik, Büchern, Natur oder irgendetwas dergleichen war erschreckend.

»Aber wie, um Gottes Willen, soll ich diese Sache beenden?« fragte sich Owen verzweifelt, als sein Wagen durch Kent Richtung Croydon und Waterloo Bridge fuhr.

Diese Frage beschäftigte ihn noch immer, als der Wagen vor seiner Wohnung hielt. Er durfte Margit nicht weh tun. Er liebte sie nicht mehr, auch wenn er sie immer noch begehrte. Obwohl er sich nach ihrer Berührung sehnte, war ihm ihre Gesellschaft unerträglich. Aber er hatte sie immer noch gern. Mit einem gequälten Lächeln sagte er sich, daß er jetzt vermutlich die gleichen Gefühle für Margit hegte wie ihr Mann.

»Dem Fürsten zuliebe darf ich Margit nicht verletzen. Aber was soll ich nur tun, was soll ich nur tun?«

Zwei Tage später quälte ihn diese Frage noch immer und es wurde ihm klar, daß es so nicht weitergehen konnte. Er hatte sich gezwungen, an zwei Parlamentssitzungen teilzunehmen und endlosen Debatten über die Kostenlage der britischen Armee in Indien zuzuhören. Er hatte Stunden in seinem Club zugebracht und dort dem Geschwätz gelangweilter junger Männer zugehört. Und die ganze Zeit über hatte er sich immer wieder dieselbe Frage ge-

stellt: »Wie, wie, wie?« Heute war Donnerstag. Margit erwartete ihn für Samstagabend in Horne Abbey zum Essen. »Der Fürst wird dieses Wochenende herauskommen«, hatte sie gesagt. »Du weißt doch, wie sehr er deine Gesellschaft schätzt. Und ich brauch dich.« Er mußte endlich etwas unternehmen, wollte er sich nicht selbst wie ein Schurke vorkommen.
Einen Augenblick spielte er mit dem Gedanken, ihr zu schreiben, daß er krank sei, oder sie anzurufen, denn Horne Abbey hatte seit kurzem Telefon. Aber das würde nur zur Folge haben, daß sie sofort nach London kommen würde, um ihn zu besuchen. Und überhaupt benützte nur ein Feigling solche Ausreden, um sich vor einer endgültigen Entscheidung zu drücken. Vielleicht wäre es das Beste, er würde ihr ganz formell telegraphieren:

Lord Owen Rhys Nevis bedauert aufrichtig, Ihre Hoheit die Fürstin Sobieski benachrichtigen zu müssen, daß unaufschiebbare politische Verpflichtungen ihn daran hindern, dieses Wochenende mit Ihrer Hoheit und Seiner Hoheit in Horne Abbey zu verbringen.

Das wäre eine Möglichkeit – höflich, aber unmißverständlich, endgültig und würdevoll. Aber konnte er so kalt zu einer Frau sein, die durch sieben Jahre der Mittelpunkt seines Lebens gewesen war und die ihn noch immer liebte? Und würde der Fürst ihm je verzeihen, daß er seine alternde Kind-Frau so grausam behandelt hatte?
Inzwischen war es Vormittag und Owen war nahe daran, dieses Telegramm trotz allem abzuschicken, sich dann in der hintersten Reihe des Unterhauses zu verstecken, wo ihn kein Sobieski finden konnte, und in Gottes Namen einen weiteren Abend lang den geistlosen Debatten zuzuhören.

»Ich führe mich auf, als wäre ich Orest auf der Flucht vor den Furien. Dabei bin ich nichts anderes als ein Mann in mittleren Jahren, der von seiner Mätresse genug hat«, schalt er sich selbst und begann das Telegramm aufzusetzen. In diesem Augenblick kam sein Diener herein, der seit der Rückkehr Owens von Horne Abbey einen weiten Bogen um ihn gemacht hatte, und brachte auf dem Silbertablett eine Visitenkarte:

Sir Montgomery Bramlett entbietet Lord Owen Rhys seine Verehrung und erbittet ein kurzes Gespräch in einer äußerst dringenden Angelegenheit.

Was kann der Quacksalber nur von mir wollen, fragte sich Owen. ›Äußerst dringend‹ – das klang ja sehr geheimnisvoll. Es war wohl besser, wenn er mit dem Kerl sprach.
»Ich hoffe, Eure Lordschaft bei bester Gesundheit zu finden«, begann Bramlett wichtigtuerisch und salbungsvoll wie immer. »Ich bin mir bewußt, daß ich Euch als vielbeschäftigten Politiker nicht die Zeit stehlen darf«, fuhr er unterwürfig fort und machte damit Owens ohnehin schon beträchtliche Gereiztheit nur noch schlimmer. »Aber mein Besuch hat einen wichtigen Grund, wenn auch leider keinen angenehmen. Ich komme gerade von apRhys Castle zurück, wohin mich Euer Lordschaft Schwägerin, die Gräfin Cardiff, auf Drängen meines dortigen Kollegen, Dr. Evan gerufen hat. Euer Lordschaft entsinnen sich vielleicht, daß Dr. Evan den Vater Eurer Lordschaft bei dessen letzter Erkrankung behandelt hat. Ein hervorragender Arzt, wenn ich so sagen darf. Lord Owen, haben Sie Ihren Bruder in letzter Zeit gesehen?«
»Nein. Zuletzt sah ich ihn bei der Beerdigung meines Vaters vor vier Jahren.«
»Dann können Eure Lordschaft freilich nicht von der Ver-

schlechterung seines Gesundheitszustandes wissen. Er hat in den letzten Monaten stark an Gewicht verloren, hat keinerlei Energie mehr und wirkt völlig teilnahmslos. Dr. Evans macht sich große Sorgen und drängte daher Lady Cardiff, mich zu rufen. Ich war also dort und habe den Grafen genauestens untersucht. Bedauerlicherweise ist das Resultat alles andere als erfreulich, Lord Owen.«
Der Doktor schwieg einen Augenblick, dann fuhr er fort: »Selbstverständlich habe ich das Ergebnis meiner Untersuchung weder dem Grafen selbst noch der Gräfin mitgeteilt. Ich fürchte, es handelt sich um eine besonders schwere Form von Diabetes. Ich sehe, Eure Lordschaft wissen, wovon ich spreche. Ich muß also nichts weiter erklären. Ich bedauere sagen zu müssen, daß die Medizin bei der Erforschung dieser Krankheit noch keine großen Fortschritte gemacht hat. Wir wissen lediglich, daß sie unheilbar und ihr Verlauf unaufhaltsam ist. Obwohl der Bruder Eurer Lordschaft erst fünfundvierzig Jahre alt ist, besteht keine große Hoffnung für ihn. Ich fürchte sagen zu müssen, daß die Lebenserwartung Ihres Bruders bestenfalls zwei Jahre beträgt. Ich selbst gebe ihm allenfalls noch ein Jahr.«
Sir Montgomery verschränkte seine Finger vor seinem fülligen Bauch und senkte seine Stimme zu einem vertraulichen Flüstern. »Es kann geschehen, daß der Patient von einem Moment zum anderen in tiefe Bewußtlosigkeit fällt, aus der er nicht mehr erwacht!«
Owen unterbrach ihn: »Gibt es irgendetwas, das ich tun kann, Sir Montgomery? Es gibt doch sicher einen bestimmten Grund, daß Sie mich so dringend sprechen wollten.«
Der Arzt schwieg einige Zeit. Dann sagte er zögernd: »Es widerstrebt mir, davon zu sprechen, aber es ist meine Pflicht. Der Bruder Eurer Lordschaft hat drei Töchter,

aber keinen männlichen Erben. In seinem jetzigen Zustand ist er außerstande, seinen ehelichen Pflichten nachzukommen. Es läßt sich fast mit Sicherheit sagen, daß Eure Lordschaft in einem Jahr, spätestens in zwei Jahren, der familienälteste Graf von Wales und Graf von Cardiff sein werden. Ihre Pflicht wird es dann sein, für den Fortbestand einer der ältesten, edelsten und reichsten Geschlechter Englands zu sorgen.«

Der Doktor verabschiedete sich. Owen kochte vor Wut über die Unverschämtheit des Mannes. Wie konnte er es wagen, ihm, Owen, mit seinem langen Sermon nahezulegen, er solle seine Mätresse fallenlassen, das erstbeste heiratsfähige junge Mädchen beschlafen und Kinder produzieren. Was fiel ihm ein, einem Rhys Nevis Vorschriften machen zu wollen, wer, glaubte er, ist er, dieser Abkömmling eines unbekannten Krämers, der sich selbst kaum einen Gentleman nennen durfte, auch wenn er hundertmal des Königs Leibarzt war. Er hatte ja geklungen wie ein deutscher ›Oberlehrer‹ mit allen diesen Phrasen – ›eheliche Pflichten‹ und ›Nachkommen zeugen‹. Und noch dazu hatte dieser aufgeblasene Schwätzer alles durcheinandergebracht: Als Graf von Cardiff war er nicht familienältester Graf von Wales; das war er als Baron apRhys.

Trotzdem, Owen mußte zugeben, daß der unverfrorene Kerl nicht ganz unrecht hatte. Der Titel würde zwar nicht aussterben, wenn Owen keinen legitimen männlichen Nachkommen haben würde; es gab da etliche Cousins, Söhne des jüngeren Bruders seines Großvaters. Das waren alles sehr respektable Männer und sie würden im Hermelin auch nicht komischer aussehen als Owen. Aber als Graf von Cardiff gehörte man der hohen Aristokratie an und mußte die damit verbundenen Verpflichtungen erfüllen. Dazu gehörte eben auch, für Nachkommenschaft zu sorgen, sonst würde die Aristokratie aussterben.

Plötzlich erkannte er, daß dies die perfekte Ausrede war, um mit Margit Schluß zu machen. Pflichten gegenüber der Familiendynastie – Margit war eine europäische Aristokratin und hatte in eine ehemals königliche Familie eingeheiratet; sie würde die Bedeutung dieser Verpflichtung noch besser verstehen als eine Engländerin.
Das Problem mit Margit wäre also gelöst, obwohl er nicht gern daran dachte, daß er sie würde belügen müssen.
Was aber war mit dem Fürsten? Was würde der Prinz von ihm denken, wenn er jetzt die Frau fallenließ, die zu lieben er jahrelang behauptet hatte, nur um seinen Titel und seine Güter in seinem Familienzweig zu behalten? Schließlich war er dank seines Erbes mütterlicherseits auch ohne die Cardiff-Güter reich genug. Würde er den Fürsten belügen können?
Owen wurde klar, daß es ihm wirklich nur um den Fürsten ging und um niemanden sonst. Er könnte alles ertragen, den Klatsch, das Geflüster und sogar die Glückwünsche der anderen, solange nur der Fürst selbst ihn verstand. Plötzlich sah Owen die Lösung vor sich – sie war so zwingend, daß er einige Minuten wie betäubt dastand.
»Warum gehe ich eigentlich nicht zum Fürsten und frage ihn, wie ich mit Margit Schluß machen soll? Der Fürst ist ihr ebenso zugetan wie ich, vielleicht sogar noch mehr. Er wird verstehen, daß ich ihr nicht weh tun kann. Aber er wird auch verstehen, warum ich mit ihr Schluß machen muß – schließlich hat er schon vor Jahren ebenfalls aufgehört, sie zu lieben.«
Der Fürst war dem Haus Rhys Nevis seit so langer Zeit freundschaftlich verbunden, daß er auch einsehen würde, daß Owen sich seinen Verpflichtungen als zukünftiges Oberhaupt der Familie würdig erweisen mußte. Vor allem aber gab es in Owens Augen niemanden, der so sehr das nötige Zartgefühl hatte, um zu begreifen, was es bedeute-

te, ein Gentleman zu sein, und wie wichtig es war, wie ein Gentleman zu handeln. Nicht umsonst hatte sein eigener Vater den Fürsten immer wieder ›den ersten Gentleman Europas‹ genannt.

Aber konnte er wirklich zu Margits Ehemann gehen? Schließlich war das hier keine französische Schlafzimmer-Komödie von Scribe oder Sardou mit dem Titel: »Meine Geliebte, Ihre Frau«, vertont von Offenbach. Was sollte er dem Fürsten sagen? »Sir, ich will nicht länger mit Ihrer Frau schlafen«? Oder noch ärger: »Sir, das einzige, was ich von Ihrer Frau noch will, ist mit ihr schlafen«? Aber hatte nicht einmal irgendein Witzbold behauptet, das Leben imitiere nicht die Kunst, sondern die Schlafzimmer-Komödien? Owen fühlte sich erleichtert. Schon der Gedanke allein, daß er zum Fürsten gehen konnte, um ihm alles zu sagen, hatte eine Zentnerlast von seinen Schultern genommen.

Entschlossen zog er an der Klingelschnur und befahl wenig später seinem Kammerdiener: »In zwanzig Minuten soll der Wagen vorfahren. Ich fahre zum Fürsten Sobieski zum Atherton Square.«

Dabei hatte er die Genugtuung zu sehen, daß sein Diener die Fassung verlor und sein Ausdruck maskenhafter Unerschütterlichkeit einem grenzenlosen Erstaunen Platz machte. Der Mann stand nun schon seit zehn Jahren in Owens Diensten und war stets der Inbegriff eines stocksteifen Kammerdieners gewesen. Aber jetzt passierte es schon zum zweitenmal innerhalb von einer Woche, daß er sein seelisches Gleichgewicht verlor.

›Eine Geschichte nach Goldoni‹

»Ich kann und ich darf Margit nicht weh tun«, wiederholte Sobieski, »und ich kann und darf ihr Glück mit Owen nicht gefährden.«

Von allem Anfang an, wahrscheinlich noch bevor Margit selbst es wußte und jedenfalls lange bevor Owen es begriff, hatte Sobieski erkannt, daß diese Affäre etwas ganz anderes war als alle Affären die Margit bisher gehabt hatte – etwas anderes für sie und etwas anderes für ihn. Von allem Anfang an hatte er gewußt, daß diese Affäre eine tiefere Bedeutung haben würde: für Margit, für Owen und ebenso für ihn selbst. Er hielt Owen weder für besonders klug noch für besonders attraktiv; Owen war ein netter, wohlerzogener, angenehmer junger Mann aus gutem Haus, er unterschied sich kaum von einem Dutzend anderer junger Leute. Aber Sobieski empfand für ihn eine besondere Zuneigung, eine selbstlose Zärtlichkeit ähnlich jener, die er damals für das Kind Margit empfunden hatte. Und offensichtlich spürten auch Margit und Owen, daß ihre Beziehung zueinander etwas Besonderes hatte, das über körperliche Leidenschaft und sexuelle Anziehung hinausging. Sie waren wirklich ineinander verliebt – und gleichzeitig stand er selbst ihnen nahe, er war ihnen teuer und sie vertrauten sich ihm an. Das war der Grund, warum er Margit nicht weh tun konnte, warum er ihr Glück mit Owen nicht gefährden und ihren Glauben an seine eigene selbstlose Ergebenheit nicht aufs Spiel setzen wollte.

Und trotzdem, dachte er, würde Margit schon bald verletzt werden. Bisher war immer sie es gewesen, die den

Zeitpunkt bestimmt hatte, wann eine Liaison zu Ende war. »Aber diesmal wird es Owen sein, der ihrer zuerst müde wird und sie verläßt. Er ist so viel jünger als sie und mit jedem Tag wird der Altersunterschied stärker spürbar. Margit wird mich brauchen, damit sie ihre Hand in meine legen kann, um ihren Kummer und ihre Scham bei mir auszuweinen so wie damals, als sie darunter litt, ein Kind zu sein; heute leidet sie darunter, zu alt zu sein.«

Wenn er Henriettas Bitte erfüllte und dann, wie er es tun mußte, seinen Abschied nahm, verlor er Margits Vertrauen für immer. Freilich gab es Situationen, in denen er ohne Rücksicht auf Margits Gefühle und ihre Liaison mit Owen Rhys Nevis seinen Abschied nehmen würde. Sollten tatsächlich diese Säbelrassler und Stiefellecker rund um den Thronfolger Erzherzog Franz Ferdinand – wie Hoetzendorf vom Generalstab und Aehrenthal vom Außenministerium – in Wien an die Macht kommen, dann trat er auf jeden Fall zurück. Natürlich konnten sie ihn nicht entlassen – zumindest nicht, solange der alte Kaiser noch lebte. Aber sie konnten ihm, einem Sobieski, einem Fürsten und Herzog, ein Verbleiben in Würde und Selbstachtung unmöglich machen – und ganz bestimmt würden sie das versuchen. Margit, der solche ›abstrakten‹ Überlegungen gleichgültig waren, würde nicht verstehen, daß er sich nicht als Aushängeschild für eine Politik mißbrauchen lassen konnte, die er ebenso von Herzen verabscheute wie die Politik der Kriegshetzer. Aber sie hatte ein starkes Ehrgefühl.

Es mußte ja nicht einmal sein, daß ein Rücktritt unter solchen Umständen das Ende ihrer Liaison mit Owen forcierte. Möglicherweise blieb sie weiter auf ihrem geliebten Landsitz Horne Abbey und widmete sich weiter ihrem Geliebten, während er selbst für ein oder zwei Jahre auf Reisen ging und seine Besitzungen besuchte, bis Owen mit Margit Schluß machte. Kein Mensch würde von einer Dame in Margits Alter erwarten, daß sie ihn auf diesen langweiligen Geschäftsreisen begleitete, die trotz Eisenbahn und Auto und Zentralheizung doch unsagbar strapaziös und unerfreulich sein würden. Aber selbst wenn er aus Gründen seines politischen Gewissens und seines Ehrgefühls zurücktreten müßte und die Liaison mit Owen dadurch in Brüche ginge, würde Margit Sobieski weiter vertrauen. Natürlich würde sie leiden – aber dazu mußte es so und so eines Tages kommen. Aber in diesem Fall könnte sie die Politiker in Wien für ihr Unglück verantwortlich und sie zum Gegenstand ihres Hasses machen. Sie würde nicht Sobieski die Schuld an allem geben; im Gegenteil, sie konnte in ihm ein unschuldiges Opfer sehen und ihn bedauern.

Wenn er aber Henriettas wegen zurücktrat und dadurch das Ende der Beziehung zwischen Margit und Owen bewirkte – und sein Rücktritt würde den Bruch herbeiführen, das wußte er –, würde ihm Margit nie verzeihen, es würde keine Entschuldigung geben und nie wieder würde sie ihm vertrauen. Sie würde das Gefühl haben, von ihm verraten worden zu sein.

Margit war niemals eifersüchtig auf Sobieskis verschiedene Liebschaften gewesen; sie war ihnen gegenüber völlig gleichgültig. Aber von dem Tag an, da sie von Henriettas Existenz erfahren hatte, hegte sie eine wilde und unversöhnliche Eifersucht gegen das Mädchen. Zu der Zeit, als Sobieski Margit geheiratet hatte, war Henrietta gerade sechs oder sieben Jahre alt. Von Lucille hatte er sich schon etliche Jahre zuvor getrennt und ihr eine Abfindung gegeben. Noch ehe Margit Henrietta ein einziges Mal gesehen hatte, haßte sie sie, bekämpfte und fürchtete sie. Und Margit hatte recht, ihr Instinkt betrog sie nicht – Henrietta war die einzige Frau, die ihr gefährlich werden konnte.

»Henrietta ist der einzige Mensch, den ich liebe«, dachte Sobieski. »Ich habe Margit wirklich gern und das weiß sie auch. Aber wirklich geliebt habe ich stets nur Henrietta – außer vielleicht noch durch einige Zeit Pauline, aber das war lange bevor ich Margit kennengelernt habe. Margit hat das damals sofort begriffen, als im ersten Jahr unserer Ehe Henrietta zu ihrem üblichen Besuch kam und Margit mit ausgesuchter Höflichkeit und kindlichem Respekt als »Ihre königliche Hoheit« ansprach. Margit erlaubte nie wieder, daß Henrietta zu Besuch kam, wenn sie selbst anwesend war. Sie weiß genau, daß sie nie auch nur annähernd so viel Platz in meinem Herzen wird einnehmen können wie Henrietta. Gewiß, Henrietta ist vulgär, billig, gierig und eiskalt – aber ich liebe sie trotzdem. Und das will und kann Margit ihr niemals verzeihen.
»Margit wird natürlich sofort davon erfahren, daß Pierre zum Militärattaché avanciert ist – wenn es um Henrietta geht, ist sie ja doppelt hellhörig. Und sie wird sofort wissen, wem Pierre diese Beförderung zu verdanken hat – es wird sich ja sowieso kaum geheimhalten lassen. Margit weiß wohl, daß ich mich um Henrietta kümmere und sie hat sich auch damit abgefunden. Aber sie würde es mir nie verzeihen, wenn ich um Henriettas willen ihr eigenes Glück zerstörte. Sie würde es als Verrat betrachten, wenn ich Henriettas Bitte erfüllen sollte. In ihren Augen würde es bedeuten, daß ich sie opfere, um Henriettas Habgier zu befriedigen und ihr brennendes Ressentiment darüber zu mildern, daß sie der Bastard einer Dirne ist.«
Aber gab es eine andere Möglichkeit? Ihm war klar, daß er Henrietta nicht zurückweisen konnte. In diesem Punkt hatte er einen Entschluß gefaßt und er war nicht gewillt, ihn rückgängig zu machen. Das alles hatte seine Wurzeln ja nicht erst in der Zeit, als er Margit kennenlernte, es hatte an dem Tag begonnen, als Henrietta geboren wurde. Und

seine Verpflichtung hatte er schließlich sich selbst gegenüber übernommen, nicht gegenüber Henrietta. Trotzdem – er hatte gelernt, zuerst alle Möglichkeiten zu prüfen, bevor er »niemals« sagte. Was geschah, wenn er Henriettas Bitte ignorierte und solange Botschafter blieb, bis es ihm unmöglich gemacht wurde? Half er Margit damit? Half er sich selbst damit?
Eigentlich glaubte er nicht recht, daß dem so war. Aber eines stand absolut sicher fest: seine Beziehung zu Henrietta wäre ein für alle Mal zerstört. Es würde zwar keinen offiziellen Bruch zwischen ihnen geben, denn Henrietta war viel zu geldgierig, um zu riskieren, auch nur einen Penny seines Vermögens zu verlieren. Aber ihre Habgier würde sich in Habsucht verwandeln, ihre bisherige Freundlichkeit in Heuchelei; und war sie bis jetzt bereit gewesen, seine Zuneigung zu ertragen, so würde sie ihm in Zukunft die schlechtverhohlene Verachtung einer Dirne gegenüber ihrem Freier entgegenbringen. Sicher wäre es dann besser, sie würde ganz mit ihm brechen. Aber er wußte, er würde sich eher selbst erniedrigen, als eine endgültige Entzweiung ertragen.
Es half aber auch Margit nicht oder ihrer Beziehung zueinander. Das Vertrauen zwischen ihnen würde zerstört sein, weil er insgeheim Margit den Verlust Henriettas anlasten würde. Und auf irgendeine Weise würde wohl auch das Verhältnis zwischen Margit und Owen betroffen werden, wenn ihm auch nicht ganz klar war, wo der Zusammenhang lag. Dann hätte er Henrietta umsonst zurückgewiesen. Und wenn dann der unausweichliche Moment käme, wo Margit in ihrem Schmerz zu ihm fände, würde er nicht im Stande sein, ihre Hand in seine Hand zu nehmen, er würde nicht da sein, um die Rolle des Ritters Parcival zu spielen.
Wäre Owens Geliebte nicht gerade seine eigene Frau ge-

wesen, hätte er dem jungen Mann schon vor langer Zeit geraten, Schluß zu machen, so wie der alte Jeidels ihm selbst damals, vor vierzig Jahren, geraten hatte, seine Affäre mit Pauline zu beenden. Mit jedem Tag, den es länger dauerte, wurden Schmerz und Erniedrigung für Margit größer. Sicher, es gab manchmal Beziehungen zwischen jungen Männern und sehr viel älteren Frauen, die ein Leben lang hielten. Disraeli zum Beispiel. Der Altersunterschied zwischen ihm und seiner Frau war ebenso groß gewesen wie zwischen Margit und Owen. Vierzig Jahre lang war Disraeli seiner Frau treu ergeben gewesen und seine Liebe hatte noch fortbestanden, als sie weit über achtzig starb. Aber Owen war nicht Disraeli. Er war kein Romantiker, sondern durch und durch gewöhnlich und phantasielos. Sehr bald schon würde er davon genug haben, in seinem Junggesellenhaushalt zu leben und seine Wochenenden mit einer alternden Geliebten und deren altem Ehemann zu verbringen. Er würde sich ein richtiges Heim und Kinder wünschen und eine Frau, die ein großes Haus für ihn führte.
Aber es war ja auch gar nicht Owen, um den er sich Sorgen machte. Sollte Owen unter der Trennung von Margit leiden, so würde er doch sehr rasch darüber hinwegkommen. Sehr tief würde sein Kummer ohnehin nicht sein.
Margit war es, die Sobieski anvertraut war. Margit war es, die ihm vertraute. Das schloß also eine Aussprache zwischen ihm und Owen aus. Sie hätte sofort davon erfahren und ganz zu Recht würde sie es ebenso als Verrat empfinden, als hätte er sie für Henrietta geopfert.

Gab es also wirklich keine Lösung, keinen Ausweg? »Natürlich gibt es immer irgendeine Lösung«, dachte Sobieski. »Nur ist es leider meistens eine rein theoretische Lösung,

so wie vor fünfundzwanzig Jahren mein grandioses österreichisch-englisches Bündnis.«
Eine Möglichkeit gab es allerdings, die für Margit, ihrem Charakter gemäß, akzeptabel wäre: Wenn sie sich selbst als romantische Heldin sehen könnte, die sich für den Mann, den sie liebt, aufopfert, die ihr Glück, ihre Jugend und ihre Liebe hingibt, um Owens Zukunft und Ehre zu retten und ihn glücklich zu machen.
Was hätte er darum gegeben, wenn das alles eine von Margits ›*Geschichten nach Goldoni*‹ gewesen wäre, mit fest vorgeschriebenen Rollen und glücklichem Ausgang im dritten Akt. Der reiche Onkel stirbt gerade im richtigen Augenblick, der schöne Schafhirte entpuppt sich als der verloren geglaubte Prinz und kann endlich die Prinzessin heiraten, die ihn treuen Herzens liebt, der schlaue Diener schmuggelt den Liebhaber als Tante verkleidet hinein oder er schmuggelt die Geliebte als Notar verkleidet heraus. Aber einen solchen glücklichen Ausgang gab es eben leider nur in ›*Geschichten nach Goldoni*‹.
»Für mich und Margit und Henrietta und Owen gibt es keinen reichen Onkel, keinen verkleideten Prinzen, keinen schlauen Diener und keine glückliche Lösung«, dachte Sobieski. »Zumindest fällt mir keine ein. Dabei habe ich nur mehr zwei Tage Zeit. Heute ist Donnerstag und ich muß am Abend zu einem offiziellen Essen gehen. Morgen abend gebe ich selber eine kleine Dinner-Party für die beiden Ehrengäste aus Wien. Und Samstagfrüh muß ich dann nach Horne Abbey fahren und das Wochenende mit Margit und Owen Rhys Nevis verbringen. Bis dahin muß ich einen Entschluß gefaßt haben.«
Das Läuten seiner Taschenuhr erinnerte ihn daran, daß es schon halb eins war. Es war Zeit für ihn, sich umzuziehen und zum Mittagessen in die Botschaft zu gehen. Sobieski fühlte sich niedergedrückt und alt. Am liebsten hätte er das

Mittagessen in der Botschaft abgesagt. Aber er hatte sich in langen Jahren eiserne Selbstdisziplin angewöhnt und so zwang er sich nun, fast taumelnd vor Anstrengung, aufzustehen.
Er legte gerade Henriettas Brief in seinen Schreibtisch zurück, als der Diener hereinkam und eine Visitenkarte brachte. »Hoheit wollen die Störung entschuldigen, aber Seine Lordschaft haben sich nicht abweisen lassen«, sagte er.
Auf der Karte stand: »Lord Owen Rhys Nevis«. Darunter hatte Owen mit der Hand geschrieben:

Ich muß fünf Minuten mit Ihnen sprechen.
Es ist von größter Wichtigkeit.

2. HINTON

Die Panik

Freddie Bancroft

Riemanns Mantra

Göttingen

Melissa

Elaine

Die Entscheidung

Die Panik

Er wußte es, sowie er die Jermyn-Straße verließ und in den Weg einbog, der an den Wagenschuppen vorbei zum Haus führte. Er roch es trotz des betäubenden Fliederduftes, der von den Büschen ausging, die er ihr zuliebe hatte pflanzen lassen, als sie vor mehr als zwanzig Jahren hier eingezogen waren. Er fühlte es, noch bevor er die drei breiten Stufen zwischen den Pfeilern hinaufstieg. Die Türe öffnete sich, noch ehe er die Klingel berührt hatte. Und dann schlug ihm dieses entsetzliche Stöhnen entgegen. Es war kaum noch menschlich, schlimmer noch als die Klage eines Tieres, das im Todeskampf liegt. Es schien aus den Wänden zu kommen, unentrinnbar und erdrückend. In der Luft hing der Geruch von Tod, Verwesung, Schmerzen und Angst.

Er hätte die Nachricht gar nicht zu lesen brauchen, die ihm der Diener schweigend auf dem Silbertablett entgegenhielt. Da stand in einer ungelenken Schulmädchen-Schrift:

Sir, der Todeskampf von Madame hat begonnen. Ich habe wie vereinbart nach den anderen Schwestern geschickt. Ich habe auch nach dem Assistenten von Sir Montgomery geschickt. Er war hier und hat Madame untersucht; Sir Montgomery wird in der Früh selbst kommen. Ich ersuche Sie, nach Ihrer Rückkehr in Madames Zimmer zu kommen.
Hochachtungsvoll, *Schwester Rogers.*

Hinton folgte dem Stöhnen, zwei Treppen hinauf bis zu ihrem Apartment, das sie nicht mehr verlassen hatte, seit-

dem er sie nach London gebracht hatte. Wenn sie tot war, würde sie es verlassen müssen, ging es Hinton durch den Kopf. Das Stiegenhaus und der Vorraum waren hell erleuchtet. Schwester Rogers hatte keine Zeit verloren, um an Stelle von Melissas geheimnisvoll flackernden Kerzen helle elektrische Lampen anzubringen, als könnte das Licht den Tod und das Leiden verscheuchen. Im Schlafzimmer aber brannte nur ein kleines Nachtlicht in einer Ecke, und Hinton brauchte einen Augenblick, bis sich seine Augen an das Dunkel gewöhnt hatten. Das Bett war in die Mitte des Raumes geschoben worden.
In dem Bett lag etwas, das keinerlei Ähnlichkeit mehr hatte mit einer Frau; etwas, das ein einziges fortgesetztes Stöhnen war. Als er sie vor ein paar Monaten verlassen hatte, um seine alljährliche Reise nach Amerika zu machen, war sie so unglaublich, ja fast obszön fett gewesen, daß ihr rosa Fleisch wie ein Gebirge zwischen den Leintüchern aufragte. Nun aber konnte er ihren zusammengeschrumpften Körper kaum noch unter der festgesteckten Decke wahrnehmen.
Neben dem Bett saß Anna, so wie sie schon damals in dem schäbigen Umkleideraum des Nachtclubs dagesessen war: kerzengerade, bewegungslos, lautlos. Ihre grünen Katzenaugen glitzerten in der Dunkelheit und ihr Blick war unverwandt auf ihre sterbende Schwester gerichtet, ihre Göttin, ihre Herrin.
Jemand zieht ihn am Ärmel; eine Schwester flüstert drängend auf ihn ein. Er aber wird plötzlich von Panik erfaßt, flieht blindlings die hellerleuchteten Stiegen hinunter, vorbei am Diener, der immer noch an der selben Stelle zu stehen scheint, und durch die grüngestrichene Tür hinein in die Geborgenheit seines Arbeitszimmers. Zitternd, als hätte er eine ungeheure Anstrengung hinter sich, sinkt er in einen Stuhl. Da erst bemerkt er, daß er noch immer sei-

nen Schirm in der Hand hält und noch Mantel, Hut und Handschuhe anhat.
Seine Finger berühren ein Stück Papier in seiner Manteltasche. Er starrt lange darauf, bis er endlich begreift, daß es ein Telegramm ist. Irgend etwas sagt ihm, daß er dieses Telegramm schon einmal gesehen hat, daß es wichtig ist. Aber er fühlt sich wie einer, der träumt, daß er aufwachen muß, wie einer, der tatsächlich aufwacht, seine Augen aber nicht öffnen kann. Es kommt ihm vor wie eine Ewigkeit, bis er mit ungeheurer Anstrengung auf dem Papier seinen eigenen Namen erkennt »McGregor Hinton, Esq.« Und wie ein Betrunkener muß er sich lange auf die Schrift konzentrieren, bis er sie endlich entziffern kann: »Ankommen mit dem Abendzug. Bitte kommen Sie zu einem Treffen morgen früh zehn Uhr mit Lady Bancroft, Sheldon, Hinshaw, Eldridge und mir. Bancroft Terrace.«
Mit einem Mal ist er hellwach und die Ereignisse des Tages überfluten ihn.

Freddie Bancroft

Seitdem seine Frau so krank war, wartete Hinton jeden Morgen den Besuch des Arztes ab, bevor er ins Büro ging. Heute morgen – oder war es jetzt schon nach Mitternacht und es war also gestern morgen gewesen und nicht heute? – war ein Assistent von Sir Montgomery Bramlett gekommen, da dieser aufs Land gerufen worden war. Die Untersuchung dauerte länger als gewöhnlich. Als der Arzt endlich herunterkam, war seine Miene düster.
»Ich fürchte, das Morphium wirkt nicht mehr. Die Schmerzen werden für die Dame bald unerträglich werden.« Mit bitterem Humor stellte Hinton fest, daß der Arzt immer noch »die Dame« sagte und nicht »Mrs. Hinton« oder »Ihre Frau«.
»Schwester Rogers hat von mir genaue Anweisungen erhalten, sie weiß auch, wo sie mich finden kann«, fuhr der Arzt fort. »Sir Montgomery wird voraussichtlich morgen früh zurück sein und er wird dann bei Ihnen vorbeischauen.«
Als Hinton gerade in den Wagen einsteigen wollte, um zur Bank zu fahren, kam ein Anruf für ihn. Das war ungewöhnlich, denn er hatte in der Bank strikte Anweisung gegeben, ihn nicht anzurufen, und er konnte sich nicht vorstellen, wer sonst wissen sollte, daß er Telefon hatte.
Am Apparat war sein Privatsekretär von der Bank. »Sir Roger Smithells hat angerufen. Sie sollen sofort ins Außenministerium kommen. Er läßt Sie bitten, niemandem etwas davon zu sagen.« Hinton konnte hören, wie aufgeregt sein Sekretär war.
Als Hinton zwanzig Minuten später Whitehall erreichte,

wurde er sofort in das Büro des Abteilungsleiters geführt. Dort fand er schon zwei andere Besucher vor: den alten Eldridge, der bereits der dritten Generation von Bancrofts als Anwalt diente, und einen großen, untersetzten Mann, den er schon irgendwann einmal gesehen hatte, er wußte aber im Moment nicht wo.

»Das ist Chefinspektor Brayton von Scotland Yard«, sagte Smithells.

Und da fiel es Hinton plötzlich wieder ein. Er war dem Polizeibeamten vor sechs Wochen das erste Mal begegnet. Die Bank von England hatte entdeckt, daß ein Teil des handgemachten Papiers für die Zwanzig-Pfund-Noten fehlte und hatte die Spezialabteilung von Scotland Yard zu einer Krisensitzung gerufen. Eine Woche später war er dem Chefinspektor wieder begegnet, als dieser seinen Bericht erstattete: Der pensionierte Verwalter des Papierdepots der Bank, von dem alle glaubten, er wohne in einem Häuschen in Richmond und züchte Rosen oder Kohl, war verschwunden, ohne eine neue Adresse zu hinterlassen.

»Ich fürchte, meine Herren«, sagte Smithells, »der Chefinspektor hat sehr schlechte Nachrichten für uns.«

Der Polizeibeamte nahm ein Stück Papier aus seiner Aktentasche. »Dieses Telegramm«, erklärte er, »hat mich heute morgen etwa um drei Uhr erreicht. Es war chiffriert und ist von einem meiner Inspektoren, der zur Zeit der Sureté in Frankreich zugeteilt ist und sich an der Riviera aufhält. Das Telegramm lautet:

Gestern Abend (Mittwoch) um acht Uhr führte eine Spezial-Einheit der Sureté mit einem vom Richter in Nizza erteilten Hausdurchsuchungsbefehl eine Razzia in der Villa von Lord Frederick Bancroft, dem ältesten Sohn und Erben von Lord Bancroft von Beechhurst, dem Ehren-Vorsitzenden der Bank der Gebrüder Bancroft in London, durch. Im Keller der Villa wurden folgende Gegenstände sichergestellt: eine Druckmaschine neuester Machart; große Mengen von Papier zur Herstellung von Banknoten – es entspricht bis ins Detail dem von der Bank von England vermißten Papier für Zwanzig-Pfund-Noten; Tuben mit Spezialdruckerschwärze (mit der Aufschrift Bank von England); ein komplettes Gravier-Werkzeugset; 973 Banknoten (Nennwert zwanzig Pfund) mit Nummern, die nicht bei der Bank von England registriert sind, aber identisch mit den gefälschten Noten, die sich bereits im Besitz der Sureté befinden. Verhaftet wurden in der Villa: Lord Frederick selbst; Richard Humbreth (der jüngere Bruder von Sir William Humbreth, Baronet vom Humbreth Hall, Warwickshire), schon seit Jahren Lord Fredericks ständiger Begleiter; zwei Diener; weiters eine Person, die sich Smith nennt, aber wahrscheinlich Anton Mees heißt (ehemaliger Graveur in der Rijksbank in Haag und wegen Fälscherei von der Polizei in mehreren europäischen Ländern gesucht). Lord Frederick bestreitet, von der Existenz der Druckmaschine, der Werkzeuge, des Papiers und der Banknoten etwas gewußt zu haben. Aber Humbreth und der sogenannte Smith haben in meiner Gegenwart vor der Polizei und dem britischen Vize-Konsul in Nizza unter Eid ausgesagt, daß Lord Frederick alles geplant habe, daß er den vermißten Verwalter des Papierdepots der Bank von England engagiert, die Druckmaschine gekauft und die Ausführung des Plans geleitet habe. Es war geplant, gefälschte Zwanzig-Pfund-Noten im Wert von hunderttausend Pfund herzustellen. Die Verhafteten werden am Montag nachmittag dem Richter in Nizza vorgeführt. Die Sureté empfiehlt, die Inhaftierten bis zu ihrem Prozeß nicht gegen Kaution freizulassen.

»Aber das ist doch ...«, sagte Mr. Eldridge mit schwankender Stimme. »Die französische Polizei kann doch nicht einfach den ältesten Sohn und Erben eines englischen Peers der Fälscherei bezichtigen. Das ist doch absurd!«

»Ich fürchte, Sir«, antwortete der Polizeibeamte, »daß es sich hier nicht nur um einen Verdacht handelt. Es gibt genügend Beweise für eine Verurteilung. Die Polizei an der Riviera hat schon ein paar Mal mit Lord Frederick und Captain Humbreth zu tun gehabt. Wie Sir Roger weiß, arbeite ich mit der Polizei auf dem Kontinent eng zusammen und die Franzosen haben mir gegenüber immer wieder diese beiden Herren erwähnt, seitdem sie sich vor vier Jahren an der Riviera niedergelassen haben. Nachdem damals diese Sache in London passiert ist, hatten die beiden selbstverständlich keinen Zutritt im Kasino von Monte Carlo – ich denke, die Herren wissen, wovon ich spreche. Aber es gab da allerhand Gerüchte über merkwürdige Vorgänge in Lord Fredericks Villa, in die sowohl Männer als auch Frauen verwickelt gewesen sein sollen. Verständlicherweise wünscht die französische Polizei keinerlei Skandale an der Riviera. Tatsächlich wurde schon seit einiger Zeit überlegt, wie man Lord Frederick dazu bewegen könnte, woanders hinzuziehen. Offen gesagt, hatte die Polizei vor allem Angst, daß die üblen Geschichten, die um die Villa kursierten, von einem der französischen oder amerikanischen Skandal-Reporter aufgegriffen würden, die sich ja vor allem im Winter zu Dutzenden an der Riviera herumtreiben. Ich persönlich hatte vor allem Angst, irgendein Erpresser könnte die Geschichte aufgreifen. Schließlich muß ein so prominentes Bankhaus wie das Ihre, Mr. Hinton, auf seinen guten Ruf achten.
Aber natürlich dachte niemand daran, daß dort Falschgeld hergestellt wird. Was die Idee für die Bande so attraktiv machte, war eben der Gedanke, den Sie, Mr. Eldridge, vorhin laut ausgesprochen haben: Jeder würde denken, Lord Frederick sei über allen Verdacht erhaben. Knapp bevor ich heute morgen Sir Roger angerufen habe, erhielt ich ein zweites Telegramm von meinem Inspektor, in dem er mir

mitteilt, daß Mr. Humbreth und dieser sogenannte Smith beim Verhör ebendies bestätigt haben.
Vor einigen Wochen, kurz nachdem die Bank von England mich beigezogen hatte, ging die Besitzerin eines dieser ›maison privées‹ in Nizza zur Polizei und erzählte dort eine besonders scheußliche Geschichte. Eines der Mädchen war von Lord Frederick für eine Woche in sein Haus geholt worden, und sie kam in einem furchtbaren Zustand zurück. Ich will Ihnen Einzelheiten ersparen, meine Herren, obwohl ich fürchte, daß das alles beim Prozeß zur Sprache kommen wird. Jedenfalls war es das Widerwärtigste, was ich in meiner achtundzwanzigjährigen Dienstzeit gehört habe. Natürlich werden solche Mädchen dafür bezahlt, diese Dinge zu tun, und es ist anzunehmen, daß sowohl Madame als auch das Mädchen genau wußten, welche Art von Unterhaltung der Kunde im Sinn hatte. Aber diesmal wurde das Mädchen so schwer verletzt, daß sie einige Tage in Lebensgefahr schwebte. Sie wird durch Narben gezeichnet bleiben. Madame hatte Angst, das Mädchen würde sterben und deshalb ging sie zur Polizei. Sie gab auch zu, daß sie zuvor zu Lord Frederick gegangen war, um sich bei ihm zu beschweren, und daß er ihr hundert Pfund in Zwanzig-Pfund-Scheinen gegeben habe, damit sie den Mund halte.
Das geschah kurz nachdem wir unsere Kollegen über das vermißte Banknoten-Papier informiert hatten. Die Zwanzig-Pfund-Noten schienen zwar in Ordnung zu sein, aber meine französischen Kollegen überprüften die Nummern der Scheine, die von Lord Frederick kamen, und tatsächlich waren fünf Stück mit Nummern versehen, die bei der Bank von England nicht registriert waren.«
»Es handelt sich um die besten Fälschungen, die mir je untergekommen sind«, sagte der Inspektor und Hinton glaubte so etwas wie Bewunderung in seiner Stimme zu

hören. »Wir haben unseren erfahrensten Experten hingeschickt und er hat eine gute Zeit gebraucht, bis er herausfand, was an den Banknoten nicht stimmte. Aber es handelt sich eindeutig um Fälschungen.
Dann hat natürlich die Sureté den Fall übernommen und wir haben einen unserer Leute zur Zusammenarbeit abgestellt. Lord Frederick und die anderen Bewohner der Villa wurden rund um die Uhr beschattet. Im Laufe der nächsten drei Wochen brachten Lord Frederick und die anderen weitere zwanzig Stück dieser Zwanzig-Pfund-Noten in Umlauf, deren Nummern nicht bei der Bank von England registriert waren. Mehrere davon wurden von Lord Frederick persönlich ausgegeben, und ich fürchte, das wird es für ihn ein wenig schwierig machen, den Richter beim Prozeß davon zu überzeugen, daß er von nichts eine Ahnung hatte.«
»Und was wird weiter geschehen?« fragte Smithells nach einer Pause. Hinton hielt es für besser, einstweilen gar nichts zu sagen.
»Nach dem französischen Gesetz hat die Polizei das Recht, einen Verdächtigen drei Tage in Haft zu nehmen, wobei die Sonntage nicht zählen«, sagte Inspektor Brayton. »Das war der Grund, warum man die Razzia am späten Donnerstag gemacht hat. Die französische Polizei kann die fünf Verhafteten über das Wochenende in Arrest behalten, ohne daß viel darüber publik wird. Aber am Montag werden sie die Verhaftung bekannt geben müssen. Zum Glück ist jetzt an der Riviera noch Vorsaison; im Juni gibt es nur wenige Gäste und ebenso wenige Reporter. Aber innerhalb von achtundvierzig Stunden werden sie sich dort sammeln wie die Bienen um einen Honigtopf und jede Zeitung der Welt wird die Geschichte bringen. Selbst wenn diese Bluthunde von der Presse keine Details über die Orgien in Lord Fredericks Villa herausfinden sollten

(ehrlich gestanden, kann ich mir nicht vorstellen, daß man sie davon abhalten kann), dann wird doch spätestens beim Prozeß alles ausposaunt werden. Man kann sich darauf verlassen, daß ein französischer Staatsanwalt nur zu gern eine Geschichte ausbreitet, in der es um Perversionen in höheren Kreisen geht – schon gar, wenn ein englischer Lord darin verwickelt ist.«
»Und was soll ich der Familie sagen?« Mr. Eldridges Stimme zitterte, er sah um Jahre gealtert aus.
»Ich fürchte, es ist wohl besser, die Familie bereitet sich auf einen Schock vor«, antwortete der Inspektor grimmig. »Sollte Lord Frederick verurteilt werden, wird er wie ein gewöhnlicher Verbrecher nach Cayenne oder auf die Teufelsinseln deportiert werden.«

Hinton hatte den Rest des Tages über vergeblich versucht, seine Gedanken zu konzentrieren. Er wollte nicht zu Hause bleiben, wollte aber auch nicht in die Bank gehen. Nachdem er Mr. Eldridge bei seiner Kanzlei abgesetzt hatte, fuhr er zum botanischen Garten von Kew. Seit seinen ersten Tagen in London war das der Platz, wo er am ehesten Ordnung in seine Gedanken bringen konnte und ihm die besten Ideen kamen. Aber diesmal ließ ihn der Garten in Stich, obwohl es Juni war, die schönste Zeit des Jahres; Rhododendron, Iris, Azaleen und Flieder standen in voller Blüte, über allem leuchtete ein wolkenlos blauer Sommerhimmel.
Intuitiv wußte er, daß er nicht über Freddie Bancroft und dessen vergangene Missetaten oder zukünftige Strafen nachgrübeln sollte. Aber seine Gedanken kamen von dem elenden Kerl einfach nicht los. Er war über das, was er soeben gehört hatte, bestürzt, aber er war nicht überrascht. Seit Jahren schon steuerte Freddie Bancroft mit tödlicher Sicherheit auf seine Selbstvernichtung zu. Es war also

nicht weiter überraschend, daß es irgendwann zur endgültigen Katastrophe kam. Nicht vorhersehbar war allerdings die Art dieser unerwartet phantasievollen jüngsten Übeltat.

Freddies Schicksal stand im Grunde bereits fest, lange bevor er erwachsen war. Er wurde aus jeder Schule relegiert, dunkle Gerüchte rankten sich um ihn über homosexuelle Geschichten, sinnlose Grausamkeiten gegenüber jüngeren Knaben und Gewalttätigkeit gegen Küchenmädchen. Nach drei Jahren mußte er Oxford ohne Abschlußzeugnis verlassen. Ein alter Freund von Hinton war zu dieser Zeit einer von Freddies Lehrern. Er machte einmal eine vorsichtige Andeutung Hinton gegenüber, wonach Freddie an Satans-Kult, schwarzen Messen und Sex-Orgien beteiligt war, bei denen menschliches Blut getrunken wurde und rituelle Auspeitschungen von Prostituierten stattfanden. Freddies Vater kaufte dann für viel Geld ein Offizierspatent, weil er hoffte, daß die militärische Disziplin seinen Sohn zurechtbiegen würde. Aber vier Jahre später wiederholten sich die alten Geschichten, eine Sache wegen Betrugs beim Kartenspiel kam dazu, und Freddie wurde aufgefordert, um seinen Rücktritt einzukommen.

Ein neuer Versuch wurde gemacht, Freddie ging als zweiter Attaché an die britische Botschaft nach St. Petersburg. Diesmal bewahrte ihn nur seine diplomatische Immunität davor, wegen Mordes angeklagt zu werden. Während einer seiner Orgien war eine Prostituierte zu Tode gepeitscht worden. Damals wurde auf Mr. Eldridges Drängen das Bancroft-Testament abgeändert, obwohl Freddies Mutter unter vielen Tränen dagegen Einspruch erhob. Obwohl Freddie der älteste Sohn war, bestimmte das neue Testament, daß er weder eine der Besitzungen, noch Anteile der im Familienbesitz befindlichen Bank erben sollte, noch sollte er in der Bank irgendeine Position einnehmen können. Er wurde lediglich mit einer allerdings sehr großzügigen Appanage bedacht.

Wenig später tat er sich mit diesem anderen Lumpen, Captain Humbreth, zusammen, der ebenfalls als Offizier relegiert und von seiner Familie bereits enterbt worden war. Drei oder vier Jahre später kam es zu einem Skandal, der weder mit dem Bancroft-Geld noch durch Hintons Einfluß völlig vertuscht werden konnte. Freddie Bancroft und Captain Humbreth waren bei White mit gefälschten Würfeln und gezinkten Karten erwischt worden. Nur ihre sofortige Flucht auf den Kontinent bewahrte die beiden vor Arrest, Anklage und Gefängnisstrafe.

Aber diesmal konnte Freddie durch nichts mehr gerettet werden, darin stimmte Hinton mit Mr. Eldridge überein. Und er war auch derselben Meinung wie Mr. Eldridge, daß es noch viel schlimmer kommen würde.

»Sie können mein Wort darauf nehmen, Mr. Hinton, daß Frederick die Teufelsinseln überleben wird«, hatte Mr. Eldridge gesagt, als sie gemeinsam vom Außenministerium zur Anwaltskanzlei gefahren waren. »Dann wird er das machen, was die meisten ehemaligen Häftlinge tun – er wird in Cayenne eine schwarze Prostituierte heiraten und Kinder mit ihr haben.« Mr. Eldridges Stimme bebte. »Welch unerträglicher Gedanke: der schwarzhäutige Sohn eines Sträflings und einer Negerhure nimmt als Lord Bancroft von Beechhurst seinen Sitz im Oberhaus ein!«

Warum neigte dieser Freddie Bancroft, dieser begabte, ja sogar brillante junge Mann, der schön wie ein gefallener Engel war, von seinen Eltern, besonders seiner Mutter, abgöttisch geliebt wurde, der mit seinem unwiderstehlichen Charme sein Leben lang der Liebling aller Menschen hätte sein können – warum neigte er von Kindheit an dazu, mit an Wahnsinn grenzender Verbissenheit sich selbst und seine Familie zu vernichten?

Hinton hatte schon ungezählte Male mit Mr. Eldridge über diese rätselhafte Tatsache diskutiert.
»In unserer aufgeklärten Zeit«, hatte Mr. Eldridge einmal gesagt, »spricht man nicht mehr von moralischem Verfall, wie man es zur Zeit meines Vaters noch tat. Man nennt dergleichen heutzutage einen Gehirnschaden, den die fortschreitende Wissenschaft früher oder später durch einen operativen Eingriff beseitigen können wird. Oder man führt ein solches Verhalten auf einen psychischen Schock in der pränatalen oder frühen Kindheit zurück, der ebenfalls früher oder später durch psychatrische Behandlung geheilt werden kann.«
»Aber Mr. Eldridge«, hatte Hinton erwidert, »das alles sind doch nichts weiter als Versuche, den Menschen die Angst vor dem Unbekannten zu nehmen. Im Grunde wissen wir über die Freddie Bancrofts dieser Welt nicht mehr als zu jener Zeit, in der man diese bedauernswerten Menschen als ›vom Teufel besessen‹ bezeichnete und versuchte, sie mit Peitschenhieben, Kerzen und Gebetbüchern zu exorzieren.«
»Eben wegen dieser Freddie Bancrofts brauchen die Menschen die Religion, das Übernatürliche«, fuhr Hinton fort. »Nicht wegen dem Tod – der Tod ist etwas völlig Natürliches, er trifft uns so wie alles, was lebt. Es ist viel Weisheit in den deutschen Märchen, die vom ›Gevatter Tod‹ sprechen, der uns vom Augenblick unserer Geburt an begleitet. Das Böse ist es, das uns verfolgt – das Böse, für das es keine natürliche Erklärung gibt.«
Vor langer Zeit schon war sich Hinton darüber klar geworden, daß Freddie Bancroft das größte Geheimnis darstellte, das er, Hinton, je zu enträtseln versucht hatte. Und er gestand sich zugleich ein, daß er trotz seines scharfen, analytischen Verstandes kaum Hoffnung hatte, dieses Rätsel jemals zu lösen.

Und trotzdem wußte er, als er so unter seiner Lieblings-Rotbuche im Kew-Garten saß, daß Freddie Bancroft nicht das eigentliche Problem war, über das er nachdenken mußte. Die Katastrophe, bei der Freddie sowohl Übeltäter als auch Opfer, sowohl Ursache als auch Wirkung war, würde ihren unausweichlichen Fortgang nehmen. Wie Mr. Eldridge richtig vorausgesagt hatte, würde es keine Tragödie werden, sondern vielmehr eine düstere, blutige Farce. Freddie und sein Schicksal waren nicht das zentrale Problem, das es zu lösen galt, bevor Hinton sich am kommenden Morgen mit der Familie Bancroft zusammensetzen konnte. Es ging auch nicht darum, wie sehr der Mensch, der Freddie am meisten liebte, durch dessen Missetat verletzt wurde, nämlich seine Mutter; auch nicht darum, daß jeder, der mit den Bancrofts zusammenhing, beschmutzt wurde – an erster Stelle er, Hinton, selbst, da er die Leitung der Bancroft-Bank unter sich hatte. Nein, das alles war zweitrangig und nur am Rande wichtig. Aber was, was nur war das wirkliche Problem?
Am Nachmittag war Hinton in seinen Club gefahren, um dort das Telegramm von Lord Bancroft zu erwarten, in welchem dieser ihn, wie vorausgesehen, bat, zu dem bevorstehenden Familientreffen zu kommen. Anwesend würden sein: Freddies Eltern, Lord und Lady Bancroft; Freddies Vetter, Lord Sheldon Bancroft, der älteste Sohn und Erbe von Freddies Onkel Viscount Claymont, der sich, bereits über achtzig, aus dem Bankgeschäft und dem öffentlichen Leben zurückgezogen hatte; weiters Freddies jüngerer Bruder, Hinshaw Bancroft; und natürlich Mr. Eldridge.
Hinton wußte, daß alle von ihm die Lösung des Problems erwarteten. So war es immer gewesen seit jenem Tag, als er vor beinahe einem Vierteljahrhundert von Wien nach London gerufen worden war, damit er die Familie und das

Bankhaus vor Bankrott, Skandal und Schande retten sollte. Aber er konnte sich nicht konzentrieren, er konnte dem eigentlichen Problem nicht auf die Spur kommen. Seine Gedanken gehorchten ihm nicht, als er an diesem Juni-Abend seinen Club verließ und nach Hause ging zu der Sterbenden, die vor dem Gesetz seine Frau war.

Riemanns Mantra

»Definiere ein Problem nicht, sondern finde den mathematischen Satz.« Diese Anweisung stammte von Georg Friedrich Gerhard Riemann, dem großen Mathematiker, an dessen Seminar der junge Mc Gregor Hinton in Göttingen teilnehmen durfte, kurz nachdem er in Oxford sein Diplom erhalten hatte. Das Seminar wurde in Riemanns Schlafzimmer abgehalten, denn Riemann litt zu dieser Zeit bereits zunehmend an unheilbarer Schwindsucht, an der er drei Jahre später schließlich sterben sollte.

Dieser einfache Satz aus dem Mund des Todkranken traf Hinton wie der Blitzstrahl, der einst Saulus auf seinem Weg nach Damaskus getroffen hatte. Von nun an sah er die Welt mit anderen Augen.

Jahre später stieß er in Melissas Wohnung zufällig auf ein theosophisches Traktat, in dem von dem indischen ›Mantra‹ die Rede war, dem heiligen Spruch, den der Swami seinem Schüler zur Meditation widmet. Da begriff Hinton, daß das, was Riemann damals gesagt hatte, sein persönliches Mantra war – obwohl es eher ein Mantra der westlichen als der östlichen Welt war. Der indische Weise schenkt seinem Schüler ein Mantra, damit er darüber meditiere und so sich selbst besser verstehen lernt. Das Mantra, das Hinton von Riemann erhalten hatte, regte ihn wohl weniger zur Meditation als zu raschem Handeln an, er lernte nicht so sehr sich selbst begreifen als die Welt. Aber immer, wenn es darum ging nachzudenken, zu begreifen und zu entscheiden, zwang sich Hinton, nicht das Problem zu definieren, sondern ›den mathematischen Satz‹ zu finden.

Hinton wußte, daß es Riemanns Mantra war, das ihn zu einem besseren und erfolgreicheren Bankier gemacht hatte als alle anderen, ausgenommen vielleicht zwei Männer seiner Generation: John Pierpoint Morgan in New York und der bereits verstorbene Georg Siemens in Berlin.
Allerdings mußte Hinton sich eingestehen, daß Julius von Mosenthal in Wien, mit dem er vor dreißig Jahren sein erfolgreichstes Projekt gestartet hatte, nämlich die Bank von London & Österreich, am Verhandlungstisch besser war als er selbst. Hinton war jedesmal wieder verblüfft, mit welch unheimlicher Präzision Mosenthal das Ergebnis einer Verhandlung bis zum letzten Penny und bis zur kleinsten Fußnote voraussagen konnte, noch ehe er sich an den Verhandlungstisch gesetzt hatte; mit welch sicherem Instinkt er das kleinste Schwanken, die geringste Unstimmigkeit auf der Gegenseite wahrnahm. Dann war da noch Ernest Marburg von Maimon & Marburg; Hinton mußte neidlos anerkennen, daß er ihm bei der Durchführung finanzieller Transaktionen weit überlegen war – Marburg war geradezu ein Genie in der Anwendung verschiedener finanzieller Instrumente, aus denen er, wie er es nannte, eine ›Finanz-Symphonie‹ kreierte.
Vielleicht aber gerade weil sie auf ihrem Gebiet so virtuos waren, neigten beide Männer dazu, sich auf die einzelnen Probleme, Transaktionen und Geschäfte zu konzentrieren und vernachlässigten dabei die umfassende Sicht der geplanten Strategie und das, was Georg Siemens die ›unternehmerische Mission‹ nannte. »Siemens ist sowohl in der Öffentlichkeit als auch bei den meisten Bankiers ziemlich unbekannt, während J.P. Morgan, der Banker-König, ›Il Magnifico‹, zum Symbol für Geld und Macht geworden ist«, dachte Hinton.
»Dabei ist Siemens vermutlich der bessere Bankmann gewesen. Die Leute glauben, daß das deutsche Kaiserreich

das Werk Bismarcks ist. Dabei hatte Georg Siemens genausoviel Anteil daran. Er war es, der 1870 die Deutsche Bank gegründet hat und das Agrikulturland Deutschland industrialisiert hat. Ohne die daraus resultierende Macht der Industrie und Technik wäre Bismarcks Deutschland ein leerer Bluff geblieben. Wenn Siemens an ein Problem, eine Investition oder Transaktion heranging, betrachtete er sie von Beginn an als Teil eines Gesamtplanes, den er nie aus den Augen verlor.«

Hinton wußte, daß sein eigenes unternehmerisches Denken nicht annähernd so kühn war wie Morgans Vision eines industrialisierten amerikanischen Kontinents oder wie Georg Siemens' Ziel, durch den Ausbau der Industrie eine nationale Einheit, Wirtschaftskraft und liberale Gesellschaftsform zu schaffen. Aber auch Hinton war, wie seine beiden Lehrmeister, immer davon ausgegangen, ein unternehmerisches Vorhaben mit System anzugehen und sich nicht allein auf die eigene Geschicklichkeit zu verlassen. Dazu kam, daß er in seinem Leben zwei solche großen Vorhaben durchführte, während Morgan und Siemens nur jeweils eines gehabt hatten.

Als Hinton als sehr junger Mann bei den Gebrüdern Bancroft anfing, war er trotz Oxford-Diplom und Göttinger Mathematik-Doktorat nicht viel mehr als ein kleiner Laufbursche. Dann aber erinnerte er sich an Riemanns Mantra. Er erkannte, daß die traditionellen Privatbanken wie die der Brüder Bancroft veraltet waren. Eine Generation vor Hinton hatte Freddie Bancrofts Großvater, der erste Viscount Claymont, den verwegenen Schritt unternommen, mit Hilfe des traditionellen Privatbankwesens aus seiner eigenen ererbten kleinen Firma von verschlafenen baltischen Holzhändlern einen wahren Finanz-Giganten zu machen, der nur noch von den Rothschilds oder den Barings übertroffen wurde. Aber Hinton merkte

rasch, daß die traditionelle Privatbank gerade durch diesen großen Erfolg den Rahmen ihrer finanziellen Möglichkeiten weit überschritten hatte. Die an der Bank beteiligten Partner konnten noch so reich sein, die Mittel, die einer Privatbank dadurch zur Verfügung standen, reichten trotzdem nicht mehr aus, um internationale Handelsgeschäfte und Investitionen abzuwickeln. Die Privatbanken waren in der ersten Hälfte des neunzehnten Jahrhunderts überaus erfolgreich gewesen. Aber obwohl Hinton selbst noch kein Bankexperte war, erkannte er, daß für die zweite Hälfte des Jahrhunderts ein völlig anderer Weg gefunden werden mußte. Die Banken mußten den aufsteigenden Mittelstand als Partner gewinnen, denn dort mehrte sich in zunehmendem Maße der Wohlstand durch weltweiten Handel und Investitionen.
Georg Siemens in Berlin war ebenfalls kein Bankexperte, aber auch er kam zu diesem Schluß. Er gründete eine neue Bank, um die Depositen des Mittelstandes in die Industrie und den internationalen Handel einfließen zu lassen. Hinton selbst hatte ja bereits eine Bank, mit der er arbeiten konnte, nämlich die Bank der Brüder Bancroft. Er entschloß sich also, die Gelder der Bancroft-Bank zur Gründung und Kontrolle neuer Banken zu verwenden, die der Deutschen Bank von Siemens ähnelten. So wurde er der Bankier für andere Bankiers. Es war nur folgerichtig, daß nun Mosenthal zu Hinton kam mit der Idee, eine solche Bank auch in Wien zu eröffnen. Dadurch konnte die österreichische Industrie unterstützt werden, vor allem wenn man als Teilhaber die enorm reichen, aber nicht liquiden Aristokraten mit ihren großen Besitzungen gewinnen konnte, wie zum Beispiel einen Fürsten Sobieski.
Hinton hielt sich fünf Jahre lang in Wien auf. In dieser Zeit wurde unter seiner und Mosenthals Führung aus der Bank von London & Österreich eines der erfolgreichsten Fi-

nanzunternehmen der Doppelmonarchie. Als Hinton nach London zurückkehrte, erkannte er, daß auch dieses unternehmerische Projekt sich selbst überlebt hatte. Wieder erinnerte er sich an Riemanns These und so entstand Hintons zweites, sogar noch erfolgreicheres Projekt: der Aufbau einer Weltwirtschaft, in deren Mittelpunkt die westlichen Länder standen und den Markt boten für die nicht industrialisierten, Rohmaterial produzierenden Kolonialländer.

Hinton hatte einmal zu J.P. Morgan gesagt: »Unsere Generation war nicht nur Zeuge einer wirtschaftlichen, sondern vor allem einer sozialen Veränderung. Europa ist zu einer urbanen Industriegesellschaft geworden, und Amerika folgt dicht auf den Fersen. Wie wir begonnen haben, war Europa in erster Linie noch Agrargebiet, es war die vorindustrielle Phase. In den fünfziger und sechziger Jahren, als wir beide als Studenten nach Göttingen kamen, war es noch ein richtiges Dorf, vom Stadtzentrum brauchte man nur wenige Minuten, um zu den Feldern und zum Wald zu kommen. Das Haus, in dem ich damals wohnte, hatte noch ein strohgedecktes Dach und wenn man Wasser brauchte, mußte man in den Hof zur Pumpe gehen. Fünfzehn Jahre später habe ich mich kurz dort aufgehalten, um das Grab Riemanns zu besuchen – da war aus Göttingen inzwischen schon eine richtige Stadt geworden. Auf der Hauptstraße fuhren Straßenbahnen, manche davon sogar schon elektrisch; auf dem Bahnhofsplatz stand ein halbes Dutzend dieser schweren, arroganten fünf- bis sechsstöckigen Bankgebäude, wie die Deutschen sie so lieben. Was mich aber am meisten getroffen hat, war, daß um die Stadt herum, wo früher Weizenfelder und Obstgärten waren, überall Fabriken und turmhohe Schlote standen.«

Bei diesem Besuch in Göttingen hatte Hinton plötzlich eine Vision gehabt: Europa war wie ein ungeheurer

Schlund, der alle Produkte der nichtindustrialisierten Welt verschlang. Die Stadtbevölkerung vermehrte sich explosionsartig, ebenso die Industrie und es entstand ein nicht endender Bedarf an immer mehr Materialnachschub. In diesem Augenblick sah Hinton seinen neuen ›unternehmerischen Plan‹ vor sich: die Versorgung dieser neuen Welt mit ihrer Industrie, den Fabriken, der wachsenden Bevölkerung sollte durch die Finanzwelt gewährleistet werden.
J.P. Morgan hatte diese Idee sofort aufgegriffen. Er besann sich der Rohmaterialien seines eigenen Landes und begann die rasch wachsenden Städte Amerikas im Osten und im Mittelwesten sowie die aus dem Boden schießenden Fabriken damit zu versorgen.
Auch Georg Siemens leuchtete Hintons Idee ein, aber er war nicht imstande, sie wirklich aufzugreifen und selbst auszuwerten. Er war eben durch und durch Kontinentaler und er konnte es nicht über sich bringen, das Meer als Handelsweg zu sehen. Für ihn blieb das Meer stets ein trennenden Hindernis, er konnte nicht aus seinen kontinentalen Grenzen heraus.
In den letzten Jahren seines Lebens war Siemens hingegen völlig fasziniert von der visionären Idee der Baghdad-Eisenbahn. Er wußte, daß sich vom Terrain her fast unüberwindbare Schwierigkeiten für den Bau ergaben: wilde, undurchdringliche Bergketten und unerschlossenes, glühendes Wüstengebiet. Aber die Schienen wurden wenigstens vom festen Erdboden gehalten und waren sicher mit harten, soliden Nägeln verankert. Siemens wußte auch genau, daß seine geliebte Baghdad-Bahn sowohl ökonomisch als auch politisch und militärisch eine Monstrosität darstellte. Aber irgendwie wollte es ihm nie recht einleuchten, daß ein einziges Truppenschiff mehr Soldaten nach Baghdad transportieren konnte als seine Bahn,

noch dazu schneller und zuverlässiger. Außerdem machte es ihm seine kontinentale Denkweise unmöglich, den Import von Waren als legitime ökonomische Funktion zu akzeptieren. Sicher war es kein Zufall, dachte Hinton, daß die deutschen Bankhäuser den gesamten Export Deutschlands finanzierten – Siemens' Deutsche Bank war mit mehr als einem Drittel daran beteiligt –, daß sie die Finanzierung des deutschen Imports aber nach wie vor den Bankiers in London überließen.

Aber Georg Siemens konnte Hintons Zukunftsvision wenigstens verstehen, wenn er auch nicht seine Ansichten darüber teilte. Die meisten anderen Finanziers, die Hinton kannte, verstanden ihn nämlich überhaupt nicht. Sogar Ernest Marburg, der von allen der intelligenteste war und mit dem er eng zusammenarbeitete, konnte in Hintons Plan nichts anderes sehen als ein unüberschaubares, beängstigendes Abenteuer: Docks und Häfen und Werften; Juteplantagen und Jutespinnereien in Bengalen; Güterzüge, die Kälber in die Schlachthöfe von Buenos Aires und kanadischen Weizen zu den Great Lakes und nach Montreal transportieren; Elektrizitätskraftwerke; Kupfer- und Goldminen in Australien, Afrika, Chile und dem amerikanischen Westen; und schließlich, nachdem die Deutschen schon 1900 begonnen hatten, Erdöl als Antriebsstoff zu verwenden, Ölbohrungen, Pipelines und Tanker in Burma und Indonesien, in Mexiko und entlang dem Kaspischen Meer.

Einer seiner Kollegen an der Bank von England – ein Baring oder ein Goschen oder irgend ein anderer dieser alteingesessenen Handels-Bankiers – hatte ihn einmal gefragt: »Weshalb wollen Sie sich eigentlich nicht auf ein Gebiet spezialisieren: Getreideexport oder Minen oder Häfen und Dockanlagen?«

»Die Brüder Bancroft«, hatte Hinton erwidert, »investieren nicht in Getreide oder Vieh, oder in Häfen oder in Kupferminen. Wir investieren in den Zukunftsmarkt der industrialisierten Welt, in die explosionsartig ansteigende Masse der Stadtbevölkerung, in die zunehmende Zahl von Fabriken. Für uns sind Getreide, Vieh, Häfen oder Kupferminen lediglich ein Mittel, um an diesen neuen Markt heranzukommen.« Der andere hatte nur völlig verwirrt den Kopf geschüttelt.

Aber sogar seine Kritiker – und Hinton wußte, daß er deren viele hatte – mußten seinen Erfolg anerkennen. Sie mußten zugeben, daß er die Brüder Bancroft zur finanzstärksten Bank gemacht hatte und sie nur noch von J.P. Morgan & Co in New York als weltweit führende Privatbank übertroffen wurde.

Hintons unternehmerisches Werk, das auf Riemanns Mantra fußte, hatte auch ihn selbst zu enormem Reichtum verholfen, wenn er auch bezweifelte, daß er tatsächlich der ›reichste Mann Englands‹ war, wie amerikanische Journalisten einmal über ihn schrieben.

Vor einigen Jahren hatte Hinton auf einem Kongreß Georg Cantor, Deutschlands führenden Mathematiker und anerkannten Nachfolger Riemanns, sagen hören: »Es gibt keine angewandte Mathematik.« Hinton war zu ihm gegangen und hatte gesagt: »Sie sind im Unrecht, es gibt eine angewandte Mathematik: das Bankwesen.«

Cantor sah ihn an, als habe er den Verstand verloren. Riemann, dachte Hinton, hätte mich wahrscheinlich verstanden.

Auch Hintons Karriere im Bankhaus Bancroft war zum großen Teil darauf zurückzuführen, daß er sich an Riemanns Mantra hielt. So wurde aus dem Sohn eines armen Pfarrers ein vermögender Bankier. In den ersten zwei Jahren hatte er sich bei den Brüdern Bancroft recht tapfer ge-

halten, obwohl seine damals noch etwas verworrenen Ideen dazu angetan waren, seine Vorgesetzten in der Bank zu erschrecken. Er war aber doch noch ein kleiner Angestellter, als ihn eines Tages Lord Claymont, der diesen Titel gerade erst geerbt hatte, zu sich rufen ließ. »Mr. Morgan aus New York ist hier – ich nehme an, Sie haben schon von ihm gehört! Sie wissen, daß wir Zolltarif-Schwierigkeiten in New York haben bei dieser kanadischen Beteiligung meines verstorbenen Vaters. Ich glaube, Mr. Morgan könnte das für uns in Ordnung bringen. So viel ich weiß, hat er wie Sie in Göttingen Mathematik studiert. Sind Sie ihm vielleicht dort begegnet? Oder war er vor Ihrer Zeit dort. Aber Sie haben jedenfalls etwas mit ihm gemeinsam. Ich glaube, Sie sollten bei ihm vorsprechen!«
Morgan war damals um die achtunddreißig, kaum älter als Hinton selbst. Es war erst einige Jahre her, daß er seine Firma in New York eröffnet hatte. Aber er galt bereits als aufsteigender Stern am Himmel der Finanzwelt. Er hatte Göttingen ohne akademischen Grad verlassen. Aber so wie ein vorbeiziehender Komet hatte er einen tiefen Eindruck hinterlassen und man erinnerte sich seiner als eines besonders begabten Mathematikers. Niemand verstand, wieso er nicht die Karriere eines Wissenschaftlers an der Universität eingeschlagen, sondern sich lieber dem banausischen Bankwesen zugewandt hatte.
Er begrüßte Hinton sehr freundlich, versprach, sich der Zolltarifangelegenheiten anzunehmen, sowie er nach New York zurückgekehrt wäre (was er dann auch tatsächlich machte) und fragte schließlich: »Sie haben in Göttingen Ihr Doktorat gemacht, nicht wahr? Ich leider nicht, wie Sie wahrscheinlich wissen. Ich habe gehört, daß Sie einer von Riemanns Lieblingsschülern waren. Ich fürchte, ich selbst war für ihn eine große Enttäuschung. Erzählen Sie mir, was haben Sie von Riemann gelernt?«

»Man soll nicht versuchen, ein Problem zu definieren, sondern man soll den Satz dafür suchen«, antwortete Hinton wie aus der Pistole geschossen.
J.P. sah ihn lange forschend an. Seine schönen, verschleierten Augen waren das einzig Anziehende in seinem groben, häßlichen Gesicht, das von einer ständig dunkelroten Nase entstellt wurde. Schließlich sagte er: »So, so, Sie haben das also auch von ihm gelernt.« Dann verabschiedete er sich. Aber drei Monate später erhielt Lord Claymont ein Telegramm, in dem den Brüdern Bancroft die Teilhaberschaft an einem immens wichtigen und lukrativen Finanz-Syndikat angeboten wurde, das Morgan zusammenstellte. Allerdings stellte Morgan die Bedingung, daß McGregor Hinton den europäischen Teil betreute. Das Haus Bancroft hatte schwerlich eine andere Möglichkeit, als Hinton zum Partner zu machen. Zuerst wurde er Juniorpartner, später, nachdem drei oder vier Geschäfte mit Morgan abgewickelt worden waren, bekam er die volle Partnerschaft. So hatte also Riemanns Mantra großen Anteil an seiner Karriere, dachte Hinton.
Indirekt war es aber auch Riemanns Schuld, daß Hinton sich den Haß und den Neid von Mr. Armistead zuzog, der bis zu Hintons plötzlichem Aufstieg der einzige nicht zur Familie gehörende Partner der Gebrüder Bancroft war. Diesem unversöhnlichen Haß des Mr. Armistead sollte es Hinton auch schließlich verdanken, daß er Jahre später, als er sich gerade auf dem Höhepunkt seines Erfolges glaubte, aus dem Bankhaus Bancroft ausscheiden mußte. Weniger elegant ausgedrückt würde man sagen, Armistead hatte ihn hinausgeschmissen.
Hinton hatte sich darauf eingestellt, die kommenden Jahre zwischen London, als Partner von Gebrüder Bancroft, und Wien, als Vorsitzender der neugegründeten Bank von London & Österreich, hin und her zu pendeln. Dann

machte Mr. Morgan der Bancroft-Bank ein überaus interessantes Angebot: es sollte ein Syndikat europäischer Kapitalanleger gebildet werden, um sich zu einem Drittel an einem großen Kohlenminenobjekt in entfernten und noch völlig unbekannten Gebieten wie Kentucky, West Virginia, Indiana und Ohio zu beteiligen. Allerdings knüpfte Morgan an dieses Angebot eine Bedingung: Die Kapitalanleger mußten sich verpflichten, in den nächsten fünf Jahren ihre Anteile nicht auf dem freien Markt anzubieten.

»Sie und ich wissen«, schrieb er Hinton, »was Habgier anrichten kann. Deshalb werden wir diesmal die Dinge unter Kontrolle halten, bis die Zeit reif ist, damit an die Öffentlichkeit zu gehen.«

Dieses Argument schien Hinton völlig einleuchtend, ja er selbst hatte schon seit längerem für ein solches Vorgehen plädiert. Aber Armistead war vehement dagegen: »Wir brauchen den schnellen Profit. Wir werden keinesfalls Kapital auf so lange Zeit binden, ganz gleich, wie interessant die Investition auch erscheinen mag!«

»Aber, Mr. Armistead«, hatte Hinton heftig widersprochen, »das widerspricht doch den elementarsten Grundsätzen des Bankwesens. Eine Privatbank macht doch erst dann wirklich Profit, wenn die Routine-Geschäfte die Unkosten decken und eine wertbeständige Dividende gewährleisten, sodaß das Kapital langfristig angelegt werden kann. So haben es die Rothschilds gemacht und so macht es Georg Siemens, dessen Bank führend auf dem Kontinent ist. Und das ist es, was J.P. Morgan in New York mit so viel Erfolg macht.«

»Mr. Hinton«, erwiderte Armistead eisig, »die Handelsbanken sind in England zuerst entstanden. Sie wurden von Praktikern erdacht, nicht von Männern mit Doktorwürde. Und ich glaube sagen zu können, wir sind erfolgreich ge-

nug, um auf die Belehrung von Juden und Ausländern verzichten zu können.«
Zwei Tage später wurde Hinton von Lord Claymont in dessen Privatbüro gerufen. Der zweite Bancroft-Bruder, Dennis, war ebenfalls anwesend.
»Mr. Hinton«, begann Lord Claymont, »Mr. Armistead hat uns davon überzeugt, daß es für Sie untragbar ist, sich zwischen der Bancroft-Bank in London und der Bank von London & Österreich in Wien aufzuteilen. Die neue Bank wird Ihre ganze Zeit und Energie in Anspruch nehmen. Selbstverständlich bleiben Sie Partner der Bancroft-Bank, und zwar in vollem Umfang, außer im Firmentitel, und Sie können zu uns zurückkehren, wann immer es Ihnen richtig erscheint. Mein Bruder und ich hoffen, daß das sehr bald der Fall sein wird – wir werden Ihre Mitarbeit überaus vermissen. Aber vorderhand ist es wohl besser, wenn Sie sich ganz auf Ihre Aufgabe in Wien konzentrieren und Ihre Partnerschaft am Bankhaus Bancroft nicht wahrnehmen. Mein Bruder und ich haben daher den Beschluß gefaßt, Ihre Anteile aufzukaufen.«
Die Summe, die Claymont ihm bot, nahm Hinton förmlich den Atem. Sie war zwei- bis dreimal so hoch wie das, was Hinton in seinen kühnsten Träumen für seine Anteile zu fordern gewagt hätte. Aber auch das viele Geld und die honigsüßen Worte konnten nicht darüber hinwegtäuschen, daß er schlicht und einfach hinausgeschmissen worden war. Offensichtlich hatte Armistead sie vor die Wahl gestellt: »Entweder Hinton geht oder ich gehe.« Und die Bancrofts hatten sich für Armistead entschieden.
Hinton war monatelang völlig verbittert. Man hatte ihm das einzige Zuhause genommen, das er je gekannt hatte, man hatte ihn wieder zu einem Waisen gemacht. Aber dann wurde ihm langsam klar, daß ihm nichts Besseres hätte passieren können, als bei Bancroft hinausgeworfen

zu werden. Er investierte das ganze Geld, das ihm die Bancrofts ausbezahlt hatten, in die amerikanischen Kohlenminen und wurde auf diese Weise Europas größter Aktionär in Morgans Syndikat. Das war der Grundstein zu Hintons Reichtum; als er zehn Jahre später seine Minen-Aktien verkaufte, war er ein schwerreicher Mann.
Was aber noch viel wichtiger für ihn war, war die Tatsache, nun sein eigener Herr zu sein und nicht länger nur ein ›Mitarbeiter‹. »Wenn man mich nicht hinausgeworfen hätte«, sagte er einmal zu J.P. Morgan, »wäre ich mein Leben lang ›dieser clevere junge Mann bei den Bancrofts‹ geblieben. So aber haben sich sowohl Georg Siemens in Berlin als auch Salomon Maimon von Maimon & Company bei meinem Kohlenminen-Unternehmen als Minoritäts-Teilhaber beteiligt und mich außerdem sofort als europäischen Vertreter für ihre geplanten Transatlantik-Geschäfte akzeptiert.«
»Und auch das verdanke ich, wenn auch nur indirekt, Riemanns Mantra!« dachte Hinton.

Der Stuhl, in den Hinton sich nach seiner panischen Flucht hatte fallen lassen, war das älteste Möbelstück in seinem Besitz. Er hatte ihn damals während der vier Jahre in Göttingen gekauft. Er war schon ungezählte Male restauriert worden, trotzdem blieb er das,was er von Anfang an gewesen war: billig, ungeheuer groß, ungeheuer häßlich, viel zu stark ausgepolstert und durch und durch deutsch. Wenn Hinton ihn sah, mußte er unweigerlich an die Meerschaum-Pfeifen der deutschen Studenten denken, an den Geruch des Tabaks, den sie ›Knaster‹ nannten, die großen irdenen Bierkrüge und die mit Troddeln geschmückten Hauskäppchen, die die Studenten Mitte des neunzehnten Jahrhunderts zu tragen pflegten. Aber irgendwie wirkte der Stuhl gar nicht so fehl am Platze in

der steifen Eleganz der Adamschen Bibliothek, die im Stil des achtzehnten Jahrhunderts gehalten war und deretwegen Hinton dieses Haus eigentlich gekauft hatte. In diesem Raum konnte er arbeiten und nachdenken.
Gegenüber dem Stuhl, am anderen Ende des Raumes, war ein neoklassischer Kamin, um den herum die Brüder Adam vor rund hundertfünfzig Jahren den gesamten Raum entworfen hatten. Über diesem Kamin hatte Hinton sein liebstes Andenken angebracht: Riemanns Totenmaske, die er erhalten hatte, weil er einer der Lieblingsschüler Riemanns gewesen war. Darunter befand sich ein Spruch, den Hinton und einige andere Studenten, die in den letzten Tagen noch manchmal zu dem sterbenden Mann vorgelassen wurden, für Riemanns Grabstein geschrieben hatten (selbstverständlich hatte die Obrigkeit den Spruch abgelehnt, man fand ihn unverständlich und daher möglicherweise blasphemisch):

Sein Leben war zu kurz, um das Gebäude zu vollenden, doch lang genug, um dem Weltall ein neues Fundament zu bauen.

Rechts und links vom Kamin hingen die Porträts der beiden anderen Götter in Hintons Pantheon, zwei weitere Begründer der modernen Mathematik. Das eine war ein signierter Stahlstich von Carl Friedrich Gauss, Riemanns Freund, Lehrer und Vorgänger. Hinton hatte dieses Bild zehn Jahre nach Gauss' Tod gekauft, ehe er von Göttingen wegging; er hatte drei Monate von Kartoffeln gelebt, um das Geld für den Kaufpreis zusammenzukratzen. Das andere war eine Federzeichnung von Sir William Hamilton, dem Begründer der modernen Algebra. Hamilton hatte sie mit einer Schlüssel-Gleichung signiert, die für seine Quaternione und seinen eigenen Namen stand – Hinton hatte sie von seinem alten Universitätslehrer in Oxford als Abschiedsgeschenk erhalten. Zu beiden Seiten

dieser Bilder waren die Bücherregale, die von den Brüdern Adam entworfen worden waren. Die Regale waren fast völlig leer, abgesehen von den 14 bisher erschienenen, von Hinton herausgegebenen Bänden der ›Monumenta Mathematica‹, fünf Bänden der »Opera Inedita« von Riemann (Papiere, Notizen, Briefe), fünf Bänden der »Opera Inedita« von Gauss und vier Bänden der »Opera Inedita« von Hamilton, wobei der letzte Band gerade erst vor wenigen Wochen herausgekommen war.
Das also war Hintons Heiligtum, in dem er sich sicher fühlte vor den Furien des Lebens. Hier stand er in direkter Verbindung mit der absoluten Realität, der letzten Wahrheit und den Gesetzen des Universums, die es schon gegeben hatte, lange bevor es die Götter gab, und die es noch geben wird, lange nachdem die Götter verschwunden sein werden: die immerwährenden, unwandelbaren, endgültigen Wahrheiten der reinen Mathematik, der Ziffern und Formeln, der Symbole und des Verstands. Sie allein stellen das wirkliche Universum dar, das Weltall – jeder Mathematiker seit Pythagoras weiß das. Alles andere ist nur Illusion.
Außer Hinton durfte nur ein Diener diesen Raum betreten, um einmal in der Woche abzustauben. Auch die jungen Mathematiker, die Hinton angestellt hatte, um ihm bei der Beschaffung und Sichtung des Materials für die ›Monumenta Mathematica‹ zu helfen, durften nie einen Fuß in dieses Zimmer setzen, ja nicht einmal hineinschauen. Sie mußten ihre Arbeiten durch einen Mauerspalt auf einen Tisch legen.
Hinton sah, daß sich dort bereits eine ganze Menge Unterlagen angesammelt hatte. Das waren wohl die Dokumente der Mathematiker des 17. Jahrhunderts und sicher auch die erste Serie der mathematischen Briefe von Leibniz. Hinton hielt Leibniz für den größten Geist, den der

Westen seit dem Altertum hervorgebracht hatte, aber auch für den widerspenstigsten, schwerstverständlichen und anspruchsvollsten. An jedem anderen Tag hätte er alles liegen und stehen lassen und sich sofort mit diesen Briefen befaßt. Aber heute würde Leibniz warten müssen. Hinton mußte zuerst die Formel für sein Problem finden.

Er fühlte sich jetzt endlich dazu bereit, seine Gedanken zu ordnen, methodisch und mit System.

Riemann war schon viel zu krank gewesen, um seine Arbeit an dem, was er »das Gebäude« nannte, zu vollenden. »Das Gebäude« war jener Lehrsatz, der die logische Erkenntnis aller Formeln in einer einzigen Formel zusammenfassen sollte; Hinton dachte, daß diese eine Formel bewirkt hätte, daß die Harmonie der Sphären dem menschlichen Verstand zugänglich würde, daß er sie begreifen, analysieren und unter Beweis stellen könnte. Aber immer, wenn Riemann weniger stark fieberte, ließ er einige seiner Lieblingsstudenten zu sich kommen und sprach zu ihnen von der »Methode«: Er verstand darunter die genaue Schrittfolge, nach der der Satz aufgebaut werden sollte.

Der erste Schritt bestand darin, sich einen Überblick zu verschaffen. Systematisch mußten alle jene Phänomene aufgelistet werden, die nicht in die Methode paßten, nach der man das Problem angeht. Das betraf vor allem die Phänomene, die so außergewöhnlich und befremdlich schienen, daß man dachte, sie könnten unmöglich zu derselben Serie gehören wie das Problem, an dessen Lösung man eben arbeitete.

Nun, dieser erste Schritt war nicht weiter schwer. Es gab ein Phänomen, das nicht in jene Serie passen wollte, in der Freddie Bancroft das Problem darstellte. Ein völlig ungewöhnliches und unerklärliches Phänomen stellte dieses

Gefühl der Panik dar, das Hinton vorhin dort oben im Zimmer der sterbenden Frau befallen hatte. Noch nie zuvor hatte Hinton Panik empfunden; Furcht, Schock, Ekel, Schmerz, Bestürzung – das alles kannte er, Panik aber war ihm fremd. Die Verschlechterung im Zustand seiner Frau kam auch keineswegs überraschend für ihn; er hatte das seit Wochen erwartet, war also darauf vorbereitet gewesen.

Als er vor etwa drei Monaten aus New York zurückgekommen war, hatte er wie üblich bei Melissa vorgesprochen – sie legte keinen großen Wert auf seine Besuche, nahm sie kaum zur Kenntnis, aber schließlich war sie nach wie vor dem Gesetz nach seine Frau. Er hatte sofort gesehen, daß sie krank war. Die leichenhafte Blässe ihres Gesichtes wurde durch das dicke Make-up, das sie aufgelegt hatte, noch hervorgehoben. Sie wirkte aufgedunsen und seltsam zusammengeschrumpft zugleich. Ein merkwürdiger, unangenehmer Geruch ging von ihr aus. Sogar Anna, die gewöhnlich jeden daran hinderte, sich ihrer Herrin zu nähern, schien erleichtert zu sein, als Hinton vorschlug, einen Arzt zu rufen. Der Arzt kam, warf einen kurzen Blick auf die Kranke und schickte sofort nach Sir Montgomery Bramlett. Da wurde Hinton klar, daß seine Frau ernsthaft krank sein mußte; oft genug hatte er den Scherz gehört, der unter Londons Ärzten kursierte: »Wenn ein Patient, der stirbt, Katholik ist, dann rufe den Priester. Ist der Patient reich, dann rufe Bramlett.«

Sir Montgomery brauchte sehr lange für seine Untersuchung. Als er schließlich aus dem Krankenzimmer kam, sagte er zu Hinton: »Die Dame ist tatsächlich schwerkrank. Ich denke, Sie sollten umgehend die Angehörigen informieren.« Da hörte Hinton sich zu seiner eigenen Überraschung etwas sagen, wovon er geglaubt hatte, er würde es nie über die Lippen bringen: »Die Dame hat außer mir keine Angehörigen. Sie ist meine Frau.« Er fühlte förmlich, wie Bramlett zurückschrak – der reiche, mächtige Mr. Hinton war heimlich verheiratet! Und nicht etwa mit einer Engländerin, nicht einmal mit einer Europäerin, sondern mit einer Person, die ganz offensichtlich Negerblut in sich hatte! Aber laut sagte der Arzt nur: »Dann muß ich also Sie über den Zustand der Kranken informieren. Sie hat ein äußerst bösartiges Geschwür im Unterleib. Es ist schon so weit fortgeschritten, daß eine Operation nicht mehr möglich ist – vermutlich hätten wir auch zu einem früheren Zeitpunkt keinen Erfolg gehabt. Jetzt haben sich die Tochtergeschwüre bereits im ganzen Körper ausgebreitet. Die Lymphdrüsen an Hals und Armhöhlen sind stark geschwollen und schmerzempfindlich. Auch die anderen Organe im Bauchraum sind stark vergrößert und schmerzen. Nur der Tod kann die arme Dame von ihren Leiden befreien. Es wird nicht mehr lang dauern – ich schätze höchstens drei bis vier Monate. Alles was Sie für sie tun können, Mr. Hinton, ist beten, daß ihr Leiden bald ein Ende findet. Und alles, was wir Ärzte für sie tun können, ist das Verabreichen von schmerzlindernden Mitteln. Ich werde Ihnen eine Krankenschwester schicken und ich selbst oder einer meiner Assistenten werden jeden Tag vorbeikommen.«

»Aber, Mr. Hinton«, fuhr der Arzt fort und obwohl sie allein waren, senkte er seine Stimme zu einem Flüstern, »es wird der Augenblick kommen, wo selbst die stärkste Dosis an schmerzstillenden Mitteln, die wir verabreichen können, ohne Wirkung bleibt. Die Schmerzen werden unkontrollierbar werden. Glücklicherweise ist das Ende dann nicht mehr weit; es dauert nur mehr ein paar Tage, höchstens zwei Wochen. Aber es ist immer eine entsetzliche Zeit für die Familie – ich empfehle in solchen Fällen stets, daß nur die nächsten Angehörigen dableiben sollten.

Sie können nicht helfen; aber sie leiden mit, ja, ich denke manchmal, sie leiden mehr als der Sterbende selbst, der meist nur für kurze Momente bei Bewußtsein ist, der auch meistens niemanden um sich haben will und auch niemanden mehr erkennen kann. Mein Assistent oder ich selbst werden es Ihnen rechtzeitig sagen, wenn es soweit ist, Mr. Hinton.«

Vor etwa einer Woche hatte Sir Montgomery ihm dann gesagt, daß dieser »letzte Abschnitt«, wie er es nannte, nun sehr bald kommen werde. Und heute morgen hatte ihm Mr. Montgomerys Assistent mitgeteilt, es sei soweit. Sicher, er hatte allen Grund traurig zu sein, angsterfüllt und sogar zornig angesichts der eigenen Hilflosigkeit vor so viel Leiden. Aber Panik – weshalb wohl war er in Panik geraten?

Konnte er nun einen Schritt weitergehen nach Riemanns Anleitung: »Nimm nunmehr an, daß dieses außergewöhnliche und unerklärliche Phänomen mit derselben Formel erfaßt werden kann wie das Problem, dessen Lösung du suchst. Welche Formel kann es sein?«

Es gab nur eine einzige Formel, nur einen einzigen Bereich, wo sowohl Freddie Bancroft als auch die Panik, die ihn vorhin im Zimmer seiner Frau überkommen hatte, untergebracht werden konnten. Eine einzige gemeinsame Dimension gab es, einen einzigen Berührungspunkt, an dem beide einander trafen: Hinton selbst und sein eigenes Leben.

Hinton wußte sofort, daß diese Erkenntnis richtig war. Er fühlte, wie ein geradezu schöngeistiges Vergnügen, eine physisch spürbare Euphorie in ihm hochstieg, wie immer, wenn er daranging, die Formel zur Lösung eines Problems aufzubauen.

»Sie werden später vielleicht daraufkommen«, hatte Riemann damals im ersten Semester zu seinen Studenten ge-

sagt, »daß Sie trotz Ihres Gefühls einer visionären Erkenntnis nicht die richtige Serie gefunden haben. Aber wenn Sie dieses Gefühl nicht empfinden, ist es jedenfalls nicht die richtige Serie, zumindest sehe ich das so. Wenn Sie also dieses Gefühl empfinden, sollten Sie voraussetzen, daß Sie auf dem richtigen Weg sind und Sie sollten fortfahren.«
Dann war Riemann auf den jungen Engländer aufmerksam geworden, der eben erst mit einem Empfehlungsschreiben seines Oxforder Professors zu ihm gekommen war, und er hatte gefragt: »Nun, Herr Hinton, was wäre dann also der nächste Schritt?«
»Man muß herausfinden, worin die Einzigartigkeit dieser Serie liegt«, hatte Hinton ohne nachzudenken geantwortet. Für jemanden, der sich wie Hinton seit drei Jahren in Oxford mit Hamilton und seinen Quaternionen befaßt hatte, lag diese Antwort auf der Hand. Riemann strahlte vor Vergnügen – und von diesem Augenblick an war Hinton einer seiner Lieblingsschüler.
Was war nun also dieses Einzigartige an der Serie, die Mc Gregor Hinton hieß? Die Tatsache, daß er männlichen Geschlechts, Engländer und dreiundsechzig Jahre alt war, betraf außer ihn noch tausend andere. Es gab außer ihm auch noch etliche andere, die Bankiers und sehr reich waren. Sein Doktorat der mathematischen Wissenschaften war wohl in England für einen Bankier eher ungewöhnlich, aber doch sicher nichts Einmaliges. Ebensowenig war es etwas Einmaliges, daß er eine Frau hatte, die an Krebs starb.
Es gab nur etwas, das an der Formel Mc Gregor Hinton einzigartig war: »Jede Entscheidung, die mein Leben betraf, jeder Wendepunkt in meinem Leben war gekennzeichnet durch eine Unterschlagung oder sonst ein Verbrechen im Zusammenhang mit Geld. Gekennzeichnet, wohlgemerkt – nicht verursacht, aber gekennzeichnet. Es

waren keine Verbrechen, die ich selbst beging, nicht einmal in erster Linie Verbrechen, die gegen meine Person gerichtet waren. Aber es waren Unterschlagungen oder ähnliche Vergehen, die in meinem Umkreis begangen wurden und daher auch nicht ohne Wirkung auf mich selbst blieben. Dreimal ist mir das passiert, Freddie Bancrofts Fälschungsaffäre miteingeschlossen.
Laut Bernoullis Theorie ist die Wahrscheinlichkeit, daß drei solche außergewöhnliche Ereignisse durch Zufall eintreten, gleich Null. Sie müssen Teil eines vorgegebenen Musters, Teil eines Planes sein. Ganz sicher sind sie das Einzigartige an meiner Formel. Um die Formel zu begreifen, muß ich nun, Riemanns Lehren zufolge, jedes einzelne dieser Ereignisse rekonstruieren. Ich muß jeden einzelnen dieser verwickelten Vorfälle, jeden einzelnen dieser Angelpunkte durchdenken, um das zusammenhängende Ganze zu begreifen, das John McGregor Hintons Leben heißt.«

Göttingen

Als erstes also Göttingen im Jahre 1867.
Dank seiner hervorragenden mathematischen Begabung hatte Hinton nach Abschluß der Schule ein Stipendium für Oxford erhalten. Sein Vater hatte nur unwillig zugestimmt, sein Studium weitere drei Jahre zu unterstützen, und er hatte sich bitter darüber beschwert, daß dies eine schwere Belastung für das magere Einkommen eines armen Vikars bedeute. Als Hinton dann seine Prüfungen mit den höchsten Auszeichnungen abschloß, willigte sein Vater auf Drängen des Oxforder Professors ein, Hinton noch einmal vier Jahre weiterstudieren zu lassen.
Die finanzielle Unterstützung war armselig genug – 50 Pfund im Jahr. Aber man konnte damit leben im Göttingen jener Zeit, das damals noch zu Hannover gehörte und nicht zu Preußen, und noch viel eher ein Dorf war denn eine Stadt. Doch dann war sein Vater gestorben, gerade zu der Zeit, als auch Riemann starb. Es vergingen etliche Wochen, ehe Hinton von seinem Stiefbruder vom Tod des Vaters unterrichtet wurde. Er war keineswegs erstaunt über dieses Verhalten. Er war weder seinem Vater besonders nahe gestanden, der bei seiner Geburt bereits ein alter Mann gewesen war, noch seinem Stiefbruder, der beinahe zwanzig Jahre älter war als er und im Kolonialdienst bereits Karriere gemacht hatte. Sein Stiefbruder hatte dem Brief einen Scheck über 25 Pfund beigelegt und ihm zugleich mitgeteilt, daß dies die letzte finanzielle Zuwendung darstelle; Hinton wußte selbst sehr gut, daß sein Vater keinerlei Besitz zurückgelassen hatte.

Zu diesem Zeitpunkt war Hinton fast fertig mit seiner Dissertation. Riemann wollte, daß Hinton seine Dissertation über Hamiltons Quaternionen schreibe. Natürlich hatte Hamilton sein Werk über die Quaternionen schon vor Jahrzehnten geschrieben. Aber zu jener Zeit war Dublin, wo Hamilton lebte und arbeitete, so weit von Deutschland entfernt, daß nur sehr wenige Menschen in Göttingen von ihm gehört, geschweige denn seine Arbeiten gelesen hatten. Riemann hatte sofort die Bedeutung der Werke Hamiltons erkannt, er sah, daß seine eigenen Erkenntnisse im Zusammenhang mit Hamiltons Theorien ganz neue Resultate hervorbringen würden – das, was heute unter der Bezeichnung Matrizen-Algebra der letzte Schrei ist, dachte Hinton.

Riemann hatte also Hinton aufgefordert, eine Abhandlung über die Quaternionen für das Seminar zu schreiben und schließlich drängte er ihn, darüber zu dissertieren. Riemann hatte Recht gehabt, dachte Hinton; seine Arbeit damals wäre mindestens so gut geworden wie alles das, was zwanzig Jahre später verfaßt worden war, als man auf dem Kontinent begann, Hamilton zu »entdecken«.

Aber Hinton hatte zu dieser Zeit gerade sein Interesse für die Geschichte der Mathematik entdeckt, und so hatte er den Entschluß gefaßt, seine Dissertation über die Geschichte des Eingeschriebenen Quadrats zu schreiben; diese Frage hatte seit jeher die Mathematiker, Alchimisten, Magier, Astrologen und Philosophen fasziniert, beginnend bei Pythagoras bis hin zu Athanasius Kircher, dem jesuitischen Mathematiker im siebzehnten Jahrhundert. »Meine Dissertation wird inzwischen bereits als ›Klassiker‹ betrachtet und in jeder Anthologie abgedruckt. Heute ist die Geschichte der Mathematik ja sehr in Mode – auf demselben Kongreß, bei dem Cantor mir erklärte, es gäbe keine angewandte Mathematik, wurde ich als Pionier einer

neuen Geistesdisziplin geehrt. Aber damals haben sich nur wenige dafür interessiert.«
So war auch die Antwort seines Göttinger Professors nicht gerade ermutigend gewesen, als er sich bei ihm wegen einer eventuellen Anstellung Rat holen wollte: »Es ist überaus schwierig für einen jungen Mathematiker außer als Lehrer eine Anstellung zu finden. Aber für einen Mathematik-Historiker sehe ich überhaupt keine Möglichkeit, an einer der Universitäten in Deutschland unterzukommen. Es könnte mir eventuell gelingen, Ihnen eine Stellung als Bibliothekar zu verschaffen – freilich nicht hier in Göttingen, da gibt es schon viel zu viele junge Leute wie Sie. Aber es könnte sein, daß die Technische Universität in Hannover eine freie Stelle für Sie hat. Sicher würden Sie dann in ein paar Jahren Dozent werden, und im weiteren Verlauf würden Sie sich wahrscheinlich auch habilitieren können. Nun, mein lieber Dr. Hinton, ich hoffe, daß Sie finanziell unabhängig sind, denn als Bibliothekar werden Sie umgerechnet höchstens um die hundert englische Pfund bekommen. Und ich halte es auch für völlig ausgeschlossen, daß Sie jemals einen Lehrstuhl bekommen werden.«
Das Gespräch mit dem alten Lehrer in Oxford war um nichts ermutigender: »Ich bin ziemlich sicher, mein lieber Freund, daß ich Ihnen hier eine Stelle als Junior-Lehrer verschaffen kann. Sie hätten dann für drei Jahre ein Dach über dem Kopf und Ihr tägliches Essen am Professoren-Tisch. Wenn Sie gewillt sind, Priester zu werden, könnte ich Ihnen auch an einer der Universitätskirchen eine Stelle als Hilfspfarrer verschaffen; Sie würden dafür fünfundzwanzig Pfund jährlich erhalten und alles, was Sie zu tun hätten, wäre ein paar Gottesdienste abzuhalten, wenn der Rektor selbst am Sonntag wegfahren möchte. Abgesehen davon aber, fürchte ich, ist Oxford nicht sonderlich an

Mathematikern interessiert. Wenn Sie zehn Jahre lang zuwarten können, würde sich vielleicht das eine oder andere ergeben – ich selbst habe es so gemacht. Aber Ihnen würde ich nicht dazu raten. Denn ich bin zerbrochen an diesen zehn Jahren, in denen ich mich gedemütigt habe vor all den Magistern, Dekanen und Vollmitgliedern, nur um in die Fakultät aufgenommen zu werden.«
»Ich wäre nicht so schlecht gewesen als Mathematiker. Gewiß nicht so gut wie Sie, aber als ich damals hierher kam, war ich als Hamiltons Schüler doch recht kompetent. Aber ich habe nichts daraus gemacht. Dabei hatte ich wenigstens ein ganz anständiges Privateinkommen. Nun, mein junger Freund, wenn Sie wollen, werde ich mich dafür einsetzen, daß sie eine Stelle als Junior-Lehrer bekommen. Bis es soweit ist, können Sie bei mir wohnen und mir altem Mann Gesellschaft leisten. Ich fürchte freilich, daß Sie mich schon recht eingerostet finden werden – es ist schon lange her, daß ich mit jemandem über Mathematik diskutieren konnte. Aber ich will Sie nicht drängen zu bleiben, wenn Sie nur die geringste Aussicht auf eine andere Anstellung haben.«
Dann hatte der alte Mann mit Tränen in den Augen die Federzeichnung von Sir Hamilton von der Wand genommen und sie Hinton mit den Worten gegeben: »Nehmen Sie das als Andenken an mich. Und nun gehen Sie und sehen Sie sich nach einer ordentlichen Arbeit um, bei der Sie nicht so wie ich hier um jeden Brotkrumen betteln müssen.«
Hinton war nach London gefahren; er hatte ein Empfehlungsschreiben seines Stiefbruders an Lord Oliver Bancroft in der Tasche, mit dem dieser in Oxford gemeinsam studiert hatte (Lord Oliver Bancroft war nunmehr Viscount Claymont, aber damals Chef von ›Bancroft‹). Lord Oliver hatte seinen Bruder Dennis (den gegenwärtigen

Lord Bancroft) hereingerufen und gemeinsam hatten sie Hinton sofort eine Stellung angeboten. Er sollte für beide als Privatsekretär arbeiten und sich um die ausländische Korrespondenz kümmern – er sprach fließend Deutsch und annehmbar gut Französisch. Er erhielt dafür hundertfünfzig Pfund jährlich – für Hinton ein geradezu fürstliches Gehalt, denn er hatte nie mehr als fünfzig Pfund von seinem Vater bekommen.
Einige Jahre später – es war um die Zeit, als Lord Claymont ihn zu J.P. Morgan schickte – erhielt Hinton einen Brief, der in Glasgow aufgegeben worden war. Die Schrift war ihm fremd, offensichtlich von einer ungebildeten Frauensperson. Heute noch erinnerte er sich an jedes einzelne Wort. Der Brief war von einer Margaret Mc Gregor Clawson unterschrieben und lautete folgendermaßen:

Vermutlich haben Sie noch nie von mir gehört. Ich bin eine entfernte Cousine Ihrer Mutter, wir sind zusammen auf den Hebriden aufgewachsen. Sie war meine einzige Verwandte von der Seite der McGregors her. Ich bin Witwe und sehr arm und deshalb wage ich es, mich an Sie zu wenden. Mein einziges Kind, meine neunzehnjährige Tochter, ist sehr krank, der Arzt sagt, sie muß sterben, wenn sie nicht operiert wird. Das würde aber fünfzig Pfund kosten. Ich weiß, daß Sie alles Geld von Ihrer Mutter, der Freundin meiner Kinderzeit, geerbt haben. Sicher können Sie fünfzig Pfund entbehren, um das Leben Ihrer einzigen Cousine zu retten …

Hinton hatte das Geld tatsächlich zusammengekratzt. In seinem Begleitschreiben machte er allerdings deutlich, daß er keineswegs Geld von seiner Mutter geerbt habe, sondern daß er vielmehr von seinem Gehalt als Bankangestellter lebe.

Anstelle des erwarteten Dankschreibens erhielt er jedoch einen scharfen Verweis:

McGregor Hinton, versuchen Sie nicht, mir etwas vorzumachen. Ich weiß sehr gut, daß Ihre Mutter von diesem reichen Großonkel, diesem Eisenhändler in Carlisle, eintausendachthundert Pfund geerbt hat, als sie damals als Haushälterin bei Reverend Hinton arbeitete, dessen Frau sie später wurde. Wir waren damals alle sehr überrascht – wir hatten keine Ahnung gehabt von der Existenz dieses Großonkels ...

Zuerst wollte Hinton das Ganze als Phantasterei einer alten Frau abtun, aber dann sagte er sich, daß man nie auf die leichte Schulter nehmen sollte, was ein Schotte über Geld sagt. So ging er also zu Somerset House und suchte das Testament seines Vaters und das seiner Mutter heraus. Hintons Vater hatte das Wenige, das er besaß, seinen beiden Kindern aus erster Ehe – Hintons Stiefbruder und Stiefschwester – hinterlassen. Aber da fand sich noch ein merkwürdiger Nachsatz in dem Testament seines Vaters: »Ich überlasse es meinen älteren Kindern, meine Verpflichtung gegenüber ihrem Stiefbruder, John McGregor Hinton, zu erfüllen.«
Hintons Mutter hatte wenige Monate, ehe sie an Schwindsucht starb – er selbst war damals knapp acht Jahre alt – in ihrem Testament verfügt:

Ich vermache meinem geliebten einzigen Sohn John McGregor Hinton die Summe von eintausendachthundert Pfund, die ich von meinem Großonkel William McGregor im Jahr 1841 geerbt habe. Ich bestimme, daß die Zinsen dieser Summe diesem meinem Sohn für Erziehung und Unterhalt zukommen sollen, den restlichen Betrag soll er nach Beendigung seiner Ausbildung, jedoch nicht vor Vollendung seines einundzwanzigsten Lebensjahres erhalten.

So war das also gewesen: Das Geld, das ihm sein Vater stets so widerwillig gegeben hatte, von dem er immer behauptet hatte, er müsse es sich absparen, dieses Geld war die ganze Zeit über sein, Hintons, eigenes Geld gewesen! Ja, es war sogar nur die Hälfte dessen gewesen, was ihm eigentlich zugestanden wäre – denn die Zinsen von eintausendachthundert Pfund hätten jährlich einen Betrag von mindestens hundert Pfund ergeben müssen.
Jetzt wurde ihm auch klar, warum sein Vater seine Mutter geheiratet hatte. Er wußte, daß sein Vater seine Mutter nie geliebt hatte, er hatte sie stets wie eine Dienstmagd behandelt; er selbst hatte als Kind darunter gelitten. Es gab also nur einen Grund, warum sein Vater sie geheiratet hatte: er wollte an ihr Geld herankommen. Schon drei Monate nach der unerwarteten Erbschaft hatte er sie zu seiner Frau gemacht.
Aber sein Vater hatte es immerhin nicht gewagt, das ganze Erbe seines Sohnes zu unterschlagen; er hatte sich mit der Hälfte begnügt. Sein Stiefbruder und seine Stiefschwester hatten freilich weniger Skrupel gehabt. Gewiß, sie hatten die zweite Frau ihres Vaters nie akzeptiert, ebensowenig wie deren Kind, und sie hatten das auch immer deutlich zu erkennen gegeben. Sie stammten zwar alle vom selben Vater ab, dem Sohn eines kleinen Kaufmanns in einer Domstadt; aber immerhin war er Priester geworden und dadurch zu einem Gentleman. Was aber Hintons Mutter betraf, so war sie nur die Tochter eines kleinen Pächters, und seine Stiefgeschwister versäumten es nie, ihn daran zu erinnern, daß ihre eigene Mutter von edlem Geblüt war, Tochter eines Landedelmannes, zu dessen Pfründen die arme Pfarrgemeinde seines Schwiegersohnes gehörte.
Hinton wußte sehr wohl, daß seine Stiefgeschwister ihm nicht wohlgesinnt waren – er war in der Tat sehr überrascht gewesen, als er von seinem Bruder das Empfeh-

lungsschreiben an die Brüder Bancroft erhalten hatte. Aber in seinen kühnsten Gedanken wäre er nicht so weit gegangen, zu glauben, die beiden könnten ihn so unverfroren bestehlen. Wäre nicht dieser Brief seiner entfernten Verwandten aus Glasgow gewesen, wäre er ihnen wohl auch nie dahinter gekommen.

Hinton zitterte vor Wut, als er diesen gemeinen Diebstahl herausfand. Doch sehr rasch wurde ihm klar, daß er überhaupt nichts tun konnte. Zuerst dachte er daran, gegen seine Stiefgeschwister Klage zu erheben. Damit hätte er die beiden ruinieren können, selbst wenn sie ohne Gefängnisstrafe davongekommen wären. Aber gleichzeitig hätte er auch sich selbst ruiniert – er kannte die Welt der Bankiers nun lange genug, um zu wissen, daß sie nichts so sehr verabscheuten wie Skandale und Unruhestifter. Wenn er Anklage erhob, würden die Brüder Bancroft trachten, ihn so rasch wie möglich loszuwerden; er würde danach auch bei keiner anderen Bank mehr unterkommen. Und sein Geld war auf jeden Fall verloren – sowohl sein Stiefbruder als auch seine Stiefschwester waren völlig verschuldet gewesen, sie hatten keinen einzigen Groschen besessen außer diesen tausendachthundert Pfund, die sie ihm gestohlen hatten.

Was hätte er wohl damals mit dem Geld angefangen, wenn er es bekommen hätte, – damals, als er noch in Göttingen war und hoffte, Mathematiker bleiben zu können? Sicher, hundert Pfund jährlich waren nicht gerade viel. Aber zusammen mit dem Gehalt, das ein Bibliothekar in Deutschland bekam, hätte es für ein bescheidenes Dasein gereicht; mehr bekamen die Professoren an den kleineren deutschen Universitäten in jenen genügsamen Zeiten auch nicht.

Auch für Oxford wären hundert Pfund nicht viel gewesen – eher sogar noch weniger als in Deutschland. Aber als Junior-Lehrer hätte er Wohnung und Essen frei gehabt, dazu noch ein paar Pfund als Hilfspfarrer – damit hätte er schon eine Zeitlang leben können, zumindest für die Dauer von drei Jahren, für die ein Junior-Lehrer gewöhnlich verpflichtet wurde; wer weiß, was danach geschehen wäre? Vielleicht hätte er eine Dozentenstelle in der Provinz bekommen, in Manchester, Leeds, Durham oder Birmingham; dort wurden zu jener Zeit gerade die Universitäten aufgebaut und möglicherweise wäre die eine oder andere Fakultät recht glücklich darüber gewesen, einen Oxford-Absolventen und ehemaligen Schüler des großen Riemann anzustellen, der für zweihundertfünfzig Pfund im Jahr den Studenten die Differentialrechnung beibrachte.

Zu der Zeit, als Hinton die Sache mit seiner unterschlagenen Erbschaft herausfand, war ihm schon lange klar, daß das Bankgeschäft für ihn viel aufregender, viel interessanter und befriedigender war als ein Leben als Professor an einer kleinen Universität. Es war ihm klar geworden, daß das Bankwesen genau das Gebiet war, wo er seine mathematische Begabung ausspielen konnte. Aber wäre ihm das auch dann klar geworden, wenn sein Stiefbruder sein Erbteil nicht unterschlagen hätte? Hätte er das Empfehlungsschreiben an die Brüder Bancroft in diesem Fall überhaupt verwendet? Aber er hätte es ja gar nicht bekommen – sein Stiefbruder hatte es nur geschrieben, weil er ein schlechtes Gewissen hatte. Welche Ironie des Schicksals – eigentlich waren diese eintausendachthundert Pfund ein geringer Preis für ein Empfehlungsschreiben und die damit verbundene Anstellung bei den Brüdern Bancroft.

Melissa

Fünfzehn oder sechzehn Jahre später stand er am nächsten Wendepunkt in seinem Leben, wieder im Zusammenhang mit einer Unterschlagung; eng damit verbunden waren auch Melissa, Armistead und Elaine sowie seine Rückkehr von Wien nach fünfjähriger Abwesenheit vom Hause Bancroft.
Hinton wußte nicht mehr, warum er damals an einem Frühlingsabend in Wien an diesem drittklassigen Cabaret in einem der Außenbezirke jenseits des Rings vorbeigekommen war; er erinnerte sich auch nicht mehr, warum er hineingegangen war – vielleicht war es der Name ›Melissa‹, der da in großen Lettern als die Attraktion des Abends angekündigt war und der in Hinton eine vage Erinnerung an Thymian und wilden Honig hervorrief. Er wußte auch nicht mehr, warum er seine Visitenkarte in die Künstlergarderobe bringen ließ; Melissa hatte routiniert, aber sichtlich gelangweilt einen recht matten Bauchtanz vorgeführt und die zweideutigen französischen Chansons, die sie mit müder Stimme sang, wurden fast völlig vom Lärm übertönt, den die biertrunkenen Gäste machten. Aber irgendwie hatten sie beide es für selbstverständlich gehalten, daß er sie nach Hause begleitete – Anna immer ein paar Schritte hinter ihnen –, daß sie ihn in ihr Zimmer und dort geradwegs in ihr Bett mitnahm.
Und dann geschah wieder das, was ihm jedesmal widerfuhr, wenn er mit einer Frau zusammen war. Knapp vor dem Höhepunkt überfiel ihn die Erinnerung – und mit ihr ein solches Übermaß an Abscheu, Scham und Ekel, daß er unfähig war, den Höhepunkt tatsächlich zu erreichen.

Er sah alles wieder vor sich: Er war gerade vierzehn Jahre alt und dank seiner mathematischen Begabung hatte er ein Stipendium an einer drittklassigen Privatschule erhalten. Dort hatte ihm der Mathematiklehrer angeboten, Privatstunden bei ihm zu nehmen. Nach der dritten oder vierten Stunde in den Privaträumen des Lehrers hatte der Mann sich ihm genähert. Er hatte den Arm um ihn gelegt, hatte ihn eng an sich gezogen, ihn entkleidet und schließlich vergewaltigt. Hinton war wie versteinert vor Ekel und Schmerz, vor allem aber vor Angst: irgendetwas am Verhalten des Lehrers machte ihm klar, daß dieser Mann nicht zögern würde, Gewalt anzuwenden, wenn er auf Widerstand stoßen sollte. Was aber das Schlimmste bei allem war, war die Erkenntnis, daß er selbst auch etwas wie Erregung dabei verspürte – und er wußte, daß der Lehrer es bemerkt hatte. Als der Mann ihn endlich gehen ließ, rannte Hinton davon so schnell er konnte; er mußte sich übergeben. Noch Wochen danach war er krank, konnte kaum etwas essen, und jedesmal, wenn er dem Lehrer begegnete, mußte er sich wieder übergeben. Aber er verlor kein Wort über das Geschehene; im folgenden Jahr war der Lehrer dann nicht mehr an der Schule.

Seit damals aber konnte Hinton mit keiner Frau zusammensein, ohne daß ihn die Erinnerung an diese entsetzliche Stunde überkam, all die Scham und der Ekel, der Schmerz und die heimliche, verderbte Erregung stiegen wieder auf in ihm und lähmten ihn. Er war sicher, daß die Frauen es jedesmal bemerkten; schließlich waren sie Professionelle und hatten ihre Erfahrungen. Aber da sie von ihm für ihre Dienste bezahlt wurden, machten sie keine Bemerkungen über sein Versagen.

Bei Melissa war das anders. Sie hielt sofort inne und fragte ihn: »Habe ich irgendetwas falsch gemacht? Habe ich dir weh getan? Habe ich dich aus der Stimmung gebracht?«

Und da war es aus ihm herausgebrochen, und er hatte dieser fremden Frau, die er vor kurzem noch gar nicht gekannt hatte, sein ganzes grenzenloses Entsetzen gebeichtet. Er wußte nicht genau, welche Reaktion er eigentlich von ihr erwartet hatte – Ekel, Mitleid oder auch Empörung. Jedenfalls war er nicht gefaßt auf das, was dann kam. »Ce pauvre homme!« sagte sie. »Nein, nein, ich meine nicht dich. Mit dir ist einfach das passiert, was mit uns allen, ob Mann oder Frau, in der Regel passiert: du bist zu früh und von der falschen Person in die Liebe eingeführt worden. Über so etwas kommt man wieder hinweg. Aber dieser arme Mann, dieser Lehrer, der gezwungen war, kleine Jungen zu vergewaltigen, die doch in keiner Weise seine Bedürfnisse befriedigen konnten! Was muß Euer England doch für ein barbarisches Land sein, wo einem solchen Mann nichts anderes übrigbleibt, als zu riskieren, mit Schimpf und Schande von seinem Posten davongejagt zu werden. In meiner Heimat – je suis Grècque, vous savez, mais j'étais née en Egypte – werden solche Probleme ganz anders gelöst, auf saubere und diskrete Weise. Aber jetzt vergiß diesen armen Mann«, sagte sie dann und schlang ihre Arme um ihn. »Komm wieder her zu mir und bring es richtig zu Ende!« Und das tat er dann auch.
Melissa hatte ihn von seinem Bann befreit. Er empfand zwar noch immer Abscheu, Scham und würgenden Ekel, wenn er an diesen weit zurückliegenden Abend dachte. Aber wenn er mit einer Frau zusammen war, konnte ihm die Erinnerung nichts mehr anhaben. Es war also eher Dankbarkeit als Zuneigung, die ihn dazu bewog, die Miete für die Wohnung von Melissa und Anna zu bezahlen; allmählich wurde er zu ihrem »Beschützer«.
Wie sich bald herausstellte, wurde er tatsächlich zu ihrem Retter. Ohne sein Einschreiten hätte es nur mehr wenige Wochen gedauert, bis die beiden Frauen in der Gosse ge-

landet wären. Hinton fand heraus, daß Melissa in ihrer Jugend attraktiv und erfolgreich gewesen war – so erfolgreich, wie das bei einer Dame aus der Halbwelt eben möglich war. Sie war als »exotische« Tänzerin und Chansonette in allen Kabaretts entlang dem Mittelmeer und in Mitteleuropa aufgetreten, in Genua, Barcelona, Budapest, Konstantinopel und Wien. Sie mußte ein ganz ansehnliches Vermögen verdient haben – aber von allem war ihr nicht ein Penny geblieben. Hinton nahm an, daß sie alles für diverse Männer ausgegeben hatte, er hielt sie für das geborene Opfer. Als er sie kennenlernte, war sie bereits in den mittleren Jahren, sie wurde allmählich faltig und fett und ihre ohnedies recht unansehnliche Stimme war vollends rostig und unbrauchbar geworden. Ihr Vertrag mit dem drittklassigen Lokal, in dem Hinton sie kennengelernt hatte, lief nur mehr wenige Wochen bis zur Sommerpause und er sollte auch im Herbst bei Wiedereröffnung nicht erneuert werden. Sie wäre dann also buchstäblich auf der Straße gestanden. Hinton dachte, daß sie wohl innerhalb eines Jahres an Syphilis, Alkohol, Opium oder dem Messerstich eines Zuhälters gestorben wäre.
Aber Melissas Geschichte war ganz alltäglich, das wußte Hinton. Anna hingegen – wer war Anna, was war Anna? Tag und Nacht gegenwärtig, grünäugig und unbeweglich hielt sie Wache vor Melissas Garderobe und Schlafzimmer; wann immer Melissa jemanden brauchte, der ihr das Taschentuch aufhob oder mit dem sie schwatzen konnte – Anna war da.
Aus den beiden Frauen konnte er nichts herausbringen. Anna selbst hätte nie darüber gesprochen und von dem, was Melissa erzählte, konnte man kein Wort glauben. Aber Hinton kannte einige Polizeibeamte in Wien; auf der ganzen Welt weiß man bei der Polizei Bescheid über Leute wie Melissa und Anna. So brachte also Hinton auf

diesem Weg heraus, daß die beiden Frauen Schwestern waren; sie hatten dieselbe Mutter, eine griechische Bauchtänzerin aus der Halbwelt, die Väter allerdings waren verschiedene. Anna war die Tochter eines irischen Schiffszubehörhändlers aus Alexandria, daher ihre grünen Augen und ihr milchweißer Teint. Melissas Vater war ein levantinischer Händler, dessen Mutter wiederum eine Nubierin aus dem Sudan war – von ihr hatte Melissa die negroiden Haare und Lippen.

Was aus der Mutter der beiden Frauen geworden war, wußte niemand. Vielleicht war sie mit einem neuen Liebhaber durchgebrannt, vielleicht war sie auch von dem ägyptischen Händler davongejagt oder umgebracht worden. Die beiden kleinen Mädchen jedenfalls waren im Haus des ägyptischen Händlers aufgewachsen (Anna war fünf oder sechs Jahre älter als Melissa). Niemand kümmerte sich wirklich um sie, sie wurden mißhandelt, möglicherweise auch sexuell mißbraucht, aber wenigstens gab man ihnen zu essen und erlaubte ihnen, sich irgendwo einen Schlafplatz zu suchen. Anna nahm sich ihrer kleineren Schwester an, sie bewachte und beschützte sie wie ein scharfer Hund, sie verteidigte sie und brachte ihr schließlich den Bauchtanz bei. Melissa war Annas Lebensaufgabe. Und so wären die beiden auch jetzt gemeinsam zugrunde gegangen, wäre nicht Hinton dazwischengekommen.

Hinton wurde Melissas bald überdrüssig. Im Stillen dachte er, daß sie selbst wohl nie besonders viel für ihn übrig gehabt hatte, so wie es überhaupt niemanden und nichts gab, wofür sie eine besondere Neigung aufgebracht hätte. Aber trotzdem zahlte er weiterhin die Miete für sie und besuchte sie von Zeit zu Zeit, wenn auch immer seltener. Schließlich faßte er den Entschluß, Melissa mit einer kleinen jährlichen Zuwendung abzufinden. Doch als er zu ihr kam, fand er sie in einem völlig hysterischen Zustand, sie lachte

und weinte gleichzeitig, schlang ihre Arme um ihn und brachte endlich unter Tränen heraus:
»Ich bin in der Hoffnung, ich bekomme ein Kind! Oh, bitte Mr. McGregor, bitte, sagen Sie, daß ich dieses Kind behalten darf!« (Sie nannte ihn immer Mr. McGregor, wahrscheinlich wußte sie gar nicht, daß er auch noch einen anderen Namen hatte). »Ich habe mir immer schon ein Baby gewünscht, ich habe immer schon davon geträumt, Mutter zu sein. Ich war früher schon ein paarmal in der Hoffnung, aber jedesmal haben mich die Männer gezwungen, das Kind wegmachen zu lassen. Oh, bitte, Mr. McGregor, lassen Sie mich diesmal mein Kind behalten! Ich verspreche Ihnen, ich werde weggehen und Sie werden nie wieder etwas von mir hören. Ich werde Ihnen sicher nicht zur Last fallen. Nur lassen Sie mich dieses Kind behalten, bitte, Mr. McGregor, bitte. Ich werde doch älter und bald wird es für mich zu spät sein, noch ein Kind zu bekommen. Oh, Mr. McGregor ...« – sie fiel auf die Knie und versuchte, ihm die Hand zu küssen.
Es brauchte einige Zeit, bis Hinton sie beruhigen konnte; schließlich gelang es ihm, sie davon zu überzeugen, daß sie das Kind behalten dürfe, daß er einen Arzt zu ihr schicken werde, daß er sich während der ganzen Zeit ihrer Schwangerschaft um sie kümmern und nachher für sie selbst und ihr Kind finanziell sorgen werde. Die arme Frau weinte vor Ergriffenheit so herzerweichend, daß Hinton selbst zu schluchzen begann. Das letzte Mal hatte er als kleiner Junge beim Tod seiner Mutter geweint, als er sich plötzlich verwaist und verloren einer feindlichen Welt gegenüber sah. Selbst die sonst so unerschütterliche Anna war gerührt; sie knickste, küßte seine Hand und sagte; »Gott segne Sie.«
Melissas Schwangerschaft verlief schwierig. Hinton hatte Dr. Augsburg beigezogen, dessen Tochter vor kurzem

Mosenthal geheiratet hatte und der als einer der besten Ärzte in Wien galt. Aber obwohl Melissa in dieser Zeit keineswegs bei guter Gesundheit war, so war sie doch sehr glücklich – sie wurde wieder zu einem jungen Mädchen, fröhlich und strahlend, und man konnte verstehen, daß sie vor fünfzehn oder zwanzig Jahren durch ihre Ausstrahlung zum Star aller Kabaretts geworden war.
Für Hinton setzte Melissas Schwangerschaft genau den Termin, den er für die Beendigung seines Aufenthaltes in Wien brauchte. Er war nun seit fünf Jahren hier; er hatte in dieser Zeit hart gearbeitet, jede Herausforderung angenommen und er hatte Erfolg gehabt – alles in allem, es war eine wunderbare Zeit gewesen. Aber jetzt wurde er von Mosenthal nicht mehr gebraucht, die Bank von London & Österreich war etabliert und machte Profit.
Natürlich hätte er hier bleiben können, hätte ein angenehmes Leben führen und reich werden können; mit der Zeit hätte er wahrscheinlich sogar den Titel eines Barons erhalten. Aber er war noch nicht einmal vierzig, er fühlte sich noch nicht bereit, sich zur Ruhe zu setzen, so bequem und gemütlich das auch sein mochte. Es war ihm klar geworden, daß er nur noch so lange in Wien bleiben würde, bis Melissa ihr Kind geboren hatte. Dann würde er abreisen. Er war sich noch nicht ganz darüber im klaren, was er weiter tun würde, oder vielmehr, welche der ihm gebotenen Möglichkeiten er ergreifen würde. Er wußte nur, daß er wegfahren würde.
Am liebsten wäre er Partner von Sir Solomon Maimon bei Maimon & Companie geworden. Er wußte, daß der alte Mann ihn gern als Partner gehabt hätte, und Hinton selbst war Sir Solomon in großem Respekt zugetan. In ganz London gab es kein Bankunternehmen, das besser oder älter gewesen wäre; Maimon & Companie war seinerzeit von den ersten Juden gegründet worden, die vor etwa zwei-

hundert Jahren von Cromwell die Erlaubnis erhalten hatten, nach England zurückzukehren. Aber Sir Solomon durfte wohl kaum in Betracht ziehen, jemanden als Partner oder gar als Nachfolger in die Firma aufzunehmen, der nicht von der Familie war – und auch die Möglichkeit, durch die Heirat mit einer der fünf temperamentvollen Töchter Sir Solomons in die Familie aufgenommen zu werden, schied für Hinton aus; nur ein Jude konnte als Schwiegersohn willkommen sein.

»Inzwischen haben sich die Zeiten ja geändert«, dachte Hinton. »Beide Töchter, die Becky Maimon von Ernest Marburg hat, sind mit Aristokraten verheiratet, eine davon sogar mit keinem geringeren als dem Enkel eines Herzogs aus dem Königshaus. Aber es sind ja auch fünfundzwanzig Jahre seither vergangen. Damals ist mir nichts anderes übriggeblieben, als Marburg bei Sir Solomon einzuführen. Mit großem Erfolg übrigens – immerhin ist Marburg ein Baronet und Bankier des Königs, außerdem ist er ein guter, verläßlicher Freund. Trotzdem, heute heißt die Firma Maimon & Marburg, und sie gehört ihm und nicht mir.«

Jedenfalls gab es keine ähnlichen Probleme bei einer Partnerschaft mit J.P. Morgan. Das einzige, was Hinton tun mußte, war, ein Telegramm mit folgendem Inhalt zu senden:

Ich bin bereit, Ihr Partner zu werden. Was sind Ihre Bedingungen?

Mr. Morgan war allgemein dafür bekannt, daß er niemandem eine Stellung, geschweige denn eine Partnerschaft anbot, der für eine Firma arbeitete, mit der er in Geschäftsverbindung stand – und über die Bank von London & Österreich wickelte Morgan mehr Geschäfte ab als seinerzeit mit dem Brüdern Bancroft, als Hinton dort noch arbeitete. Obwohl Morgan selbst Banken in London und Paris besaß, wickelte er seine wichtigsten und größten Geschäfte in Europa doch über Hinton in Wien ab. Wann immer er nach Europa kam, und das war mindestens einmal im Jahr, bat er Hinton zu sich, meist nach Paris, und dann führten sie tagelang intensive Gespräche und Diskussionen miteinander; zu guter Letzt schlug Morgan stets die Abwicklung eines größeren gemeinsamen Geschäftes vor.

Als Hinton bei seiner Rückkehr Melissa sterbend vorfand, war er gerade in New York gewesen. Bei dieser Reise hatte er die Bestätigung dafür erhalten, was er dreiundzwanzig Jahre zuvor vermutet hatte: Morgan hatte ihn als Partner haben wollen und er hatte nur darauf gewartet, daß Hinton den ersten Schritt machte.

Im vergangenen Februar waren er und Morgan zusammen in der wunderschönen Bibliothek gesessen, die Morgan gerade erst hatte einrichten lassen, um darin seine Kunstschätze unterzubringen; gemeinsam betrachteten sie eine jener Bilderhandschriften, die Morgan so sehr liebte und über die er so viel wußte. Plötzlich sagte Morgan: »Der einzige Fehler, Hinton, den Sie in Ihrer Karriere gemacht haben, war, daß Sie nicht sofort zu mir gekommen sind, als Sie bereit waren, Wien zu verlassen. Meine Zusage lag schon fertig in der Schublade – ich habe nur noch auf Ihr Telegramm gewartet. Ich glaube, ich wäre für Sie ein weitaus interessanterer Partner gewesen, als die Bancrofts.«

»Aber vielleicht ist es besser so«, fügte er mit einem Auflachen hinzu. »In den sechs Wochen, die Sie jedes Jahr in New York verbringen, sehen wir uns vermutlich öfter, als es der Fall gewesen wäre, wenn Sie als mein Partner zu mir nach New York gekommen wären und wir das Büro und die langen arbeitsreichen Tage miteinander geteilt hätten.« Denn Morgan hatte Hinton für jeden Abend, den er

in New York verbrachte, förmlich mit einem Monopol belegt; sie saßen zusammen im Metropolitan-Club oder, wenn es später wurde, in Morgans Bibliothek; dann führten sie endlose Gespräche über Kunst, Mathematik und die Welt. Nur selten sprachen sie über Bankgeschäfte.
»Es ist ja wirklich so«, dachte Hinton, »daß die sechs Wochen, die ich jedes Jahr mit J.P. in New York verbringe und die weiteren sechs Wochen, die ich mich in Wien aufhalte, neben den ›Monumenta Mathematica‹ mein eigentliches Leben ausmachen. In London gehe ich aus, um zu essen; in New York und Wien aber gehe ich aus, um zu leben – mit Morgan in Amerika, mit Gustav Mahler in der Oper in Wien oder bei den musikalischen Abenden der Baronin Wald-Reifnitz. Aber das alles konnte ich natürlich damals vor dreiundzwanzig Jahren nicht wissen, als ich schon bereit war, ein Telegramm an Morgan zu schikken. Dieses Telegramm lag schon fertig vorbereitet in meiner Schreibtischlade, genauso wie in Morgans Schreibtischlade die Antwort auf dieses Telegramm lag.«
Aber dann hatte sich Hinton eine andere Möglichkeit geboten, nämlich in London eine Internationale Industrie-Bank zu gründen und zu leiten. Das war eine schwierige Aufgabe und es bedeutete harte Arbeit, aber andererseits würde er selbständig sein und nicht nur der zweite Mann hinter Morgan.
So besprach er also diese Idee mit Siemens und Maimon. Beide waren sehr daran interessiert und bereit, sich mit jeweils dreißig Prozent zu beteiligen. Hinton war sicher, daß auch J.P. Morgan sich beteiligen würde. Hinton hätte die restlichen zehn Prozent für sich selbst behalten, er wäre dann Vorsitzender und leitender Direktor der ersten internationalen Bank der Welt gewesen; diese Bank hätte das Kapital und das unternehmerische Talent der weltweit besten Bankiers vereinen sollen.

»Es war eine hervorragende Idee«, hatte Hinton später oft zu Morgan gesagt; »Ich hätte sie auf jeden Fall verwirklichen sollen. Nun, ich habe es nicht getan; aber einige Baken haben etwa zehn Jahre später diesen Plan realisiert und sie haben gut daran getan. Am erfolgreichsten, glaube ich, war Siemens: er gründete überall dort Banken, wo eine baldige wirtschaftliche Erschließung zu erwarten war – zuerst in Nord-Italien, dann in Nord-Spanien und schließlich in Süd-Amerika. Maimon wiederum hat mit seiner Bank von London & Süd-Amerika in Argentinien großen Erfolg. Aber heute konkurrieren die großen Banken untereinander und auf diese Weise zersplittern sie ihre Kräfte und die Kosten wachsen ihnen fast über den Kopf. Ich hingegen hätte mich voll auf die wirklich wichtigen Aufgaben konzentrieren können.«
Ja, so war das damals in Wien: als Melissa schwanger wurde, stand er vor der Entscheidung, entweder Morgans Partner zu werden oder sich selbständig zu machen. Auf jeden Fall wollte er Wien verlassen, sowie Melissa ihr Kind zur Welt gebracht hatte. Mosenthal hatte er in einem vertraulichen Gespräch bereits davon in Kenntnis gesetzt, daß er mit Jahresende von Wien weggehen würde.

Einige Tage, bevor es bei Melissa soweit war, erhielt Hinton ein Telegramm von Dennis Bancroft, dem jetzigen Lord Bancroft und Vater von Freddie Bancroft:

> *Erwarten Sie umgehend in London. Strengste Diskretion erbeten.*

Hinton hatte mit dem Haus Bancroft eigentlich nichts mehr zu tun. Offiziell mußten sie ihm zwar jederzeit seinen Platz als Firmenpartner wieder einräumen, tatsächlich

aber war er ausbezahlt worden und nicht mehr Mitglied der Firma.
Der Hauptanteil des Firmenkapitals gehörte Lord Claymont und seinem Bruder Dennis. Aber keiner der beiden kümmerte sich aktiv um die Bank. Zu jener Zeit waren die Konservativen am Ruder und Lord Claymont stand als Finanzminister am Höhepunkt seiner politischen Laufbahn. Der jüngere Bruder war ebenfalls in die Politik gegangen, er saß als parlamentarischer Privatsekretär oder in einer ähnlichen Funktion im Unterhaus – wann immer dort getagt wurde, war er unabkömmlich.
Die ganze Verantwortung lag also auf Armistead. Armistead haßte Hinton jetzt, wo er in Wien war, noch genauso wie zu der Zeit, als sie als Firmenpartner in London im selben Zimmer saßen. Hinton wiederum mißbilligte aus ganzem Herzen die Art und Weise, wie Armistead die Firma führte. Nach dem Wenigen, was er davon hörte oder sah, schätzte er Armistead als sehr gerissen, sehr habgierig, zugleich aber auch als völlig unintelligent ein. Davon abgesehen hatte Armistead nie viel für die Bank von London & Österreich übrig gehabt. Er hatte sich der Gründung dieser Bank heftig widersetzt, später kritisierte er ständig, daß es zu niedrige Dividenden gebe (tatsächlich hatte die Bank von London & Österreich damals ihre ertragreichsten Jahre noch vor sich) – alles in allem wäre er nur zu froh gewesen, die Beteiligung an der Bank und damit zugleich auch Hinton selbst loswerden zu können. Hinton seinerseits wollte die Bancrofts ebenfalls loswerden. Wenn er als Partner zu Morgan ging, würde er die London & Österreich-Anteile der Bancrofts an Maimon weitergeben – sowohl Sir Solomon als auch Marburg waren sehr daran interessiert; sollte er aber selbständig die Internationale Industriebank gründen, wollte er die Anteile selbst übernehmen.

Trotzdem nahm er den ersten Zug von Wien nach England, als er das Telegramm erhalten hatte. Zu seiner Überaschung wurde er in Dover an der Fährstelle bereits von Dennis und dessen Frau Elaine erwartet. Sein Gepäck wurde mit einem Diener, der angewiesen war, sich auf seiner Fahrt als ›Mr. Hinton‹ auszugeben, nach London weitergeschickt. Dann brachten sie Hinton in ein kleines Hotel in einer der Nebenstraßen. Dort erwartete sie in einem der Zimmer Lord Claymont.
Die beiden Männer schienen völlig paralisiert zu sein, Elaine aber überfiel ihn mit der Neuigkeit: »Armistead ist tot. Offiziell wird es wie ein Unfall aussehen, in Wirklichkeit aber hat er sich erschossen; er hat die Bank völlig ausgeplündert. Sie müssen sofort nach London zurückkommen, Sie sind der einzige, der uns noch retten kann!«
Die Bank der Brüder Bancroft war also bankrott. Die Einlagen der Partner waren vollständig verbraucht, es war nicht einmal genug Geld vorhanden, um die laufenden Verbindlichkeiten zu bezahlen – die meisten davon waren schon längst überfällig. Aber es kam noch viel schlimmer: Armistead hatte sich sogar an den Trustfonds vergriffen – Fonds der Englischen Kirche, deren weltlicher Schatzmeister der Viscount war; weiters Fonds der Oxford-Collegien, von Londoner Spitälern und von Kolonial-Regierungen.
Das Schlimmste aber war, daß moralisch gesehen nicht einmal Armistead selbst der eigentlich Schuldige war, sonder vielmehr die Bancroft-Brüder. Nur sehr wenig von dem Geld, das er aus der Firma entnommen hatte, war in seine eigenen Taschen geflossen. Vielmehr hatte er damit die maßlosen Forderungen der Bancrofts erfüllt. Lord Claymont hatte sich immer für einen großen Staatsmann gehalten und entsprechend aufwendig war sein Lebensstil. In all den Jahren, in denen er Finanzminister war, sah er

sich selbst bereits als künftigen Premierminister und so gab er das Geld mit beiden Händen aus. Die eigentlichen Verschwender aber waren die beiden jüngeren Bancrofts, Dennis und Elaine. Plötzlich wurde Hinton klar, daß es gar nicht Armistead gewesen war, der seinerzeit sein Ausscheiden aus der Firma erzwungen hatte. In Wirklichkeit steckte wohl Elaine dahinter, denn er hatte sich damals dagegen verwahrt, ihren aufwendigen Lebensstil mit Firmengeldern zu finanzieren.

Elaine hatte Dennis dazu gedrängt, in die Politik zu gehen. Elaine war es gewesen, die das riesige Haus im Tudor-Stil in Beechhurst in Wiltshire gekauft hatte, fünfundzwanzig Meilen von Claymont, wo ihr Schwiegervater, der erste Viscount, dieses Ungetüm von viktorianischem Gebäude errichtet hatte. Dort hatte sie begonnen, ihre Rolle als Ehefrau eines Staatsmannes zu spielen. Unbeirrbar hatte sie ihren ehrgeizigen Plan verfolgt, aus ihrem schwachen und zurückgezogen lebenden Mann einen prominenten Politiker zu machen und es womöglich dahin zu bringen, daß er in den Adelsstand erhoben wurde.

»Und sie hat erreicht, was sie wollte«, dachte Hinton bitter. »Auch wenn es möglicherweise länger gedauert hat als geplant. Es ist gerade erst sechs Monate her, daß Dennis zum Baron Bancroft von Beechhurst ernannt worden ist. Damals wurden die Konservativen von den Liberalen bei den Winterwahlen geschlagen und damit war Dennis' politische Karriere ein für alle Mal beendet.«

Um Elaines ständig wachsenden Forderungen nachkommen zu können, hatte Armistead begonnen zu spekulieren: an der Börse, beim Warenkauf, beim Valutenkauf. Je mehr er verlor, desto tiefer stürzte er sich in Spekulationen: er verkaufte kurzfristig Pfeffer und Sizilianisches Quecksilber; er kaufte und verkaufte in Chicago Schweinebäuche. Dem Gesetz nach mochte es den Bancrofts

zwar gelingen, frei zu gehen, obwohl sie natürlich für das verschwundene Geld haftbar waren. Vom moralischen Standpunkt aus aber waren die Bancrofts schuldig – und jedermann würde das wissen.
Es gab nur einen einzigen Ausweg: die Liquidation. Das einzige, was Armistead weder verkauft noch verpfändet hatte, waren die Anteile an der Bank von London & Österreich – vielleicht aus Angst vor Hinton. Damit konnte man die Trust-Konten abdecken und dadurch einen Skandal, öffentliche Enthüllungen und gerichtliche Verfolgung vermeiden. Vielleicht konnte man die Gläubiger dazu bringen, ein Jahr lang stillzuhalten und dann würde genug da sein, um sie einigermaßen zufriedenzustellen. Die Bancrofts verfügten über genügend Einkünfte außerhalb der Firma, um damit ihren Lebensunterhalt sichern zu können – allerdings müßten Beechhurst und Claymont verkauft werden und an eine weitere politische Karriere war nicht mehr zu denken.
Die beiden Männer waren offensichtlich zu demselben Schluß gekommen und schienen bereit, aufzugeben. Nicht so Elaine. Sie wollte die Tatsachen nicht wahrhaben, sie weigerte sich einfach, sie als gegeben hinzunehmen. Sie argumentierte, daß die Firma Bancroft keineswegs liquidiert werden sollte, sondern vielmehr ihre Geschäfte wie gewohnt weiter abwickeln sollte. Sie war der Ansicht, daß die Firma mit ein bißchen Glück gerettet werden konnte. Hinton sah eine, wenn auch sehr geringe Möglichkeit, diesen Plan zu verwirklichen. Aber das Risiko, daß sie damit eingingen, war extrem groß. Die kleinste Panne, und sie alle landeten – zu Recht – wegen betrügerischem Bankrott im Gefängnis. Aber selbst wenn alles gut ging – für ihn würde das nichts anderes bedeuten, als daß er die nächsten fünf Jahre darauf verzichten mußte, sein eigenes Lebenswerk aufzubauen – er würde sich ganz darauf konzentrie-

ren müssen, die Bancrofts vor den Konsequenzen ihrer eigenen Verantwortungslosigkeit, ihrer Habgier und ihrer unsagbaren Fahrlässigkeit zu bewahren.
Da gab es nur eines – er würde ›nein‹ sagen zu diesem Vorschlag und er würde den Bancrofts erklären, daß er lediglich dazu bereit sei, die Anteile der Bank von London & Österreich zu verkaufen, damit genug Geld vorhanden war, um eine strafrechtliche Verfolgung abwenden zu können. Gerade wollte er seinen Entschluß laut verkünden, da wurde er gewahr, daß er sich mit der sehr bleich und verhärmt aussehenden Elaine allein im Zimmer befand.
»Ich fürchte, es ist aus und vorbei«, sagte er zu ihr. Sie aber beugte sich über den Tisch und umfaßte mit beiden Händen seine Hand. »McGregor, so etwas dürfen Sie nicht sagen. Lassen Sie mich und mein Kind nicht im Stich! Helfen Sie Frederick und mir!«
Noch nie zuvor hatte sie ihn bei seinem Vornamen genannt, nie zuvor hatte sie ihn berührt. Hinton war zutiefst gerührt und aus der Fassung gebracht. Unversehens hörte er sich selbst etwas murmeln, was so klang wie: »Sorgen Sie sich nicht, es wird schon alles in Ordnung kommen«. Am Ausdruck ihrer Augen erkannte er, daß sie sicher war, er hätte mit diesen Worten ein Versprechen gegeben.
Er selbst freilich war sich dessen gar nicht so sicher, und so verabschiedete er sich so rasch er konnte.

Als er in sein Zimmer in dem unauffälligen, kleinen Hotel zurückkam, fand er ein Telegramm aus Wien vor. Der Inhalt besagte in einem Geheimcode, den er mit Anna vereinbart hatte, daß Melissa ihr Kind zur Welt gebracht hatte, daß es ein Knabe war und daß Mutter und Sohn wohlauf waren. Dann aber folgte auf Deutsch der nicht verklausulierte Nachsatz: »Ihre Anwesenheit dringend vonnöten, umgehende Rückkehr erforderlich.« Das Telegramm war von Dr. Augsburg unterzeichnet worden, nicht von Anna.

Hinton nahm den Morgenzug. Zuvor telegrafierte er noch von Victoria Station an Lord Claymont, daß er innerhalb der nächsten achtundvierzig Stunden seine Entscheidung bekanntgeben werde. Vom Wiener Westbahnhof aus fuhr er direkt zu Melissas Wohnung.

Anna wollte ihn nicht hereinlassen, aber er schob sie beiseite und stürzte in Melissas Schlafzimmer. Melissa lag im Bett, ihr Gesicht war vom Weinen so stark verschwollen, daß er sie kaum erkannte. Neben ihrem Bett stand die Wiege, die sie mit so viel Liebe vorbereitet hatte. Und darin lag das Kind – ein Monster, ein Alptraum: der Kopf unförmig groß, die Augen von einem grauen Schleier überzogen, der Körper verunstaltet und zusammengekrümmt. Als Melissa Hinton sah, stieß sie einen lauten Schrei aus. Er wollte sich ihr nähern, doch sie wehrte ihn ab. Von diesem Tag an duldete sie nie wieder, daß er ihr nahe kam, geschweige denn sie berührte.

»Das ist nun die Strafe für mein verruchtes, sündiges Leben«, schluchzte sie. »Komm mir nicht in die Nähe, ich bin verflucht!«

»So etwas kommt eben leider manchmal vor, wenn eine Frau in so fortgeschrittenem Alter ihr erstes Kind bekommt«, sagte Dr. Augsburg in seiner freundlichen Art zu Hinton. »Gottlob leben solche Kinder nicht sehr lang.«

Doch hierin sollte Dr. Augsburg irren. Erst elf Jahre später starb der arme Junge, für den Dr. Augsburg in der Nähe von Wien bei einer Bauernfamilie einen Kostplatz gefunden hatte.

Hinton beschloß, Melissa zu heiraten und den Vorschlag der Bancrofts anzunehmen. Zwei Wochen später war er wieder in London. Es dauerte keine weiteren sechs Wo-

chen, bis er das Haus, in dem sie jetzt wohnten, gefunden und gemietet hatte. Dann ließ er Melissa und Anna nach London kommen. Beide Frauen schienen jeden Lebenswillen, jede Tatkraft verloren zu haben. Melissa sprach kaum mit ihm und kein einziges Mal fragte sie nach ihrem Kind. Als er ihr später mitteilte, daß der Knabe gestorben war, schien sie ihm gar nicht zuzuhören. Sie weigerte sich, die Räume im ersten Stock zu verlassen und kein einziges Mal ging sie aus dem Haus. Von Tag zu Tag wurde sie fetter, als wollte sie zum Schutz gegen die feindliche Welt einen Wall aus Fleisch um sich herum errichten. Später umgab sie sich mit einer wachsenden Zahl von Scharlatanen, griechischen Popen, indischen Swamis, Theosophistinnen aus Boston in langen wehenden Saris, Astrologen, Handlesern und spiritistischen Medien.
Hinton vergrub sich in seiner Arbeit. Fünf Jahre lang war die Lage kritisch und es kam selten vor, daß er vor zehn Uhr nachts sein Büro verlassen konnte. Wären nicht die Dividenden der Bank von London & Österreich gewesen, hätte er es wohl kaum geschafft. Zu dieser Zeit hatten sich die industriellen Unternehmen, die Mosenthal und er seinerzeit ins Leben gerufen hatten, so weit entwickelt, daß die Aktien zu ständig steigenden Preisen verkauft werden konnten: eine Holzfabrik im Böhmischen, die Sobieski und seinem Schwiegersohn Wottawa gehörte; zwei oder drei Papierfabriken, die den Holzabfall eben dieser böhmischen Wälder verwerteten; Woll- und Baumwollspinnereien, eine Schuhfabrik, ein rasch wachsender chemischer Betrieb, der die Textilfabriken mit Farbstoffen und Beizmitteln versorgte und die Papierfabriken mit Natron und Chlorkalk.
Drei Jahre nach der Krise zahlte die Bank von London und Österreich eine unglaublich hohe Dividende von 800 Prozent aus. Dadurch war es Hinton möglich, sämtliche Gläu-

biger der Bancrofts mit einem Schlag zu befriedigen. Auch von seinen Freunden wurde er unterstützt, von J.P. Morgan, Georg Siemens und Maimon & Marburg. Er war sich nicht sicher, ob sie durchschauten, was wirklich los war. Jedenfalls ließen sie ihm, wann immer sie konnten, ein Geschäft zukommen. Vor allem aber verhalfen sie der Firma Bancroft zu etwas, was noch viel wichtiger war als Geld und Profit: Prestige und Kreditwürdigkeit.

Innerhalb von fünf Jahren hatte er die Firma wieder saniert und allmählich war er der Haupteigner der Bank geworden. Als er zugesagt hatte, die Bank zu retten, verlangte er für sich ein Drittel als Anteil und außerdem die Zusicherung, daß die Bancrofts ihre Anteile nicht verkaufen durften, ohne zuvor ihm selbst den Kauf anzubieten. Ihm war längst klar geworden, daß er sich weder auf die Vertrauenswürdigkeit der Bancrofts noch auf ihren Geschäftssinn verlassen durfte.

Doch die Bancrofts waren noch viel verantwortungsloser, als er befürchtet hatte. Ein Jahr lang versuchten sie zwar, ihre Ausgaben einzuschränken. Doch dann nahmen sie ihren aufwendigen Lebensstil wieder auf, als hätte es nie eine Krise gegeben. Nun wurde auch Freddie zu einer ständigen finanziellen Belastung. Allein seine Spielschulden, die er durch gezinkte Karten auf sich geladen hatte, betrugen in einem einzigen Jahr beinahe fünfzehntausend Pfund. Und Elaine begann auf einmal wieder die politische Karriere ihres Mannes zu betreiben, sie spielte die großzügige Gastgeberin, und Beechhurst wurde zu einem wahren Paradies für eine Unzahl von politischen Mitläufern, Journalisten, jungen Parlamentariern und wer sonst noch in Elaines Augen dem vermeintlichen Aufstieg ihres Mannes nützlich sein konnte.

Die Bancrofts hatten nur eine einzige Möglichkeit, zu Bargeld zu kommen – sie mußten ihre Bankanteile verkaufen.

Auch wenn sie nicht durch einen Vertrag daran gebunden gewesen wären, hätten sie ihre Anteile niemand anderem außer Hinton verkaufen können. Jeder andere hätte Einsichtnahme in die Bücher verlangt, und das wäre dann auch schon das Ende des Verkaufsgespräches gewesen. Hinton sah sich also gezwungen, genügend Geld aufzutreiben, um die damals noch völlig wertlosen Bancroft-Anteile aufzukaufen. In jenen Jahren führte er ein fast ebenso bescheidenes und frugales Leben wie zwanzig Jahre zuvor, als er noch ein armer Student in Göttingen gewesen war. Aber gegen Ende der achtziger Jahre war die Bank wieder liquide und machte Profit, und die Einnahmen aus Hintons zweiter Unternehmermission, den Investitionen in Kupferminen, Düngenitrate aus Chile, Getreide-Terminals und Übersee-Schlachthöfe, begannen zu fließen. Hinton besaß nun mehr als zwei Drittel der Firma, der Anteil der Bancrofts betrug weniger als ein Viertel.

Von da an war Hinton *Gebrüder Bancroft*. Dennis, der jetzige Lord Bancroft, trat aus der Firma aus, um sich ganz der Politik zu widmen, blieb aber dem Titel nach Vorsitzender, bis er 1899 Kabinettsmitglied wurde. Lord Claymont hatte sich schon früher zurückgezogen.

Die beiden jüngeren Männer, Sheldon und Hinshaw, waren nur dem Titel nach Partner. Sheldon kam nur sehr selten ins Büro und wenn, dann nur, um lange geflüsterte Telefongespräche mit irgendwelchen Halbweltdamen zu führen, die er mit Diamanten zu beschenken pflegte; ansonsten widmete er sich ausschließlich seinen Rennställen und der Jagd – er war Führer der Hundemeute. Hinshaw hingegen kam fast jeden Tag ins Büro und harrte dort getreulich von zehn bis fünf Uhr aus. Nach Hintons Meinung hätte er einen hervorragenden Filialleiter in Bayswater oder Ealing abgegeben, der den lokalen Greiß-

lern Fünfzig-Pfund-Kredite gibt. So aber zerbrach er sich den Kopf über Trivialitäten, Überresten aus der Zeit des traditionellen Bankwesens wie zum Beispiel einigen Kreditbriefen, die das Bankhaus Bancroft nur weiterlaufen ließ, um Hinshaw zu beschäftigen, und die jedenfalls mehr Aufwand verursachten, als sie Gewinn brachten.
Vor kurzem hatte Hinton Wyndham zum Junior-Partner gemacht und begonnen, ihn in die Geheimnisse des Bankwesens einzuweihen. Dann war da noch Lovell, der eigentlich eher ein Oberbuchhalter war. Er wurde aber dem Titel nach als Teilhaber geführt und besaß auch eine geringfügige Kapitalbeteiligung, sodaß Hinton ihm die Unterschriftenvollmacht übertragen konnte, wenn er selbst auf einer seiner zahlreichen Reisen war.
»Warum eigentlich bin ich nicht dem Beispiel Marburgs gefolgt und habe den Firmentitel auf ›Bancroft & Hinton‹ abgeändert?« fragte er sich plötzlich; dieser Gedanke war ihm vorher nie gekommen. »Und weshalb habe ich eigentlich nie versucht, diese nutzlosen Bancrofts loszuwerden? Dann wäre diese ganze Affäre rund um Freddie jetzt kein Problem für mich – schließlich habe ich ja lange genug vorhergesehen, daß es eines Tages so weit kommen würde.«
Aber er wußte die Antwort fast noch ehe er die Frage zu Ende gedacht hatte. Und diese Antwort hieß – Elaine!

Elaine

»Ich liebe sie seit vierzig Jahren«, entfuhr es Hinton laut. »Ich liebe sie seit jenem Abend, als die Bancrofts mich zum Abendessen eingeladen hatten, knapp nachdem ich durch das erste Geschäft mit Morgan zum Junior-Partner ernannt worden war. Selbstverständlich hat sie es die ganze Zeit über gewußt. Und selbstverständlich haben es auch alle anderen gewußt – alle außer mir selbst.«

Kein Wunder, daß sie sich sicher war, er müßte sich ihr verpflichtet fühlen, als sie ihn damals anflehte, sie und Freddie nicht im Stich zu lassen – er war ihr ja schon vorher ausgeliefert gewesen. Kein Wunder, daß er so verwirrt und gerührt, ja geradezu überwältigt gewesen war, als sie ihre Hände auf seine Hand gelegt hatte. Damals hatte sie sich ihm eindeutig angeboten – und er hatte es nicht einmal gemerkt.

Plötzlich brach Hinton in unkontrolliertes Gelächter aus, er bog sich geradezu vor Lachen, bis er nur mehr nach Luft ringen konnte. Die ganze Zeit über war er also ein Ritter Toggenburg gewesen – welch wunderbare, überwältigende Ironie des Schicksals!

Als er noch ein kleiner Student in Göttingen war, erschien es ihm als das höchste Glück, das einem Menschen widerfahren konnte, einmal Professor an einer deutschen Universität zu sein. So hatte er alles daran gesetzt, ein vollendeter Deutscher, ein ›gebildeter Mensch‹ zu sein. Es gelang ihm, die deutsche Sprache in einem Maß zu beherrschen, daß man ihn in Wien für einen »Reichsdeutschen« hielt und kaum glauben wollte, daß er Engländer sei. Getreulich las er die deutschen Klassiker und im besonderen die deutsche Dichtung. Auf einen jungen Mann, der mit den Dichtern der Lakisten und den metaphysischen Poeten des siebzehnten Jahrhunderts aufgewachsen war, mußte die deutsche Lyrik wie schales Bier wirken: seicht, lehrhaft, sentimental und von mechanischen Reimen bestimmt, die für ihn wie das Tak-tak-tak eines Krückstockes klangen. Aber vielleicht fehlte ihm auch nur das richtige Gehör dafür – schließlich war Deutsch nicht seine Muttersprache.

Aber selbst wenn er Deutscher gewesen wäre – nichts hätte ihn dazu gebracht, Schillers Balladen zu lieben, die seine deutschen Freunde auswendig kannten und bei jeder Gelegenheit rezitierten. Wie leidenschaftlich und aufwühlend waren doch die schottischen Balladen, die seine verstorbene Mutter ihm vorgelesen hatte, als er noch klein war. Verglichen damit, wirkte Schiller platt, frömmlerisch und gekünstelt. Am schlimmsten fand Hinton die Ballade, die ›Der Ritter Toggenburg‹ hieß. Sie erzählte die Geschichte eines edlen Ritters, dessen Verehrung für seine unerreichbare Angebetete so weit ging, daß er vor ihrem Schloß eine Hütte erbaute und dort jahrzehntelang ausharrte, den Blick auf ihr Schlafzimmerfenster gerichtet, bis er schließlich starb.

Hinton hielt das alles für sentimentales Gewäsch, ein perfektes Beispiel für das, was die Deutschen Kitsch nennen, und außerdem erschien es ihm völlig unwahrscheinlich. Seiner Meinung nach wäre die Dame sehr rasch dieses unerschütterlichen Verehrers müde geworden, der da wie ein Holzklotz vor ihrem Schloß saß. Sie hätte sich wohl eines Tages durch die Hintertüre mit einem anderen Liebhaber davongemacht; Ritter Toggenburg wäre vor dem Schloß sitzengeblieben, viel zu berauscht, viel zu überwältigt von der Wichtigkeit seiner Leiden, um zu bemerken,

daß über dem Portal des Schlosses schon längst ein Schild ›Zu verkaufen‹ angebracht war.
Hintons deutsche Freunde waren entsetzt. Sich über Schiller lustig zu machen, kam einer Majestätsbeleidigung gleich. Wahrscheinlich ist das auch heute noch so, dachte Hinton. Jedenfalls waren sie damals zutiefst schockiert über seine Gefühllosigkeit und seinen Zynismus. Sogar seine besten Freunde waren der Ansicht, daß das ›typisch englisch‹ sei und wohl kaum anders zu erwarten von einem Volk von Krämern, dem jeder Sinn für Poesie fehle.
Heute war Hinton der Ansicht, daß er damals noch viel zu wenig zynisch gewesen war. Die Dame wartete also in ihrem Schlafzimmer auf den Ritter Toggenburg – vor dem Kaminfeuer waren seine Hausschuhe vorbereitet, die Bettpölster waren sorgsam aufgeschüttelt und der Champagner war im Eiskübel kaltgestellt. Er aber saß dort draußen, starrte das falsche Fenster an, vermutlich das des Lagerraumes, wo das Hauptbuch oder die überzähligen Hellebarden aufbewahrt wurden, und bemerkte nicht einmal, wie sie sich aus ihrem Schlafzimmerfenster beugte und ihm zuwinkte, er solle zu ihr kommen und sie nicht ewig warten lassen.
Elaine hatte ihn natürlich nie geliebt. Vermutlich hatte sie ihn nicht einmal sonderlich anziehend gefunden. Aber wenn es notwendig gewesen wäre, sich ihm hinzugeben, um seine Hilfe zu erkaufen, dann hätte sie es getan, ohne sich sonderlich viel Gedanken darüber zu machen. Sie war zu allem bereit gewesen – er aber hatte nur die Rolle des Ritter Toggenburg gespielt. Hinton fing wieder zu lachen an, bis ihm die Tränen kamen.
Sicher hatte Elaine in ihrem ganzen Leben niemanden geliebt außer Freddie. Zwar gab es da ein paar abenteuerliche Gerüchte darüber, daß sie vor ihrer Heirat (oder war es so-

gar während ihrer Ehe gewesen?) eine leidenschaftliche Liebesaffäre mit einem romantischen Liedrian, irgendeinem feurigen Offizier der Kavallerie gehabt habe, auch von einer Affäre mit einem samtäugigen, schnurrbärtigen italienischen Tenor war die Rede. Hinton hatte sogar andeutungsweise gehört, Freddie wäre gar nicht der Sohn von Dennis Bancroft, sondern die Frucht jenes geheimnisvollen italienischen Abenteuers.

In Wirklichkeit konnte es nicht den geringsten Zweifel daran geben, daß Freddie ein echter Bancroft war. Seine Ähnlichkeit mit dem ersten Viscount war so augenfällig, daß Hinton eines Tages das Porträt des Großvaters entfernen ließ, das in der Bank im Büro der Gesellschafter hing – Hinton hatte genug davon, jedesmal, wenn er von seinem Schreibtisch aufblickte, in Freddies Gesicht zu sehen. Auch vom Charakter und von der Persönlichkeit her war Freddie ganz der Großvater. Die Art und Weise, wie Freddie seinen Fälscher-Coup plante, erinnerte frappierend an die Art und Weise, wie sein Großvater aus ›Gebrüder Bancroft‹ eines der führenden Bankhäuser gemacht hatte: phantasievoll, bis ins kleinste Detail geplant und blitzschnell und kühn in der Durchführung.

Auch in seinen sonstigen Neigungen war Freddie dem alten Mann nachgeraten. »Warum kann Frederick sich nicht mit ehrbaren Ausschweifungen begnügen!« hatte der alte Eldrigde einmal geklagt. Was er damit sagen wollte, verstand man erst, wenn man die Höhe jener Summe kannte, die vierteljährlich unter dem Titel »Wohlfahrtsspenden des Ersten Viscount« an Mr. Eldrigdes Firma überwiesen wurde. Als Hinton nach Armisteads Selbstmord die Leitung von Gebrüder Bancroft übernommen hatte, hatte er den Sohn des ersten Viscount gefragt, was es mit diesen »Wohlfahrtsspenden« eigentlich auf sich habe. »Weiber«, hatte der Sohn lediglich trocken geantwortet

und hatte angeordnet, daß die Buchungen künftig über sein Privatkonto laufen sollten. Hinton wurde nicht darüber informiert, ob die Zahlungen weiterhin in gleicher Höhe weiterliefen oder ob sie eingestellt wurden; er fragte auch nicht danach.
Einen wesentlichen Unterschied allerdings gab es zwischen Großvater und Enkelsohn: die Zielrichtung ihrer Aktivitäten. Freddies Trachten war stets auf Zerstörung ausgerichtet. Sowohl Großvater als auch Enkelsohn waren starke Persönlichkeiten, Temperament, Charakter und Art der Aktivitäten waren ähnlich – doch was bei dem einen unter positivem Vorzeichen stand, stand bei dem anderen unter negativem Vorzeichen.
So wie die Geschichten um eine romantische Vaterschaft ein Phantasiegespinst Elaines waren, so war vermutlich auch jener mysteriöse Liebhaber eine reine Erfindung. Elaine Hinshaw war die einzige Tochter eines verwitweten Richters der Admiralität, der in späten Jahren den Baronet-Titel verliehen bekommen hatte. Von jeher hatte sie genau gewußt, was sie wollte. Sie wollte weder einen armen Liebhaber noch wollte sie romantische Gefühle; sie wollte Macht, Reichtum, eine gesellschaftliche Stellung, wenn möglich einen Titel – vor allem aber wollte sie ein Kind. In Elaines Leben gab es einen einzigen Mann – und das war Freddie.
Ihren anderen Kindern brachte sie bestenfalls ein Gefühl der Duldung entgegen. Ihre Tochter fand sie tödlich langweilig. Sie war seit mehr als zehn Jahren mit dem Earl von Cardiff verheiratet und in ihrer überaus wohlerzogenen Art wirkte sie wie eine verblichene Fotographie von Elaine, ohne jenes Feuer und jene animalische Vitalität, die Elaine immer sogleich zum Mittelpunkt jeder Gesellschaft werden ließen. Ihren stets unauffälligen, getreuen Sohn Hinshaw, der seine Mutter anbetete, behandelte sie genau-

so gönnerhaft wie ihren Ehemann, der ebenso unauffällig und unaufregend war und sie ebenfalls anbetete.
Freddie aber liebte sie leidenschaftlich und besitzergreifend. Hinton erinnerte sich an das erste Abendessen, zu dem er bei den Bancrofts eingeladen gewesen war. Freddie war damals ein kleiner Junge von etwa vier Jahren, der noch keine Hosen, sondern einen kleinen Kittel trug. Das Kindermädchen hatte ihn vor dem Zubettgehen heruntergebracht und Mutter und Sohn hatten einander lange Zeit hindurch fest umschlungen gehalten, als wären sie allein im Zimmer und hätten die anderen vergessen.
Vor ein oder zwei Jahren hatte Hinton in Wien einen Arzt kennengelernt – wie war doch sein Name gewesen? Ferenczi hatte er geheißen, Sandor Ferenczi, einer jener geistreichen, klugen Ungarn, die etwas Leben in die Wiener Gute Gesellschaft brachten, so wie die Iren der Londoner Gesellschaft eine gewisse Würze verliehen. Dr. Ferenczi hatte über eine neue psychologische Theorie gesprochen, er nannte es den »Ödipus-Komplex«, wonach kleine Jungen ihre Mutter sexuell begehrten und ihren Vater haßten. Der Arzt war völlig überrascht, als Hinton beiläufig bemerkte: »Diese Erfahrung habe ich selbst gemacht, als ich noch ein kleiner Junge war. Nächtelang bin ich wach gelegen, voller Haß gegen meinen Vater, besessen von dem Wunsch, ihn zu töten und dann in das Bett meiner Mutter zu schlüpfen.«
»Aber sagen Sie mir, Herr Doktor«, fuhr Hinton fort, »gibt es da nicht eine Ergänzung zum Ödipus-Komplex – etwas, das ich den Jokaste-Komplex nennen würde. Ich war immer der Ansicht, daß die Geschichte vom König Ödipus falsch überliefert worden ist. Ich habe nie recht daran geglaubt, daß der Knecht, der das Leben des Kindes verschonte und den Knaben seiner Frau brachte, damit sie ihn großziehe, das alles aus reinem Mitleid getan hat. Ich glau-

be vielmehr, er hat es getan, weil die Mutter des Kindes, Jokaste, ihn bestochen hat. Ich habe es nie für wahrscheinlich gehalten, daß eine Mutter nicht weiß, was aus ihrem Kind geworden ist, daß es noch lebt, daß sie nicht nach ihrem Kind suchen und dann heimlich zu ihm gehen würde. Ich glaube auch, daß Jokaste, als ihr Sohn erwachsen war, ihn dazu gebracht hat, den Vater zu töten. Denn sie wollte sich an Laertes dafür rächen, daß er ihr Kind fortgenommen hatte, und sie wollte Ödipus zum Mann. Ich konnte nie recht glauben, daß sie von Schuldgefühlen gequält wurde, als die Wahrheit herauskam, oder daß der Gedanke, Inzest begangen zu haben, sie sonderlich belastete.«

Ferenczi sah ihn mit einem eigenartigen Ausdruck an – so hatte ihn damals Cantor angesehen, als er ihm erklärte, das Bankwesen sei nichts anderes als angewandte Mathematik; und genauso sahen ihn auch die meisten Bankiers an, wenn er von der »unternehmerischen Mission« sprach. Dann war der Arzt rasch auf die andere Seite des Zimmers gegangen. Natürlich konnte Ferenczi nicht ahnen, daß Hinton in Wirklichkeit von Elaine und Freddie sprach. Aber, so dachte Hinton, Elaine ist sicher nicht die einzige Mutter dieser Art.

Da war zum Beispiel Melissa, die niemanden, nicht einmal Anna, geliebt hatte – außer diesem Kind, das schließlich ihr Leben zerstörte. Sie hatte nur einen einzigen Wunsch gehabt: ein Baby zu bekommen und Mutter zu sein.

Und war seine eigene Mutter nicht ganz genauso gewesen? Wie sonst ließ es sich erklären, daß sie diesen ältlichen Mann, Hintons Vater, geheiratet hatte, obwohl ihr kurz zuvor eine Erbschaft zugekommen war. Sie wäre finanziell unabhängig gewesen und hätte sehr gut irgendwo im Süden leben können – an der italienischen Riviera etwa oder in Madeira oder im südlichen Portugal in der Gegend um Lissabon, wo man damals mit hundert Pfund im Jahr sehr gut sein Auskommen finden konnte. Dort wäre es ihr möglich gewesen, ihre Gesundheit wiederzufinden und das Fieber zu bekämpfen, das ihre Lungen allmählich zerstörte. Sicher hatte sie den Mann, den sie heiratete, viel zu gut gekannt, um sich irgendwelchen Illusionen über ihn hinzugeben. Schließlich hatte sie lange genug als seine Haushälterin und Gesellschafterin seiner Tochter in seinem Haus gelebt. Schon als Hinton noch ein kleiner Junge war, hatte er begriffen, daß seine Mutter seinen Vater nicht liebte. Und ihr selbst mußte wiederum klar sein, daß die Umarmungen ihres Mannes nicht ihr selbst galten, sondern den Zinsen ihrer tausendachthundert Pfund. Was sonst also konnte sie zu dieser Heirat bewogen haben außer dem verzweifelten und übermächtigen Wunsch, ein Kind zu haben?

»Ich habe unsagbar gelitten, als meine Mutter starb. Ich war noch nicht einmal acht Jahre alt, als ich mich plötzlich einem Vater ausgeliefert sah, der alle Sachen meiner Mutter dem erstbesten Trödler verkaufte. Nicht ein einziges Mal umarmte oder küßte er mich. Er schickte mich sofort in ein Internat und die wenigen Briefe, die ich von ihm erhielt, dienten nur dazu, mich daran zu erinnern, daß ich ihn Geld kostete. Vielleicht habe ich damals schon geahnt, daß meine Mutter ihren Körper an ihn verkauft hatte, um mich zu empfangen. Vielleicht habe ich damals so etwas wie Furcht empfunden vor dieser leidenschaftlichen, besitzergreifenden Liebe, die sie mir entgegenbrachte – dieselbe Liebe, die auch Elaine erkennen ließ, als sie den vierjährigen Freddie wie einen Geliebten umarmte. Und vielleicht war es gar nicht die Angst vor einem neuerlichen schmerzlichen Verlust, sondern vielmehr diese frühe Erkenntnis gewesen, die meine spätere übermäßige Scheu vor Frauen bewirkt hatte.

»Elaine ist völlig amoralisch«, dachte Hinton. »Ebenso amoralisch wie Freddie. Wenn sie Freddie damit hätte helfen können, hätte sie sich mir ohne das geringste Zögern hingegeben. Sie hätte dabei genausowenig Gewissensbisse empfunden wie seinerzeit Jokaste, als sie mit Ödipus Inzest beging. Aber Elaine hatte es ja gar nicht nötig, so weit zu gehen – ich war ihr Ritter Toggenburg und ihr völlig ergeben. Das war ja auch der Grund, weshalb ich Melissa geheiratet habe.«
Mit einem Mal war es Hinton klar geworden, daß er Melissa nur geheiratet hatte, um sich selbst zu zwingen für ›Gebrüder Bancroft‹, für Elaine und Freddie zu arbeiten. Auf diese Weise machte er es sich selbst unmöglich, zu Morgan nach New York zu gehen – mit einer Farbigen als Ehefrau war das einfach undenkbar. Und wenn er in der Internationalen Industrie-Bank hätte arbeiten wollen, hätte er jedenfalls ein großes Haus führen müssen, er hätte eine Frau gebraucht, die seine Gäste empfing und repräsentieren konnte. Zwar hielt er seine Heirat mit Melissa geheim, aber er stellte dadurch vor sich selbst sicher, daß er nur für die Bancrofts arbeiten konnte: hier war es seine Aufgabe, alle gesellschaftlichen Pflichten der Familie Bancroft zu überlassen und sich selbst ganz und gar zum höheren Ruhm der Bancrofts den Bankgeschäften zu widmen.
Melissa selbst hatte ihn gar nicht heiraten wollen; im Gegenteil, sie hatte sich dagegen gesträubt. Am liebsten hätte sie ihn nie wieder gesehen, nie wieder etwas von ihm gehört. Sie wollte durch nichts und durch niemanden in ihrem Schmerz und ihren Selbstvorwürfen gestört werden. Hinton mußte sie förmlich zwingen, die nötigen Heiratszeremonien mitzumachen. Er aber hielt hartnäckig daran fest, Melissa zu seiner Frau zu machen; er wollte sich selbst jede Möglichkeit nehmen, sein einmal gegebenes

Versprechen gegenüber Elaine und der Firma Bancroft zu brechen.
Plötzlich wurde ihm klar, daß er in Wahrheit schon neun Monate vorher diese Verpflichtung eingegangen war. Wenn Armistead die Firma nicht in den Bankrott geführt und schließlich sich selbst umgebracht hätte, hätten die Bancrofts ihn, Hinton, niemals zurückgeholt. Er aber hatte beschlossen, auf die Geburt von Melissas Baby zu warten; auf diese Weise mußte er noch keine endgültige Entscheidung treffen und blieb verfügbar für den Fall, daß die Bancrofts doch noch nach ihm rufen würden. Vielleicht hatte er so etwas wie eine Vorahnung der drohenden Schwierigkeiten gehabt, die auf die Bancrofts zukamen; vielleicht hatte er sich auch einfach nur einem Wunschtraum hingegeben. Bevor Melissa in die Hoffnung gekommen war, war er absolut bereit gewesen, Wien zu verlassen – sowohl die Partnerschaft mit Morgan als auch die Internationale Industrie-Bank waren realistische Projekte, die völlig in seiner Reichweite lagen und es gab keinen vernünftigen Grund, noch zuzuwarten. Es war auch nicht Melissa gewesen, die ihn dazu gedrängt hätte, bei ihr zu bleiben. Sie wollte ihn nicht um sich haben; alles, wonach sie verlangte, war allein gelassen zu werden mit dem Kind, das in ihrem Leib heranwuchs. Ihre größte Sorge war vermutlich, er könnte sein Wort brechen und sie doch noch zwingen, das Kind abzutreiben, so wie es alle anderen Männer getan hatten, von denen sie schwanger geworden war.
Wäre Armistead nicht gewesen, er hätte Melissa sicher nicht geheiratet. Ohne Armistead wäre er nicht zu den Bancrofts zurückgekehrt – wenn auch nur aus dem Grund, daß sie ihn in diesem Fall nicht benötigt hätten. Ohne Zweifel hatte er sich selbst festgelegt, als er Melissas Schwangerschaft zum Vorwand nahm, um weitere neun

Monate lang seine Hoffnung zu nähren, die Bancrofts könnten ihn doch noch zurückrufen.

Heute begriff er, daß damals dieselben Kräfte in ihm gewirkt hatten wie schon einmal, als er das erste Mal in seinem Leben mit einer Unterschlagung konfrontiert worden war – mit der Unterschlagung am Erbteil seiner Mutter. Auch damals hatte er seine Entscheidung schon vorher getroffen; die Unterschlagung an sich war dann nur mehr der konkrete Anlaß gewesen, das auszuführen, was er Monate vorher beschlossen hatte. Seine Entscheidung war gefallen, als er den Entschluß faßte, seine Dissertation nicht über Hamiltons Quaternionen und die Mathematik an sich zu schreiben, sondern über die Geschichte der Mathematik.
Er war sich nicht eigentlich bewußt gewesen, daß diese Entscheidung zugleich die Absage an seine Laufbahn an der Universität bedeutete – obwohl der gütige alte Göttinger Professor ihn damals warnend darauf hingewiesen hatte. Aber sein Unterbewußtsein hatte es wohl begriffen und die Wahl für ihn getroffen. Die Entscheidung war gefallen. Die Unterschlagung lieferte ihm dann nur mehr den Vorwand, sich selbst glauben zu machen, er hätte bei seiner Entscheidung keine andere Wahl gehabt.
Und nun – war er nun wieder in dieselbe Falle getappt? Hatte er wieder einmal seine Entscheidung getroffen, lange bevor Freddie Bancroft in so schmachvoller Weise verhaftet wurde? Wurde er nun durch das Verbrechen, das Freddie begangen hatte, dazu gezwungen, etwas durchzuführen, wozu er sich innerlich unbewußt schon lange vorher entschlossen hatte?

Die Entscheidung

Ja, genauso war es. Vor drei Monaten, als er dem Arzt sagte: »Die Dame ist meine Frau«, war die Entscheidung gefallen. Genauso wie die Entscheidung gefallen war, als er seinerzeit das Thema seiner Dissertation wechselte und wiederum, als er seine Abreise aus Wien hinauszögerte, um Melissas Niederkunft abzuwarten.
Es wäre gar nicht notwendig gewesen, dem Arzt etwas zu sagen. Melissa war für alle »Mrs. Pappas«. Sie hatte darauf bestanden, daß sie in den Heiratspapieren als »Herr und Frau Pappas, griechische Staatsbürger« eingetragen wurden. Niemals hatte sie von ihm als von »meinem Mann« gesprochen; für sie war er stets »Mr. McGregor« geblieben.
Anna und der österreichische Arzt waren die einzigen, die von dem verstorbenen Kind und von der Eheschließung wußten. In seinem eigenen wie auch in Melissas Interesse war auch Hinton hierin völlig verschwiegen geblieben.
Warum also war er jetzt auf einmal damit herausgeplatzt – noch dazu ausgerechnet vor Montgomery Bramlett? In ganz London gab es keine größere Klatschtante als ihn. Sicher, er würde solange schweigen, bis seine Patientin gestorben war, ja vielleicht würde er die Geschichte sogar für sich behalten, bis seine Honorarnote bezahlt war. Dann aber würde in jedem Speisezimmer Londons, sobald die Damen sich zurückgezogen hatten, diese pikante Geschichte von der geheimen Ehe des berühmten Bankiers mit einer Mulattin genüßlich durchgehechelt werden – »Sie wissen doch, er steht in enger Verbindung mit einer

der bedeutendsten Familien des politischen Lebens, und es hieß doch immer, er sei ein eiserner Junggeselle!«
Hinton wußte aus Erfahrung nur zu gut, wie Bramlett solche Geschichten auszustreuen verstand. Genauso gut hätte er seine geheime Ehe mit einer Anzeige in der Times bekanntgeben können. Freilich, er war einer momentanen Eingebung gefolgt, er hatte nicht geplant, eine solche Enthüllung zu machen. Aber ohne Zweifel hatte er den Wunsch gehabt, es zu tun, und zwar möglichst so, daß die Eröffnung an eine breite Öffentlichkeit gelangte. Es gab keinen Zweifel: seine Entscheidung war in eben jenem Augenblick gefallen. So wie die Unterschlagung seines Stiefbruders und der Selbstmord Armisteads war auch das Verbrechen, das Freddie begangen hatte, nur mehr der letzte Anstoß.
Die Entscheidung, die gefallen war, konnte nur eines bedeuten: er hörte von heute an auf, sich wie Ritter Toggenburg zu benehmen, er verließ die Bancrofts, er zog sich aus dem Bankgeschäft zurück. Sowie dieser Gedanke Gestalt angenommen hatte, spürte er, wie ein Gefühl von Euphorie und wärmendem Wohlbehagen in ihm aufstieg; er war erfüllt von dem geradezu wollüstigen Bewußtsein, sich auf dem richtigen Weg zu befinden. Das war es also. Das erklärte auch, warum ihn einen Augenblick lang Panik überkommen hatte. Da hatte ihm wohl sein innerer Dämon zugeflüstert, daß er gerade sein ganzes Leben radikal verändert habe und wie ein Erdbeben hatte ihn diese Erkenntnis bis in sein tiefstes Wesens erschüttert.
Und dann bemächtigte sich seiner eine erregende Vision: Vor sich sah er zehn, vielleicht auch zwölf Bände der »Monumenta Mathematica«, hellblau gebunden, auf den Rükken prangten die Namen Bernoulli und Euler – beinahe hätte Hinton die Hand ausgestreckt, um die Bücher liebevoll zu berühren. Die Giganten im Reich der Mathematik

des siebzehnten Jahrhunderts, Descartes, Pascal, Leibnitz – alles war reif für den Druck. Sogar die jeweiligen Einleitungen, Hintons hauptsächlicher und schwierigster Anteil an dem Werk, lagen fertig vor.

Jetzt konnte er sich dem achtzehnten Jahrhundert und der ersten Generation der reinen Mathematiker zuwenden. Die großen Mathematiker des siebzehnten Jahrhunderts waren im eigentlichen doch noch Philosophen gewesen, die aus Worten Systeme konstruierten; die Mathematik war dabei nur ein Nebenprodukt. Aber mit den Schweizern des achtzehnten Jahrhunderts, den sieben oder acht Bernoullis (Vater, Onkeln, Söhnen und Neffen) und Leonhard Euler brach das Reich der reinen Mathematik an. Von nun an würde die Philosophie für die Mathematiker nur mehr Hindernis sein, das ihnen den Zugang zu ihrer Sicht von Form und Ratio, von Symbolik und Zahlen erschwerte.

Durch die Bernoullis war das Universum von Ursache und Wirkung fortgerückt worden hin zu Wahrscheinlichkeit, Struktur und mathematischen Statistiken. Sogar für Tyche, die Glücksgöttin, hatten sie Gesetze erhoben, sie machten sie vorhersagbar und rational. In ihren mathematischen Statistiken räumten sie dem individuellen Phänomen – sei es Mensch oder Molekül – einen gewissen Freiraum ein. Das Universum aber war strikten Gesetzen und Regeln unterworfen. Vor Euler existierten Formen und Gegenstände in einem Raum, der selbst keine Eigenschaften hatte. Die Topologie Eulers hingegen stellte den Raum als etwas dar, das Eigenschaften hat – Kurven und Ecken, Winkel und Dimensionen.

Hinton war als Student in Göttingen zum ersten Mal mit den Mathematikern des achtzehnten Jahrhunderts in Berührung gekommen; seit damals liebte er sie und war der Ansicht, daß man sie vernachlässigte und zu wenig schätzte. Jetzt konnte er endlich darangehen, in Basel und St. Petersburg, wo sie lange Zeit gelebt hatten, nach Unterlagen zu suchen, ja, in den Archiven ganz Europas ihren Spuren nachzugehen. Er würde ihre Gedanken und Visionen nachvollziehen können. Endlich würde er Gelegenheit haben, diese Männer der Menschheit als Mathematiker, als große Denker und auch als Menschen zugänglich zu machen.

Freilich, er war schon fast dreiundsechzig Jahre alt und vielleicht würde er nicht mehr lang genug leben, um seine Arbeit zu Ende zu bringen. Aber schließlich war sein eigener Vater nur ein oder zwei Jahre jünger gewesen, als er ihn gezeugt hatte, und danach hatte er noch fünfundzwanzig Jahre weitergelebt, ohne jemals ernsthaft krank zu sein, außer in den letzten Monaten vor seinem Tod. Seine Mutter war jung gestorben, aber in ihrem Fall war es die Schwindsucht gewesen. An sich kam auch sie aus einer gesunden, langlebigen Familie; jener Großonkel, der ihr die tausendachthundert Pfund hinterlassen hatte, war fast neunzig geworden. Jedenfalls würde er mit der Arbeit beginnen und in jedem Fall würde er genug Zeit haben, einen jungen Mann soweit einzuschulen, daß er sein Werk fortsetzen konnte, falls er selbst vor der Vollendung sterben sollte. Hinton hatte das Gefühl, vor Erregung und Vorfreude zu zittern wie ein Rennpferd am Start.

Nun gut, er wußte jetzt, daß er eine Entscheidung getroffen hatte. Aber über die mathematische Serie, die McGregor Hinton und sein Leben ausmachte, wußte er noch ebensowenig wie zuvor. Es hatte den Anschein, als ob jedesmal ein umwälzendes Ereignis nötig wäre, wie eine Unterschlagung oder ein Selbstmord, um seine eigenen völlig alltäglichen Entscheidungen in Gang zu setzen. Sein Vater, der Vikar, hätte vermutlich von der Macht der Vorsehung gesprochen. Hinton hatte die Erfahrung gemacht,

daß die Priester diese mysteriöse theologische Macht ebenso gerne zur Hilfe nehmen wie die Physiker die gleichfalls unsichtbare Macht der Schwerkraft; die Vorsehung insbesondere wird immer dann bemüht, wenn man sich irgendwelchen Katastrophen gegenübersah – verkrüppelten Babys oder sonstigen verheerenden Ereignissen, die in keinem Verhältnis zum Anlaß oder zum Ergebnis stehen. Wie dem auch sei, in der Statistik spricht man nicht über kausale Zusammenhänge; man spricht über statistische Bedeutung und Korrelation.
Doch niemand, auch nicht Hinton, konnte die Richtigkeit seiner Analyse unterschreiben. Niemand konnte einen Beweis dafür, niemand einen Beweis dagegen erbringen. Hinton wußte, daß sie richtig war. Aber konnte er sich auf sein Gefühl verlassen oder war es genauso trügerisch wie die Überzeugung, die er selbst unter Bankiers immer wieder antraf, daß achtzig Prozent von hundert mehr sein mußte als zwölf Prozent von tausend – denn schließlich sei achtzig mehr als zwölf? Man konnte nicht einmal sagen, daß Hintons Entscheidung richtig sei oder wenigstens aller Wahrscheinlichkeit nach richtig sein könnte. Alles, was man dazu sagen konnte, war, daß diese Entscheidung für ihn richtig zu sein schien.
Bei einem seiner seltenen ins Persönliche gehenden Gespräche mit Morgan hatte dieser davon gesprochen, weshalb er Göttingen und die Mathematik aufgegeben hatte. »Irgendwann schien mir die Mathematik völlig sinnentleert zu sein«, sagte er. »Das, was wirklich zählt, kann sie nicht erklären« – und er deutete auf die Renaissance-Meister an der Wand hinter ihm, die in ihren Goldrahmen sanft zu glühen schienen.
War das der Grund gewesen, weshalb Hinton seine Dissertation schließlich nicht über die Mathematik, sondern über ihre Geschichte geschrieben hatte? Dabei gibt es

eigentlich keine Geschichte der Mathematik – Mathematik hat es gegeben, noch ehe es die Geschichte gab, und sie wird fortdauern, wenn alle Geschichte längst zu Ende ist. Die Mathematiker freilich hatten eine Geschichte. Eigentlich sollten seine Bücher viel eher »Monumenta Mathematicorum« heißen, dachte Hinton. Auch er hatte also der Mathematik den Rücken gekehrt, weil sie nicht erklären konnte, was wirklich zählte: Männer und Frauen, ihr Leben, Leiden und Siegen, ihre Gedanken und ihre Gefühle. Aber, sagte er sich, das würde ja dann jeder Berechnung und jedem System Hohn sprechen. Der indische Mystiker und sein Mantra weisen das als Täuschung zurück und in Riemanns Mantra hat das alles keine Relevanz. Wenigstens wußte er jetzt, wie seine Entscheidung aussah, und er war bereit, zu handeln. Er nahm ein Notizbuch und eine Feder und begann in großen Buchstaben zu schreiben: AKTIONSPLAN

Als erstes würde er morgen früh – genauer gesagt, heute früh – um halb acht Marburg anrufen; er wußte, daß er um diese Zeit schon in seinem Arbeitszimmer war und den kommenden Tag plante.

»Sie haben gerade achtzehneinhalb Prozent der im Besitz der Brüder Bancroft befindlichen Anteile an der Bank von London & Österreich zum gestrigen Schlußangebot an der Wiener Börse gekauft«, würde er zu ihm sagen. »Sie erhalten die Aktien noch heute vor zwölf Uhr mittag. Sie werden noch heute vor Geschäftsschluß in bar zahlen. Den Kauf geben Sie noch heute bekannt – aber nicht vor vier Uhr, damit es nicht schon in den Abendzeitungen steht. Außerdem erklären Sie, daß John McGregor Hinton mit dreiundsechzig Jahren als Vorsitzender des Verwaltungsrates zurückgetreten ist und daß der Ausschuß Sie zum neuen Vorsitzenden der Bank von London & Österreich gewählt hat.«

Und Marburg würde antworten: »Jawohl, Mr. Hinton«, so wie er selbst ungezählte Male gesagt hatte: »Jawohl, Mr. Morgan«, ohne es ein einziges Mal zu bereuen.
Pünktlich um neun würde er bei Gebrüder Bancroft die Anteile aus dem Tresor holen und sie zu Maimon & Marburg bringen. Er würde genügend Zeit haben, um für zehn Uhr zurück in West End zu sein und die Bancrofts zu treffen. Er würde warten, bis alle beisammen waren – sogar Sheldon würde diesmal pünktlich erscheinen –, und dann schließlich wollte er das Wort ergreifen.
»Als Vorsitzender der Firma Bancroft«, würde er beginnen, »ist es meine Pflicht, alte Freunde vor dem Unheil zu bewahren, das über das Haus Bancroft gekommen ist. Ich habe daher die bisher im Besitz von Gebrüder Bancroft befindlichen Anteile an der Bank von London & Österreich verkauft und dem Käufer bereits übereignet. Bis heute abend werde ich auch mein Amt als Vorsitzender dieser Bank zurückgelegt haben.
Aber ich kann auch nicht weiter in der Firma verbleiben. Ich schlage deshalb eine außerordentliche Sitzung aller Gesellschafter der Gebrüder Bancroft am kommenden Montag um neun Uhr in den Büros der Firma in Leadenhall Street vor. Erster Punkt der Tagesordnung wird sein, meinen Rücktritt als Vorsitzender dieser Firma zu akzeptieren.
Wäre ich zwanzig Jahre jünger, würde ich vielleicht die Agenden der Bank unter meinem eigenen Namen weiterführen. Aber ich bin jetzt dreiundsechzig Jahre alt und habe anderes vor. Ich habe vor, die Liquidation vorzunehmen; deshalb biete ich den Mitgliedern der Familie Bancroft eine Summe an, die vierundzwanzigeinhalb Prozent der Aktiva der Bank entspricht, so wie sie vorgestern, vor Lord Fredericks Verhaftung, bewertet wurden.« An dieser Stelle würde Hinton dann die genaue Summe nennen – er

war stets bis zum letzten Penny über den Vermögensstand der Firma unterrichtet.

»Diese Summe entspricht den vierundzwanzigeinhalb Prozent, die den Anteil der Familie an der Firma ausmachen. Sollten Sie dieses Angebot annehmen, so wird Ihnen die zugesagte Summe bar innerhalb einer Woche ausgezahlt, also bis nächsten Freitag, eventuell auch schon früher. Dasselbe Angebot gilt auch für die anderen Gesellschafter: siebeneinhalb Prozent für Mr. Wyndham und ein halbes Prozent für Mr. Lovell. Ich schlage vor, daß die Familie Mr. Lovell als ihren Vermögensverwalter behält – er ist gewissenhaft und mit den Umständen vertraut.

Was nun die anderen Angestellten betrifft, die ja alle schon in fortgeschrittenem Alter sind, so schlage ich vor, daß Mr. Eldridge sie pensioniert. Ich denke, er hat unser volles Vertrauen, daß er hierbei korrekt vorgehen wird. Das Bankgebäude selbst steht mit einem Pfund in der Bilanz und wird leicht verkäuflich sein. Der Reinertrag sollte ausreichen, um damit die jährlichen Renten abzudecken.

Sollte die Familie sich aber dazu entschließen, die Geschäfte weiterzuführen, so müßten die siebenundsechzigeinhalb Prozent, die mir gehören, sofort zu den eben genannten Bedingungen bar ausbezahlt werden; dasselbe würde vermutlich auch für die siebeneinhalb Prozent von Mr. Wyndham gelten.

Ich erwarte, daß Sie mir Ihre Entscheidung bei der Gesellschaftersitzung nächsten Montag, neun Uhr, mitteilen. Ich nehme an, daß Mr. Eldridge Sie vertreten wird, denn Sie werden wohl kaum in London bleiben und sich der Meute der Zeitungsleute aussetzen wollen. Sollte aber Montag nicht bis spätestens neun Uhr fünfzehn Ihre Entscheidung vorliegen, entweder mein Angebot zu akzeptieren oder mich auszuzahlen, dann werde ich unverzüglich

die Liquidation der Firma vornehmen. Sie wissen, daß ich die dafür erforderliche Mehrheit habe.
Der Rest der Tagesordnung beschränkt sich auf interne Familienangelegenheiten«, würde er fortfahren. »In der Vergangenheit haben Sie mir des öfteren die Ehre erwiesen, mich bei Ihren Familienberatungen beizuziehen. Ich glaube aber kaum, daß es ratsam für mich ist, auch an der heutigen teilzunehmen. Es gibt nichts, was ich für Lord Frederick tun könnte; und selbst wenn es etwas gäbe, so wäre ich nicht bereit, es zu tun. Denn wann immer wir in der Vergangenheit versucht haben, Lord Frederick vor den Folgen seiner Handlungen zu bewahren, haben wir sowohl ihm selbst als auch uns einen schlechten Dienst erwiesen.
Ich glaube nicht«, würde er abschließend sagen, »daß wir uns noch einmal sehen werden. Doch lassen Sie mich der Hoffnung Ausdruck geben, daß die Zeit kommen wird, wo wir an glücklichere Augenblicke zurückdenken können, als an den jetzigen – und solche hat es im Laufe unserer langjährigen Verbindung gegeben.«
Und dann würde er gehen. Und nicht einmal Elaine würde ihn zurückhalten können, selbst wenn sie wieder versuchen sollte, seine Hand in die ihre zu nehmen. Aber er war sich ziemlich sicher, daß sie nichts dergleichen versuchen würde. Sie würde wohl nie wieder ein Wort mit ihm reden, sie würde ihn von diesem Tag an ganz einfach nicht mehr kennen.
Nun, er würde geradewegs nach Hause zu seiner sterbenden Frau gehen. Heute war Freitag, da mußte er zum Prinzen Sobieski zum Abendessen gehen – zum Glück würde auch Mosenthal dort sein, der eben in London angekommen war. Er konnte also beiden ganz formell seinen Rücktritt als Vorsitzender der Bank von London & Österreich mitteilen – Sobieski war Ehrenvorsitzender der Bank und

Mosenthal Generaldirektor. Montag morgen mußte er noch einmal zu seinem letzten Treffen bei Gebrüder Bancroft. Ansonsten aber würde er zu Haus bleiben, bis für Melissa alles vorüber war.
Er stand auf, ging die Stiegen hinauf. Noch hatte er zwei Stunden Zeit, ehe er Marburg anrufen konnte. Durch die Oberlichter der Eingangstüre strömte bereits das helle Licht der Junisonne herein.

In Melissas Zimmer waren die Vorhänge fest zugezogen. Es war so dunkel, daß er kaum die Krankenschwester sehen konnte, die in der Ecke in einem Sessel vor sich hindöste. Aus dem Bett stieg ein stetig an- und abschwellender Klagelaut empor. Als Hinton sich zu der Sterbenden setzte, sah er Anna. Über das Bett hinweg sah sie ihn an aus ihren glitzernden grünen Katzenaugen, starr, unermüdlich und unbeweglich, so wie sie ihn vor langer, langer Zeit angesehen hatte, an jenem ersten Abend in dem kleinen schäbigen Wiener Cabaret.

3. Mosenthal

Der Bankier
Sheila
Susi
Die Heimkehr

Der Bankier

Der Bankier Julius Mosenthal und seine Gäste saßen bei einem frühen Abendessen: Mosenthals Bruder Richard, Professor der Anatomie; Richards Frau Mariandl; weiters der Baron Paul Wald-Reifnitz, ehemaliger Eisenbahnminister und anerkannte Autorität im Telegraphen- und Telefon-Bereich. Der Schnellzug Wien–Paris–Calais–London, an den der Salonwagen des Bankiers angeschlossen war, hatte Wien ein paar Minuten vor zwölf Uhr verlassen. Die Sonne stand noch immer hoch an einem tiefblauen Juni-Himmel, als der Steward das Abendessen servierte. Der Zug verlangsamte seine Fahrt, München näherte sich.
Sie blieben nicht lange bei Tisch sitzen, obwohl das Essen ganz ausgezeichnet war: frischer Salm vom Bodensee mit Spargelspitzen, die ersten Erdbeeren der Saison mit Schlagobers.
Als erste brachen Richard und Mariandl auf, während der Zug im Münchner Hauptbahnhof hielt. »Wir haben die englische Übersetzung von dem Vortrag, den Richard nächste Woche beim Kongreß halten wird, erst gestern bekommen«, erklärte Mariandl. »Natürlich wird er den Vortrag auf Deutsch halten, aber es ist trotzdem besser, wenn wir die Übersetzung noch einmal durchsehen, bevor die Unterlagen verteilt werden. Und ich muß auch noch einmal meine Dias überprüfen. Ich bin ziemlich nervös – schließlich habe ich noch nie vor so großem Publikum, noch dazu im Ausland, meinen Projektor gehandhabt.«

Auch Wald-Reifnitz ging, sobald er die Zigarre fertig geraucht hatte, die er sich nach dem Aufbruch Mariandls angezündet hatte. Auch er erklärte, er müsse noch an der Englisch-Übersetzung seines Vortrages »Radiotelegraphie über Marconi hinaus« arbeiten. »Im Gegensatz zu meinem Freund Richard habe ich unvorsichtigerweise versprochen, den Vortrag auf Englisch zu halten – also ist es wohl besser, daß ich mich noch gründlich damit befasse.«

Auch der Bankier hatte noch dringende Arbeiten zu erledigen. Nachdem Wald-Reifnitz gegangen war, wartete er noch ein paar Minuten, um nicht den Eindruck zu erwecken, er habe mit Ungeduld den Aufbruch seiner Gäste herbeigesehnt. Dann ging er in das angrenzende kleine Büro, das er sich in einem der Schlafabteile eingerichtet hatte. Sorgfältig schloß er die Türe hinter sich ab.

Dieses Abendessen war in der Tat sehr zeitig und sehr kurz ausgefallen, dachte Julius Mosenthal. Nicht ganz so, wie man sich ein Diner bei einem großen Bankier vorstellte. Es hatte viel eher an einen jener »high teas« erinnert, den er mit Sheila vor dreißig Jahren in den kleinen Landstädtchen von New Forest, Sussex oder Hayward's Heath eingenommen hatte. Trotzdem war es ein festliches, ja sogar triumphales Essen gewesen. Denn seine Gäste reisten mit ihm nach London, um dort hohe Auszeichnungen entgegenzunehmen: Wald-Reifnitz sollte die Faraday'sche Medaille der Königlichen Wissenschaftsgesellschaft verliehen bekommen, Richard die ebenso begehrte Sydenham-Medaille des königlich-medizinischen Kollegiums – beide waren die ersten österreichischen Wissenschaftler, die solche Auszeichnungen erhielten. Am erstaunlichsten aber war die Auszeichnung, die auf Mariandl wartete. Als erste Frau in der Geschichte der Wissenschaft Englands sollte sie eine spezielle Auszeichnung dafür erhalten, daß

»ihre Photographien und Zeichnungen des menschlichen Gehirns und des Nervensystems in hervorragender Weise die bahnbrechenden Forschungen ihres Gatten bereichern und den pädagogischen Wert seiner Bücher erhöhen«.

Und so hatte Julius einen Toast auf seine Gäste ausgebracht, zuerst auf Mariandl, dann auf Wald-Reifnitz und zuletzt auf Richard. Kaum hatten sich alle wieder niedergesetzt, stand Wald-Reifnitz in seinem eleganten grauen Rohseide-Anzug noch einmal auf, klopfte an sein Glas und sagte: »Und nun trinken wir auf das spezielle Wohl unseres Gastgebers. Er wird uns zwar kaum verraten, woran er gerade arbeitet – das tut er ja nie. Aber ich möchte wetten, daß die Arbeit, die unser lieber Julius sich nach dem Essen so ganz im Stillen vornehmen wird, genauso wichtig ist wie alles, wofür wir drei in wenigen Tagen ausgezeichnet werden sollen. Wir erforschen die Natur. Du aber, mein lieber Julius, bringst die Früchte der Natur und die Ergebnisse menschlicher Arbeit in Einklang zu unser aller Wohl und zum Wohl unserer Kinder und Enkelkinder und auf daß unser Vaterland zunehme an Reichtum und Macht. Ich möchte einen Toast ausbringen auf Julius von Mosenthal, der mehr als jeder andere unserer Generation dazu beigetragen hat, Österreichs Industrie, Handel und Landwirtschaft zu fördern!«

Alle applaudierten. Und Mariandl, die so scheu und zurückhaltend war, daß es ihr schon schwerfiel, jemandem die Hand zu geben, hatte ihre Arme um ihn geschlungen und ihn stürmisch auf den Mund geküßt. Dann hatten sie in einträchtigem Schweigen das Essen zu sich genommen.

»Wald-Reifnitz übertreibt natürlich wir immer«, dachte Mosenthal, als er in seinem Büro die Aktentasche öffnete und seine Unterlagen herausnahm. »Aber woher weiß er, was ich vorhabe? Ich habe nie mit jemandem darüber ge-

sprochen außer mit Hinton, und das liegt jetzt auch schon viele Jahre zurück. Klauber könnte davon wissen, aber mit ihm habe ich mehr als zwanzig Jahre lang zusammengearbeitet. Dieser fabelhafte Bursche Bienstock hat gleich durchschaut, um was es geht – aber der hatte ja auch guten Grund, sich genauestens mit meinem Bericht bei der Bank zu befassen. Aber Wald-Reifnitz ... er kümmert sich doch um nichts und niemanden außer um seine geliebte Elektrizität. Wie hat er es nur erraten können?
Alles in allem hat er vielleicht gar nicht so unrecht mit dem, was er heute abend über meine Arbeit gesagt hat. Wenn mir gelingt, was ich vorhabe, kann ich das vollenden, was ich vor mehr als dreißig Jahren bei meiner ersten Reise nach London als Traumbild vor mir gesehen habe. Damals reiste ich in einem überfüllten Dritte-Klasse-Abteil. Ich konnte nicht schlafen und begann über meine Zukunft nachzudenken. Damals war es natürlich nur ein Traum. Ich war gerade fünfundzwanzig, kaum mehr als ein kleiner Buchhalter, der in London die unbedeutende Wiener Privatbank Moritz Herzfeld & Company vertreten sollte. Aber dieser Traum hat mich seither nicht mehr losgelassen. Er war schuld daran, daß ich Hinton begegnet bin und fünf Jahre später mit ihm gemeinsam die Bank von London & Österreich gegründet habe.
Wenn mir dieses Vorhaben gelingt und wenn Gott mich gesund und am Leben bleiben läßt, dann werde ich in den nächsten fünfzehn Jahren aus Österreich-Ungarn eine Wirtschaftsmacht gemacht haben, die weit vor Frankreich und nur knapp hinter Deutschland rangiert. Bis dahin werden die einzelnen Reichsteile wirtschaftlich so stark miteinander verflochten sein, daß es keine Bedeutung mehr haben wird, ob jemand Tschechisch, Deutsch, Ungarisch oder Kroatisch spricht. Dann werden die wirtschaftlichen Interessen stärker sein als alles Trennende, das

in den verschiedenen Nationalitäten und den ›Klassenunterschieden‹ begründet liegt, von denen die Sozialisten dauernd reden. Es ist möglich, diesen Traum zu verwirklichen, und ich weiß auch schon wie.
Diese Reise nach London soll mir dazu verhelfen, die wichtigsten Voraussetzungen dafür zu schaffen: Ich muß die richtigen Leute für die Führung der Bank finden«, fuhr Mosenthal in seinem Selbstgespräch fort. »Wenn das geschehen ist, werde ich endlich Zeit haben, mich den wirklich wesentlichen Aufgaben zuzuwenden.«
Mosenthal hatte eine sehr genaue Vorstellung davon, wie diese Aufgaben aussahen: die wirtschaftlich schwachen Bergregionen Österreichs mußten industriell erschlossen werden, indem man den Ausbau der billigen Wasserkraft vorantrieb; in Nordwest-Böhmen mußte die chemische Industrie ausgebaut werden, um sie gegenüber Deutschland konkurrenzfähig zu machen; die Ölvorkommen im österreichischen Polen mußten stärker genutzt werden. Große Möglichkeiten lagen in der Erschließung des Tourismus; es gab keinen Grund, warum die Kärntner Seen, die Tiroler Berge und der Adria-Strand nicht ebenso viele Touristen anlocken sollten wie die Schweiz oder die Riviera. Der Wein- und Obstanbau in Südungarn und an der adriatischen Küste warteten geradezu darauf, stärker kultiviert zu werden. Die dortigen Weine waren mindestens so gut, wie die aus Südfrankreich und noch dazu wesentlich billiger.
»Man sagt, um einen Krieg zu gewinnen, braucht man drei Dinge – Geld, Geld und nochmals Geld«, dachte Mosenthal. »Was man aber braucht, um in Friedenszeiten seine Aufgaben erfüllen zu können, ist Zeit, Zeit und nochmals Zeit. Und genau das ist es, woran es mir immer noch mangelt. Seitdem Klauber in Wien ist, habe ich schon einen großen Schritt vorwärts gemacht. Zumindest brauche ich

mich jetzt nicht mehr täglich um die Bank zu kümmern. Aber ich werde solange nicht genügend Zeit haben, solange Bienstock nicht hier ist. Er wird die Planung übernehmen und die ganzen zeitraubenden Besprechungen mit den verschiedenen Ministerien, den anderen Banken und jenen Unternehmen, die zu unseren Kunden zählen. Mit Bienstocks Hilfe werde ich endlich so viel Zeit haben, wie ich benötige.«
Sobald Mosenthals Traum sich realisiert hatte, indem die Bank von London & Österreich entstanden war, mit Hinton als Vorsitzendem und ihm selbst als Generaldirektor, hatte er damit begonnen sein Team aufzubauen. Als ersten Kandidaten hatte er Jakob Klauber ins Auge gefaßt. Obwohl er erst Mitte zwanzig war, war er damals bereits erster Buchhalter bei Moritz Herzfeld (so wie Mosenthal selbst, bevor er nach London geschickt worden war). Mosenthal warb Klauber ab und ließ ihn in der Folge sämtliche Arbeitsbereiche in der rasch größer werdenden Bank durchlaufen. Vor fünf Jahren hatte Mosenthal ihn als ersten Österreicher zum Leiter des Londoner Büros ernannt. Er leistete dort hervorragende Arbeit. Vor fünf Monaten, am Neujahrstag des Jahres 1906, war Klauber aus London zurückgekehrt, um in der Bank seinen Posten als Stellvertreter und zweiter Mann hinter Mosenthal einzunehmen. Fünfundzwanzig Jahre lang hatte Mosenthal an Klaubers Ausbildung gearbeitet – aber die Mühe hatte sich gelohnt.
Mosenthal war der Ansicht, daß Jakob Klauber heute der beste Bankier in ganz Europa war. Die Leute hatten Vertrauen zu ihm. Und wenn man ihn vor ein Problem stellte, fand er immer eine Lösung. Auch die jüngeren Männer machten sich gut – Deutsch, der den Posten Klaubers in London einnahm, Gelb, Altmann, Breitner – es gab kein besseres Team in Europa. Und trotzdem, Klauber würde

es nie weiter bringen als bis zum zweiten Mann. Er war nicht imstande, weiter als ein oder zwei Jahre voraus zu denken, er blickte nie über das gerade vorliegende Problem, das jeweilige Geschäft und die nächstliegenden Umstände hinaus. Er war ein guter Gefolgsmann, ohne jede Ambition auf die Führungsposition. Breitner hatte zwar den erforderlichen Weitblick, aber er war erst dreiunddreißig; folglich trennten ihn noch mindestens zehn Jahre von einer Spitzenposition. Erst als Bienstock zusagte, als zweiter stellvertretender Generaldirektor bei ihm einzutreten, hatte Mosenthal das Gefühl, endlich wieder ungebunden zu sein.

Es war ein ziemlich kühnes Unterfangen gewesen, Dr. Gottfried Bienstock anzuwerben. Vor einem Jahr war er zum Sektionschef im Finanzministerium ernannt worden und hatte damit den für einen Zivilisten höchstmöglichen Rang erlangt. Er war damals erst siebenundvierzig Jahre alt und somit mindestens zehn Jahre jünger als alle seine Vorgänger. In seiner Antrittsrede vor dem Bankiers-Verband hatte er Dinge gesagt, die so unkonventionell waren und so nahe an Mosenthals eigene Ansichten herankamen, daß Mosenthal beim Verlassen des Saales nur noch einen Gedanken hatte: »Wenn ich diesen Mann nur dazu bringen könnte, für mich zu arbeiten!«

Das war natürlich eine hirnverbrannte Idee, zumindest hatte es anfänglich den Anschein. Ein österreichischer Staatsbeamter, der es bis zum Sektionschef und damit bis zur »Exzellenz« gebracht hatte, brachte für Geschäfte und Geschäftsleute nur Verachtung auf. Selbst eine Spitzenposition in einer der bedeutendsten Banken war tief unter seiner Würde. Und für Bienstock besaß auch ein sehr hohes Gehalt keine Anziehungskraft. Seine Frau stammte aus einer der ältesten jüdischen Bankiersfamilien, den Arnsteins, die noch vor den Rothschilds geadelt worden waren. Trotzdem konnte Mosenthal den Gedanken an Bienstock nicht loswerden. Wenn er mit seinem Vorschlag zu ihm ginge, würde er mit Sicherheit einen Hinauswurf erleben; vielleicht würde Bienstock seinen Vorschlag sogar als Beleidigung auffassen. Zehn Tage nachdem er Bienstocks Vortrag gehört hatte, hielt er es nicht mehr aus. Er ließ seinen Sekretär bei dem neuernannten Sektionschef anrufen und einen Termin vereinbaren. Als Mosenthal ins Ministerium kam, trug er ohne Umschweife Bienstock sein Anliegen vor: »Besteht irgendeine Chance, daß Sie in den Vorstand der Bank von London & Österreich eintreten?«

Bienstock saß eine Zeitlang völlig unbeweglich da. Mosenthal schien es eine Ewigkeit zu sein, in Wirklichkeit waren es vermutlich höchstens fünf Minuten. Dann drehte Bienstock seinen Sessel herum und sah Mosenthal aus großen Augen voll ins Gesicht. »Wenn Sie in einem Jahr immer noch an meiner Antwort interessiert sein sollten, Herr Generaldirektor, kommen Sie bitte dann noch einmal zu mir. Indem der Minister mir diese hohe Stellung anbot, hat er mir großes Vertrauen erwiesen. Es wäre unehrenhaft von mir, wollte ich zum jetzigen Zeitpunkt Ihr Angebot auch nur anhören.«

Auf den Tag genau ein Jahr später trat Mosenthal mit derselben Frage neuerlich an Bienstock heran. Bienstock antwortete ihm: »Jedem anderen, Herr Generaldirektor, würde ich ohne zu zögern mit ›nein‹ antworten. Ich bin im öffentlichen Dienst und ich möchte auch dort bleiben. Andererseits – ich habe die Berichte Ihrer Bank genau studiert und dabei ist mir klargeworden, daß Sie all das in der Praxis durchführen, wovon ich immer nur rede. Im öffentlichen Dienst habe ich den Höhepunkt meiner Karriere bereits erreicht. Wenn Ihr Angebot eine Aufgabe beinhaltet, bei der ich als Bankier konstruktive Arbeit für die

österreichische Wirtschaft und ihre industrielle Entwicklung leisten kann, dann will ich es ernsthaft in Erwägung ziehen. Ich habe mit meiner Frau bereits darüber gesprochen – natürlich ohne Ihren Namen oder den Namen der Bank zu nennen –, und sie ist mit mir einer Meinung.«
Das war vor etwa sechs Wochen gewesen. Von da an war alles sehr rasch gegangen. Als nächstes mußte Bienstock mit Klauber bekannt gemacht werden, denn schließlich war Klauber derjenige, mit dem Bienstock am engsten zusammenarbeiten sollte. Dabei schienen die Voraussetzungen denkbar ungünstig, daß eine gedeihliche Zusammenarbeit zwischen den beiden Männern möglich sein würde. Die Familie Bienstock gehörte seit drei Generationen dem gebildeten Großbürgertum an, angefangen vom Großvater, der Österreichs größter Baumwoll-Importeur war. Der erst vor kurzem verstorbene Vater Bienstocks war Anwalt der größten Textilunternehmen. Gottfried Bienstock selbst war in der Schule Klassenbester gewesen. Seine Doktorarbeit über Bankrecht wurde von einem der bekanntesten Verlage herausgebracht. Gleichzeitig brachte er es fertig, ein zweites Doktorat in Kunstgeschichte zu machen. Sowohl er als auch seine Frau waren begeisterte Kunstliebhaber und unterstützten in großzügiger Weise junge Maler und Architekten.
Klauber hingegen war der Sohn eines koscheren Metzgers aus einem kleinen, entlegenen Dorf hoch oben in den ungarischen Bergen, das den Namen Mosenthal trug. Von diesem Dorf leitete ursprünglich die Familie Mosenthal ihren Namen ab. Vor fünfunddreißig Jahren war er als Vierzehnjähriger nach Wien aufgebrochen – er besaß eine einzige Hose, eine alte Schaffelljacke, und er ging bloßfüßig, denn sein einziges Paar Stiefel trug er um den Hals gebunden. In seiner Tasche war ein Empfehlungsschreiben an Mosenthals Vater, den Rechtsanwalt Dr. Jo-

seph Mosenthal. Dieser war es auch, der einen Schlafplatz für den Knaben fand und ihm eine Anstellung als Hilfskraft und Laufbursche bei jenem Moritz Herzfeld verschaffte, bei dem sein eigener Sohn wenige Jahre zuvor als Lehrling begonnen hatte. Das alles lag nun lange Zeit zurück. Aber immer noch war Klaubers Deutsch vom harten Yiddisch seiner Kindertage geprägt. Die Bienstocks empfingen jeden berühmten Künstler, ob Maler, Schriftsteller oder Musiker, der in Wien zu Besuch war; Frau Klauber führte immer noch einen strengen koscheren Haushalt; sie zeigte sich niemals in der Öffentlichkeit und empfing auch keine Besuche. Bienstock hatte zwei Doktorate und hielt an der Universität Vorlesungen über Bank- und Finanzwesen. Klauber konnte sich nie vom quälenden Bewußtsein seiner mangelhaften Erziehung und fehlenden Bildung befreien. Bienstock hatte tausenderlei Interessen; für Klauber gab es nur eine einzige Sache, die wichtig war: das Bankwesen. Bienstock war wortgewandt, geistreich und amüsant; Klauber war so scheu, daß er erst nach jahrelanger Bekanntschaft aus sich herausging. Es war Bienstocks Verdienst, daß das Abendessen, das Mosenthal gab, um die beiden Männer miteinander bekannt zu machen, von Anfang an ein voller Erfolg war. Kaum hatten sie sich zu Tisch gesetzt, bemerkte Bienstock: »Sie müssen wissen, Direktor Klauber, daß ich Sie darum beneide, fünf Jahre in London, diesem Zentrum der internationalen Finanzwelt, verbracht zu haben. Sicher wissen Sie viel besser über die neuesten Entwicklungen im Bank- und Finanzwesen Bescheid als wir hier in unserer Rückständigkeit.«

Und Klauber, der scheue, zurückhaltende, schweigsame Klauber, begann mit einem Mal zu sprechen: fließend, ohne Hemmung, geradezu brillant. Er erwähnte einige Schweden, Deutsche und Franzosen, die in letzter Zeit

Bücher über monetäre Theorien geschrieben hatten; und Bienstock warf ein: »Ich habe schon von diesen Büchern gehört, aber es war mir bisher nicht möglich, sie aufzutreiben.«
Klauber strahlte über das ganze Gesicht. »Ich habe alle bei mir in der Bank, Exzellenz«, sagte er. »Es wird mir eine Ehre sein, sie Ihnen morgen früh ins Ministerium zu schicken.«
Und dann, gegen Ende des Treffens, sagte Bienstock etwas, womit er Klauber für alle Zukunft zu seinem ergebenen Anhänger machte: »Ich bin der Jüngste hier und so steht mir ein solcher Vorschlag eigentlich gar nicht zu – aber trotzdem: wo wir nun miteinander arbeiten werden, sollten wir da nicht diese entsetzlich steife österreichische Usance fallenlassen, einander immer mit vollem Titel anzusprechen? Die Bank vereinigt in sich schließlich ebenso viel Englisches wie Österreichisches. Weshalb halten wir es also nicht so wie die Engländer und reden einander einfach mit unserem Familiennamen an?«
Aber bevor Mosenthal Bienstock ein formelles Angebot machen konnte, mußte er zuerst die Zustimmung des Fürsten Sobieski, dem österreichisch-ungarischen Botschafter in London, und von Hinton, dem Mehrheitseigentümer der Londoner Bank Gebrüder Bancroft einholen. Sie waren Ehrenvorsitzende, respektive Ausschußvorsitzende der Bank von London und Österreich. Was jedoch am meisten ins Gewicht fiel: gemeinsam besaßen sie fast fünfzig Prozent des Bankkapitals.
»Hinton wird kaum Schwierigkeiten machen«, hatte Mosenthal Klauber im Vertrauen mitgeteilt. »Er überläßt die Leitung der Bank völlig mir. Aber der Fürst erhebt jedesmal Einspruch, wenn es darum geht, jemandem ein anständiges Gehalt zu zahlen. Und das Gehalt, das ich für Bienstock vorgesehen habe, ist noch viel mehr als anstän-

dig; es muß ganz einfach großzügig sein.« Und Klauber hatte ihm zugestimmt.
Mosenthal konnte förmlich schon die höflich-überzeugende Diplomatenstimme des Fürsten hören: »Weshalb, mein lieber Generaldirektor, wollen Sie Ihrem neuen Kollegen denn ein so ungeheuerliches Gehalt zahlen? Warum sollte nicht ein Gehalt genügen, wie es unsere Regierung ihren leitenden Beamten, die doch wirklich eine große Verantwortung zu tragen haben, zahlt – allenfalls mit einer kleinen Zulage? Ich kann das wirklich nicht einsehen!«
Mosenthal würde mindestens fünfzehn Minuten lang geduldig Erklärungen abgeben müssen: »Sicher, die Gehälter sind angemessen und ausreichend für einen Beamten im öffentlichen Dienst. Aber wir können Bienstock ja auch nur deshalb für uns gewinnen, weil der öffentliche Dienst solche überdurchschnittlich begabten Menschen nicht anerkennt und nicht ausreichend entlohnt.« Kaum würde der Fürst zugegeben haben, daß Mosenthal in diesem Punkt recht hatte, würde er auch schon das nächste Argument vorbringen – ein Argument übrigens, von dem er jedesmal wieder überzeugt war, es könnte durch nichts widerlegt werden.
»Mein eigener Verwalter«, würde er sagen, »hat mindestens ebenso viel, wenn nicht mehr Verantwortung wie ein Bankier. Ich hoffe, Sie nehmen das nicht persönlich, mein lieber Mosenthal, aber die Besitzungen der Sobieskis sind doch um einiges größer als Ihre Bank. Und trotzdem zahle ich meinem Verwalter nicht einmal ein Drittel von der Summe, die Sie für Sektionschef Bienstock vorgesehen haben. Und mein Verwalter scheint mit seinem Gehalt sehr zufrieden zu sein.«
»Irgendwann einmal«, dachte Mosenthal, »werde ich mich nicht mehr beherrschen können und dem Fürsten

die einzig passende Antwort geben: ›Es mag ja sein, daß Sie Ihrem Verwalter kein so hohes Gehalt zahlen, aber alles in allem kostet er Sie trotzdem wesentlich mehr – er bestiehlt Sie nämlich hinten und vorn‹.«

Es war allgemein bekannt, daß Sobieskis Verwalter schamlos und in aller Öffentlichkeit stahl. Er kassierte von jedem, der für die Sobieskischen Güter eine Arbeit auszuführen hatte, Provisionen, er nahm Bestechungsgelder von jedem, der etwas an die Sobieskischen Güter verkaufte oder von dort kaufen wollte, und er ließ sich von den Gesellschaften bezahlen, bei denen die Versicherungen für die verschiedenen Sobieskischen Palais, Fabriken und Bürohäuser abgeschlossen wurden.

Aber Mosenthal wußte sehr gut, daß es überhaupt keinen Sinn hatte, dem Fürsten das alles zu sagen. Er würde ihm gar nicht zuhören, bestenfalls würde er es als einen recht schlechten Scherz betrachten. Und trotzdem war der Fürst ein intelligenter Mann mit geradezu hervorragendem Verstand, der ungeheuer viel von Geschäften verstand.

Es würde auch wenig Zweck haben, das durchaus vernünftige Argument ins Spiel zu bringen, das da besagte, man solle einen guten Mann gut bezahlen, einen hervorragenden Mann aber hervorragend. Vor Jahren hatte Mosenthal mit Hinton über Sobieskis Aversion gesprochen, ordentliche Gehälter zu zahlen. Dabei hatte Hinton einen der Lieblingssprüche seines amerikanischen Freundes J. P. Morgan zitiert: »Wenn Du jemanden anstellst, der Dich reich machen soll, dann sorgst Du besser dafür, daß Du gleichzeitig ihn selbst wohlhabend machst.«

Mosenthal würde diesen Ausspruch Morgans dem Fürsten gegenüber zitieren. Schließlich war Morgan der größte Bankier dieses Jahrhunderts. Aber er wußte im voraus, was ihm der Fürst darauf antworten würde. »Mein lieber

Mosenthal«, würde er mit allem ihm zur Verfügung stehenden Charme sagen, »ich bin nun einmal ein unverbesserlicher Europäer. Die einzigen Dinge aus Amerika, für die ich etwas übrig habe, sind Havanna-Zigarren und Kartoffeln.« Die Leute, die diesen Ausspruch zum ersten Mal hörten, waren stets der Ansicht, er sei ungeheuer geistvoll. Aber Mosenthal hatte ihn schon zu oft hören müssen, um ihn noch sonderlich amüsant zu finden.

Und so würde er schließlich zu der einzigen Waffe greifen, mit der er den Fürsten besiegen konnte: dick aufgetragene Schmeicheleien.

»Königliche Hoheit«, würde er sagen (dieser Titel stand Sobieski eigentlich nicht zu, aber er hörte ihn von Zeit zu Zeit doch recht gern), »Ihr Verwalter hat schließlich die Ehre und besondere Auszeichnung, einem sehr alten und berühmten Geschlecht und einem erhabenen, großmütigen Fürsten dienen zu dürfen. Das ist für Ihren Verwalter der eigentliche Lohn, nicht das schnöde Geld.«

Mosenthal wußte genau, daß auf das hin der Fürst nach kurzem Murren das Thema fallenlassen und sich dem nächsten Tagespunkt zuwenden würde.

Freilich war es sinnlos, Bienstock ein offizielles Angebot zu machen, bevor es Mosenthal gelungen war, die Besitzverhältnisse der Bank zu ändern. Zur Zeit dominierten zwei sehr reiche Männer: Fürst Sobieski und Hinton; beide hatten weder den Wunsch noch die Möglichkeit, sich aktiv an der Geschäftsleitung zu beteiligen. Doch bevor Mosenthal seine Führungsmannschaft beisammen hatte, wollte er sich nicht an die Lösung dieses schwierigen, vielleicht sogar riskanten Problems heranmachen. Doch nun war Klauber auf seinem Posten und Bienstock hatte eingewilligt, in die Bank einzutreten; das Problem mußte nun

also ohne weiteren Verzug angepackt werden. Vor drei Wochen, als die Gehaltsfrage geregelt worden war, hatte Bienstock in seiner direkten Art gesagt: »Es ist Ihnen doch wohl klar, daß ich meine Arbeit als Diener des Staates nicht dafür aufgebe, um Diener des Fürsten Sobieski zu werden.« Und seine beiden fähigsten jungen Mitarbeiter, Gelb und Breitner – an beide würden die anderen Wiener Banken schon bald mit Spitzenangeboten herantreten – waren mit der jetzigen Struktur nicht mehr zufrieden.
1878, als Mosenthal und Hinton die Bank von London und Österreich gründeten, war der erste Kapitalanleger nicht Hintons eigene Bank, Gebrüder Bancroft gewesen, sondern Sir Solomon Maimon von Maimon & Companie. Der alte Mann hatte damals keine allzu große Geldeinlage gemacht. »Es widerspricht meinen Prinzipien, in etwas Neues viel Geld zu investieren«, hatte er gesagt. Immerhin, seine fünf Prozent brachten die Bancrofts dazu, ebenfalls mit siebenunddreißig Prozent einzusteigen. Sir Solomon war dafür bekannt, immer auf das richtige Pferd zu setzen. Das zählte noch weit mehr als sein Reichtum – denn reich waren andere Leute schließlich auch.
Es war auch weitgehend Sir Solomon zu verdanken, daß der Fürst Sobieski schließlich als dritter und gewichtigster Kapitalanleger dazustieß. (Mosenthal kam als vierter hinzu; er hatte sämtliche Ersparnisse aus seinem fünfjährigen London-Aufenthalt zusammengekratzt und damit ein Prozent der Anteile gekauft.) Sir Solomon arrangierte ein Treffen mit Fürst Sobieski, und so fuhren Mosenthal und Hinton nach Berlin, wo Sobieski, der damals noch nicht Botschafter in London war, lebte. Der Fürst hatte einige Stunden lang ihren Erklärungen zugehört, hatte einige konkrete Fragen gestellt und schließlich erklärt: »Meine Herren, Sie sind die ersten Bankiers, deren Ausführungen mir einleuchten. Sir Solomon vertraut Ihnen, und so neh-

me ich an, daß Sie die ersten ehrenhaften Bankiers sind, denen ich begegne. Wieviel Geld brauchen Sie für den Anfang?« Achtundvierzig Stunden später stand das Geld bereits zu ihrer Verfügung.
Als die Bank am Neujahrstag des Jahres 1879 eröffnet wurde, waren siebenunddreißig Prozent des Kapitals in Händen der Gebrüder Bancroft, siebenundfünfzig Prozent kamen von Fürst Sobieski. In den darauffolgenden Jahren hatte sich das Aktienkapital verdoppelt. Zwei Aktien-Ausgaben fanden statt, eine in London, eine in Wien. Sowohl Mosenthal als auch Maimon (inzwischen Maimon & Marburg) erhöhten ihre Einlagen. Mosenthal besaß jetzt fünf Prozent, Maimon ungefähr zehn Prozent. Gebrüder Bancroft und Sobieski hatten ihre Anteile nicht erhöht, so daß sie nun jeweils achtzehneinhalb und achtundzwanzigeinhalb Prozent innehatten, gemeinsam also fünfzig Prozent.
Für eines der führenden Finanzunternehmen auf dem Kontinent war eine solche Struktur natürlich völlig ungeeignet. Was jetzt lediglich ein kleiner Makel sein mochte, konnte sich in wenigen Jahren – wenn sowohl Hinton als auch Sobieski nicht mehr dabeisein würden – als ernsthaftes Hindernis für die weitere Entwicklung der Bank erweisen und sogar nur allzu leicht eine Katastrophe heraufbeschwören.
Gebrüder Bancroft – das war Hinton; und Hinton war schon beinahe dreiundsechzig, er hatte weder einen Erben noch einen richtigen Partner. Was hatte er mit seinem Anteil an der Bank von London und Österreich vor? Würde er ihn womöglich diesen Dummköpfen, den Bancrofts, überschreiben, von denen er so große Stücke zu halten schien? Was sonst konnte der Grund dafür sein, daß er sie nicht schon längst aus der Firma hinausgeworfen hatte – schließlich war es ein offenes Geheimnis, daß sie die rein-

sten Blutsauger waren und in den fünfundzwanzig Jahren, seitdem sie durch ihre Habgier und ihren Unverstand die Bank in den Ruin geführt hatten und Hinton zur Rettung des Unternehmens aus Wien herbeigeeilt war, nicht das Geringste zum Erfolg beigetragen hatten. Oder würde Hinton sein enormes Vermögen einschließlich der Bankanteile seinem Oxforder College oder einer Stiftung vermachen, um so die Forschung an der Geschichte der Mathematik zu unterstützen? Er selbst befaßte sich ja in den letzten Jahren immer mehr damit. Mosenthal fand jedenfalls die Vorstellung nicht sehr erfreulich, daß ein Fünftel der Bankanteile in die Hand eines pedantischen College-Schatzmeisters geraten sollte, der vermutlich nicht einmal fähig sein würde, Wien auf der Landkarte zu finden und der alle Ausländer für »Katzelmacher« hielt. Genauso wenig erstrebenswert war die Möglichkeit, von diesem Kindskopf Sheldon Bancroft abhängig zu sein. Mosenthal wußte, daß er Hinton unmöglich danach fragen konnte. Hinton war jederzeit gerne bereit, über Bankwesen, Politik, Musik und Mathematik zu sprechen, auch über seine Studienzeit in Göttingen und seinen New Yorker Freund J. P. Morgan. Aber kein einziges Mal in den dreißig Jahren, die sie nun befreundet waren, hatte er über sich selbst, seine Familie oder seine Kindheit gesprochen. Als Mosenthal und Hinton einander kennengelernt hatten, hatten sie sich gleich so gut verstanden, daß sie schon wenige Wochen später zum vertraulichen »Du« übergegangen waren, wenn sie Deutsch sprachen. Hinton hatte Mosenthal endlose Fragen über seine Familie gestellt; über seine Mutter, die Mosenthal sehr verehrte, über seinen Vater, den er aufrichtig respektierte, und seine jüngeren Zwillingsbrüder, die bereits damals eine glänzende Zukunft vorausahnen ließen. Über seine eigene Herkunft hatte Hinton nur sehr wenig erzählt; er erwähnte ledig-

lich, daß er in einem kleinen Dorf nördlich von Cambridge aufgewachsen sei, wo sein Vater Vikar war, und daß seine Mutter gestorben sei, als er noch ein kleiner Junge war.
Mosenthal hatte einmal Hintons Zurückhaltung vor seinem Schwiegervater, Dr. Augsburg, erwähnt, der Hintons Arzt gewesen war, als dieser noch in Wien lebte und zu dem Hinton immer noch kam, wann immer er in Österreich war. Aber Papa hatte lediglich mit einer für ihn ungewöhnlichen Schärfe geantwortet: »Laß Hinton in Ruhe, er hat in seinem Leben genug gelitten.«
Wenn Mosenthal sich darüber Sorgen machte, weil Hinton *keine* Erben hatte, so bereitete Sobieski ihm wiederum Kopfzerbrechen, *weil* er Erben hatte – der Fürst war jetzt sechsundsechzig Jahre alt und es konnte jeden Augenblick so weit sein, daß seine Nachkommen das Erbe antraten. Der jüngere der beiden stellte keine allzu große Gefahr dar. Er war jetzt sechsundzwanzig oder siebenundzwanzig und hatte immer noch nicht viel anderes im Kopf als schöne Frauen; dabei würde es offensichtlich auch bleiben. Der zweite aber, der in der Armee war, würde das künftige Haupt der Familie Sobieski sein. In letzter Zeit hatte Mosenthal in Verbindung mit dem Projekt der ungarischen Eisenbahnlinie reichlich Gelegenheit gehabt, ihn kennenzulernen; und je öfter er ihn sah, desto stärker wurde sein Unbehagen.
Der junge Fürst hatte von seinem Vater alle äußeren Merkmale geerbt, die nun bereits seit vielen Generationen die männlichen Sobieskis prägten: eine Adlernase, ein spitzes, dreieckiges, scharf vorspringendes Kinn; kleine, weit hinten angesetzte Ohren, die dem Gesicht ein breitflächiges slawisches Aussehen verliehen; tiefliegende Augen unter buschigen Augenbrauen und eine hohe Stirn mit spitz zulaufendem Haaransatz. Beim Vater ergaben alle diese Einzelheiten ein Gesicht, das zwar keineswegs schön

war, aber äußerst anziehend, voll lebendiger Intelligenz und einem warmherzigen Lächeln. Beim Sohn hingegen konnte man kaum von einem »Gesicht« sprechen; die einzelnen Gesichtszüge schienen ohne jeden Plan aus einer schweren teigigen Masse geformt zu sein, nichts harmonisierte, nichts paßte zueinander; ja, es schien fast, als gehöre das eine nicht zum anderen. Alles in allem war es ein bedrückendes, unerbittliches und indolentes Gesicht, verschlossen und zugleich arglistig. Wo beim Vater Intelligenz zu finden war, brach beim Sohn Niedertracht hervor. Vater wie Sohn waren von mittlerer Größe. Der Vater hielt sich stets sehr gerade, den Kopf auf dem schlanken Hals hoch erhoben, ob er nun saß, stand oder ging. Der Sohn hingegen schlurfte vornübergebeugt daher. Nicht einmal seine maßgeschneiderte Generalstabsuniform konnte den höchst unmilitärischen Wanst verbergen. Selbstverständlich hatte der Vater die seinem Stand eigene Arroganz – aber das drückte sich in erster Linie dadurch aus, daß er sozial Untergeordnete mit ausgewählter Höflichkeit behandelte. Der Sohn witterte überall Mißachtung, stets war er in der Defensive und ließ keine Gelegenheit aus, darauf zu pochen, daß man ihm, dem Prinzen Sobieski, Ehrerbietung schulde. Im Sohn war stets eine nur mühsam unterdrückte Wut zu spüren, der Wunsch anzugreifen und zu verletzen, ein grenzenloser aber zugleich unbefriedigter Ehrgeiz, sodaß Mosenthal sich jedesmal zutiefst unbehaglich fühlte, wenn er einige Zeit mit dem jungen Mann verbringen mußte.
Ernst Marburg hatte einmal mit seiner bösen Zunge bemerkt, die beiden Sobieskis stellten die Umkehrung der Darwinschen Theorie dar: der Affe stammt vom Menschen ab. Aber, so dachte Mosenthal, das würde geradezu eine Verleumdung der unschuldigen Kreatur bedeuten. Der junge Prinz ließ sich am ehesten mit der Figur des

Caliban in Shakespeares »Sturm« vergleichen – ein menschliches Wesen, das in sich die niedrigsten Instinkte des Menschen vereinigt: Verschlagenheit, Gier und Neid. So wie alle, die mit dem jungen Mann zu tun hatten, fühlte auch Mosenthal, daß er dem Prinzen nicht trauen durfte und daß man nie vorhersagen konnte, ob er nicht aus schierem Spaß jemanden verraten oder ihm Leid zufügen würde.
Jedenfalls würde der junge Prinz die Sobieskischen Besitzungen und Unternehmen niemals selbst führen können, so wie sein Vater es tat. Er hatte weder den Geschäftssinn seines Vaters, noch war er an harte Arbeit gewöhnt.
Sollte der Prinz den Versuch machen, selbst in die Unternehmensleitung einzugreifen, würde er unübersehbaren Schaden anrichten. Wenn er es aber nicht tat, wäre die Situation genauso schlimm, wenn nicht sogar schlimmer. Wenn der junge Prinz so wie die meisten Aristokraten (außer dem Fürsten Sobieski) die Leitung der Geschäfte seinem Verwalter überließ, würde Birnbaum de facto die Macht über die Bank gewinnen – es sei denn, der Kapitalanteil der Sobieskis konnte rechtzeitig derart vermindert werden, daß er nur mehr eine einfache Geldanlage darstellte und nicht mit Kontrollgewalt und Miteigentum verbunden war. Denn Birnbaum, der leitende Verwalter sämtlicher Sobieskischer Unternehmen und Besitzungen, war eine schleimige Kröte, gierig, korrupt und verworfen. Das größte Problem bei Birnbaum war seine Habgier. Mosenthal mußte ihm zugestehen, daß er alles andere als unfähig war. Freilich – ein Sobieski war er nicht. Unternehmerischer Geist und neue Ideen kamen immer ausschließlich vom Fürsten, der alle wichtigen Entscheidungen selbst traf, ohne seinen Verwalter zu Rate zu ziehen. Aber Birnbaum erledigte mit großer Kompetenz die täglich anfallenden Arbeiten, er überwachte das Büro und

führte verläßlich die ihm gegebenen Anordnungen aus. Was auch immer er nachts über trieb – bei Tag arbeitete er.
Aber wenn es ums Geld ging, dann konnte er den Hals nicht voll bekommen. In einem fort winselte er, bettelte und drohte, um mehr für sich selbst herauszuschlagen – eine größere Provision, eine größere Gewinnbeteiligung, einen Extra-Bonus. Jeder, der für Sobieski arbeitete, bis hinunter zum kleinen Waldarbeiter, mußte ein Zehntel seines Gehaltes in Birnbaums bodenlosem Geldsäckel verschwinden sehen. Bei jedem Vertrag, ob Verkauf oder Kauf, mußte »ein bißchen etwas« für ihn abfallen. Und er fand es selbstverständlich, daß er jedesmal, wenn er in die Bank zu einer Verwaltungsratssitzung kam, ein diskretes Kuvert mit einem Scheck zwischen seinen Unterlagen vorfand. Nachher beschwerte er sich dann regelmäßig, der Betrag sei zu gering gewesen, und versuchte – leider nur allzu oft mit Erfolg – Mosenthal zur Herausgabe eines weiteren Schecks zu bewegen.
»Glauben Sie, besteht die Gefahr, daß er versuchen wird, die Leitung der Bank an sich zu reißen, wenn er nicht mehr unter der Fuchtel des alten Fürsten steht?« hatte Bienstock vor kurzem gefragt.
»Nein, diese Gefahr besteht nicht«, hatte Mosenthal erwidert. »Birnbaum ist viel zu habgierig. Der nimmt keine Arbeit auf sich, bei der Buchprüfer und Bankinspektoren des Ministeriums auftauchen und Berichte schreiben. Er würde sich viel eher zu einem Blutsauger entwickeln – und er würde jeden Bankier, der nur etwas Selbstachtung hat, aus der Bank vertreiben. Ich jedenfalls würde eher gehen, als Birnbaums Erpressungen über mich ergehen zu lassen.
Die einzige Möglichkeit ist, den Anteil der Sobieskis so weit zu drücken, daß er nur noch als reine Geldanlage be-

trachtet werden kann. Wenn Birnbaum dann den Versuch machen sollte, auch nur einen einzigen Groschen zu erpressen, wäre er erledigt.«

Folgendes mußte geschehen: Das Kapital der Bank mußte durch eine substantielle Aktienausgabe erhöht werden. Diese Kapitalaufstockung war ohnedies seit langem fällig. Angesichts ihrer Verbindlichkeiten und ihres Geschäftsvolumens war das derzeitige Kapital der Bank eindeutig zu gering. Die Börse wartete nur auf eine Aktienausgabe. Sowohl in Wien als auch in London konnte Mosenthal mehr Kapital am Markt auftreiben, als er benötigte, noch dazu zu einem ausgezeichneten Subskriptionspreis: fünfhundert Prozent vom Nominalwert. Wenn er die gleiche Menge an Aktien ausgab wie sie bereits vorhanden war, dann reduzierte sich dadurch zwangsläufig der jeweilige Anteil der jetzigen Teilhaber auf die Hälfte. Dies wiederum bedeutete, daß Sobieskis Anteil auf weniger als fünfzehn Prozent sinken würde. Aus Gesprächen mit Sobieski wußte Mosenthal, daß ebendort in den Augen des Fürsten die Grenze zwischen »Miteigentum« und »Investition« lag.

Mosenthal hatte Bienstock im Vertrauen mitgeteilt – und auch Klauber wußte davon –, daß er innerhalb der folgenden zwölf bis achtzehn Monate Punkt zwei seines Planes durchführen würde. Er würde dafür sorgen, daß jeder aus seinem Führungsteam – es würden ungefähr sieben sein – gerade so viele Aktien kaufte, daß alle gemeinsam fünfunddreißig Prozent des Kapitals innehatten. Den Ankauf würde die Bank zum gültigen Zinssatz finanzieren und die Rückzahlung würden die Vorstandsmitglieder aus ihren Dividenden leisten. Sollte später eines dieser Vorstandsmitglieder, aus welchem Grund auch immer, die Bank verlassen – Todesfall, Pensionierung, Entlassung oder Rücktritt –, würde die Bank die Aktien zum jeweils aktuellen

Börsenpreis zurückkaufen. Ernest Marburg, der erfahrene Finanzier, hatte Mosenthal zu diesem Schritt gedrängt, seitdem er vor zwölf Jahren, nach dem Tod seines Schwiegervaters, in den Verwaltungsrat eingetreten war. Mit Hintons Verständnis in dieser Angelegenheit war zu rechnen, obwohl er wahrscheinlich bedauern würde, daß damit die Nabelschnur zu seinem ›ersten Kind‹ endgültig durchtrennt wurde. Auf der anderen Seite interessierte sich Hinton schon lange nicht mehr für die Bank und, wie Mosenthal zunehmend glaubte, nur mehr, wenn überhaupt, fürs Finanzgeschäft.

Sobieski dagegen würde die Sache blockieren, es sei denn, die Umwandlung vom Eigentümer zum Teilhaber hatte bereits stattgefunden. Als reiner Kapitalanleger würde er sich über die ›überbezahlten‹ Direktoren aufregen, aber schließlich zum nächsten Punkt der Tagesordnung übergehen. Als Eigentümer würde er sich dagegen niemals mit ›Partnern‹ oder ›Miteigentümern‹ abfinden.

Der Fürst war sicher kein Antisemit. Im Gegenteil, im Parlament und im Wiener Gemeinderat wurde er von den Deutschnationalen und den Antisemiten unter den Christdemokraten häufig als ›Judenknecht‹ oder ›Philosemit‹ attackiert. Er sprach sehr oft und mit großer Wärme von seinem Lehrer Jeidels – dem Großvater von Birnbaums Frau – und vergaß nie zu erwähnen, wie dankbar er dem alten Juden war.

Sobieski war auch durchwegs damit einverstanden, daß seine Besitzungen und Unternehmen von Juden geleitet wurden. »Im Grund hat er ja auch gar keine Wahl«, dachte Mosenthal. »Die fähigen Männer, die keine Juden sind, gehen nicht in die Industrie; für sie kommt lediglich der Staatsdienst, die Armee oder ein freier Beruf in Frage.«

Der Fürst hatte nichts dagegen, daß seine Untergebenen Juden waren, mochten sie nun Birnbaum oder Mosenthal heißen. Er hatte auch keinerlei Bedenken, wenn es darum ging, sich bei einem offiziellen Essen mit Juden an einen Tisch zu setzen. Auch morgen würde das wieder der Fall sein; die beiden Mosenthals und Ernst Marburg waren gemeinsam mit Hinton und dem berühmten Arzt Sir Montgomery Bramlett bei Sobieski zum Abendessen eingeladen.

Mosenthal war sich aber völlig darüber im klaren, daß Sobieski niemals gesellschaftlich mit einem Juden verkehren würde, obwohl sogar der englische König ein dutzendmal im Jahr bei den Marburgs zum Diner war, wobei er seine jeweilige Mätresse mitbrachte und halbe Nächte beim Whist-Spiel verbrachte. Völlig unvorstellbar für »Seine Hoheit, den Fürsten Sobieski, Herzog von Przemysl« war es, einen Nichtadeligen oder gar einen Juden als »Partner« zu akzeptieren; so groß konnte seine Dankbarkeit gegenüber dem alten Jeidels gar nicht sein. Als Kapitalanleger würde Sobieski vor allem daran interessiert sein, gute Geschäfte zu machen; als Miteigentümer aber würde Sobieski sich in erster Linie seiner Rolle als Fürst verpflichtet fühlen. Wenn aber die Bank erst einmal ihr Kapital verdoppelt und die Aktien auf den Markt gebracht haben würde, blieb Sobieski gar keine andere Wahl – und er brauchte andererseits auch keine Bedenken mehr zu haben.

Das also war der Plan, den Mosenthal Bienstock unterbreitete. Was er allerdings verschwieg – und Bienstock erkannte entweder die Gefahr nicht oder, viel wahrscheinlicher, hielt es für unklug, darüber zu sprechen –, war die Möglichkeit, daß sein Plan dadurch scheitern könnte, daß entweder Sobieski oder Hinton, vielleicht auch beide, ihm zur Antwort geben könnten: »Es ist schon richtig, daß die Bank mehr Kapital benötigt. Aber weshalb sollen wir es uns bei Außenstehenden holen? Ich selber werde es beschaffen!«

Beide waren dazu ohne weiteres in der Lage. Für Hinton stellte die erforderliche Summe lediglich eine Lapalie dar. Aber auch Sobieski konnte den Betrag leicht aufbringen. Erst gestern hatte der Fürst bei der Ausgabe seiner polnischen Brauerei-Aktien einen enormen Nettogewinn erzielt, und zwar bar, der es ihm ermöglichte, auf der Stelle ein Riesenpaket der neuen Aktien anzukaufen. Was Hinton betraf, so war Mosenthal zuversichtlich, ihn vom Ankauf der neuen Aktien abhalten zu können. »Die Bank braucht eine größere Anzahl an Eigentümern« – diesem Argument würde Hinton sicher zugänglich sein. Bei Sobieski freilich würde diese Erklärung kaum verfangen. Der Fürst würde niemals einsehen, daß die wirtschaftliche »Umarmung« der Sobieskis sehr leicht zu einer würgenden Umklammerung werden konnte; schon gar nicht konnte ihm begreiflich gemacht werden, daß es auch Menschen gab, für die es nicht unbedingt die allein seligmachende Daseinsform bedeutete, für den Fürsten Sobieski zu arbeiten und seine Livree zu tragen.
»Vielleicht mache ich mir auch völlig unnötig Sorgen«, dachte Mosenthal. »Aber ich darf keinerlei Risiko eingehen. Es gibt nur eine Möglichkeit Sobieski davon abzuhalten, seinen Anteil zu vergrößern: Hinton und Marburg müssen sich bereit erklären, ihm Widerstand zu leisten. Auf diese beiden Männer hört er. Marburg wird sicher einverstanden sein, vor allem wenn er sich Hintons Unterstützung gewiß ist. Er hat schon seit langem jede Erinnerung an seine Herkunft aus den Wiener Ghettos verdrängt; irgendein Fürst oder Herzog flößt ihm keine Furcht ein und es ist leicht möglich, daß er findet, er stehe als englischer Baronet und Vertrauter des Königs von England weit über jedem polnischen Edelmann. Sicher wagt er es, Sobieski zu erklären, daß eine Bank autonom bleiben muß.« Er hörte Marburg förmlich sagen, daß »die

Kunden einer Bank sicher sein müssen, daß ihre Geheimnisse gewahrt bleiben und daß ihre Interessen stets über jenen der einzelnen Teilhaber stehen«. Er würde sich nicht scheuen, Sobieski daran zu erinnern, daß seine eigenen Unternehmen mit dem Großteil der bedeutenden Kunden der Bank konkurrierten: »Wenn Sie Ihren Anteil vergrößern, gefährden Sie die Bank von London & Österreich. In diesem Fall werde ich aus dem Verwaltungsrat ausscheiden und Sie können sicher sein, daß ich den Zeitungen den Grund hierfür mitteilen werde.«
Aber sollte er zuerst zu Hinton gehen und es ihm überlassen, Marburg zu gewinnen? Oder sollte er lieber zuerst mit Marburg reden und ihn bitten, Hinton zu überzeugen? Wirklich, es wäre ihm weitaus lieber gewesen, wenn er es nur mit Maimon und Marburg zu tun hätte und nicht mit Gebrüder Bancroft und Hinton.
Zu guter Letzt war da auch noch die ungarische Eisenbahn. Auch darauf mußte Mosenthal bei seiner Strategie Bedacht nehmen.
Vor sieben oder acht Wochen hatten zwei Offiziere des Generalstabs bei ihm vorgesprochen: Oberst Hellmann und sein neuer Adjudant, Oberstleutnant Prinz Sobieski. Oberst Hellmann war Chefbeauftragter der Sektion Transport; er hatte eine Blitzkarriere gemacht und man nahm allgemein an, daß er in ein bis zwei Jahren der erste Offizier jüdischer Herkunft sein würde, der in den Generalsrang erhoben wurde (selbstverständlich war er bereits getauft!). Es war bekannt, daß er für Hoetzendorf die Kopfarbeit erledigte, der der nächste Anwärter auf den Posten des Generalstabschefs war, und daß er außerdem eine führende Rolle bei den Aktivisten im Kriegsministerium spielte. Um seine Machtposition zu stärken, hatte er einen geschickten Schachzug unternommen: er hatte den jungen Prinzen Sobieski dazu überredet, sein eigenes

berühmtes Familienregiment, die Sobieski-Kürassiere, zu verlassen und zum Generalstab in die Sektion Transport überzuwechseln.

»Wir kommen zu Ihnen, Herr Generaldirektor«, hatte Hellmann begonnen, »weil wir im Kriegsministerium beeindruckt sind von Ihren unternehmerischen Fähigkeiten und Ihrer Aufgeschlossenheit gegenüber neuen Ideen. Der Generalstab, und im besonderen Seine Exzellenz Generalleutnant von Hoetzendorf« – an dieser Stelle neigte sowohl er als auch der junge Sobieski den Kopf – »sind zu der Überzeugung gelangt, daß Österreich-Ungarn eine große neue Eisenbahnlinie braucht. Sie würde von der Slowakei von Bratislava aus in südöstlicher Richtung durch Ungarn bis zu Kopfstation nach Zemlin, das jenseits des Flusses, gegenüber der serbischen Hauptstadt Belgrad liegt, führen. Wir möchten nun, Herr Generaldirektor, daß Sie und Ihre Bank, die Bank von London & Österreich, die Finanzierung dieses bedeutenden Projektes übernehmen; wie Sie sicher wissen, wird das das größte neue Eisenbahnprojekte der letzten zwanzig Jahre.«

Dann hatte Sobieski das Wort ergriffen – offensichtlich handelte es sich hier um ein wohleinstudiertes Duett der beiden: »Diese neue Eisenbahn wird Kohle, Holz, Getreide, Wein, Vieh und Schafe transportieren und ist daher von enormer Bedeutung für die Wirtschaft.«

»Aber«, unterbrach ihn Hellmann, »diese Eisenbahnlinie ist auch von größter militärischer Bedeutung. Sollte es auf dem Balkan Ärger geben – und alle Anzeichen sprechen dafür –, dann könnten unsere Truppen rasch an Ort und Stelle gebracht werden.«

Mosenthal war sich natürlich darüber im klaren, daß das alles nur vorgeschobene Argumente waren. In Wirklichkeit sollte diese Eisenbahnlinie dazu dienen, die bedeutendsten und reichsten ungarischen Grundbesitzer zu bestechen, damit sie sich der Partei des Thronfolgers anschlössen. Trotzdem war Mosenthal zuerst von dem Projekt fasziniert. Die Tatsache, daß das Kriegsministerium die Bank von London & Österreich für dieses enorme Vorhaben ausgewählt hatte, bedeutete eine Gleichstellung mit den alteingesessenen anderen drei Wiener Bankhäusern. Dadurch würde außerdem die geplante Aufstockung des Bankkapitals zu einer unumstößlichen Notwendigkeit werden.

Doch im weiteren Verlauf wurde Mosenthal immer skeptischer, je mehr Argumente Hellmann vorbrachte.

Im Grund genommen bedeutete die ganze Angelegenheit für Mosenthal lediglich einen enormen Zeitverlust. Es mochte schon sein, daß Hellmann auf diese Weise seine Beförderung erreichte; und möglicherweise erlangte der Thronfolger damit die Unterstützung des ungarischen Adels. Die Eisenbahn würde freilich niemals gebaut werden. Dieses Projekt würde viel zu viele Gegner haben – und nicht nur im Parlament, wo alle anderen Volksgruppen und Nationalitäten, von den Tschechen bis zu den Sozialdemokraten, dagegen opponieren würden. Wald-Reifnitz selbst wie auch das von ihm geleitete Eisenbahn-Ministerium hatten wiederholt die Ansicht dargelegt, daß das Land schon jetzt mehr Eisenbahnen habe, als es benötige und erhalten könne. Auch das Finanzministerium würde sich im Hinblick auf den traurigen Zustand der österreichisch-ungarischen Finanzkasse gezwungen sehen, gegen diese neuerliche militärische Extravaganz Einspruch zu erheben.

»Es wird also Untersuchungen, Kommissionen und Berichte ohne Ende geben«, dachte Mosenthal. »Aber nicht ein einziger Kilometer an Gleisen wird wirklich verlegt werden.« Mochte es auch noch so ehrenvoll sein, als eine der führenden Banken zu diesem Projekt beigezogen zu werden, so lohnte es doch nicht, dafür fünf oder sechs Jahre seines Lebens zu opfern, um an endlosen Sitzungen und hitzigen Debatten teilzunehmen immer im Bewußtsein, daß das alles zu guter Letzt zu nichts führen würde. Aber er mußte vorsichtig sein. Er würde vortäuschen müssen, daß er Hinton und Sobieski mit allen Mitteln zu überzeugen versucht habe und leider schließlich doch von ihnen überstimmt worden sei. Denn sonst würde er sich die ewige Feindschaft von Hellmann wie auch von Hoetzendorf und dem Thronfolger zuziehen. Natürlich würden sie die Wahrheit erfahren; der junge Prinz hatte sicher im Haus seines Vaters einen Spitzel, sei es nun der Kammerdiener oder der Privatsekretär, dieser pedantische Dr. Wegner. »Bei diesem Spiel werde ich meinen ganzen Witz aufbieten müssen«, sagte sich Mosenthal. »Einerseits muß es so ausschauen, als sei ich nach heftigem Kampf unterlegen, andererseits muß ich diese Niederlage dazu verwenden, um meinen eigentlichen Plan zu realisieren: Sobieski und Hinton müssen von ›Miteigentümern‹ zu ›Anlegern‹ werden.«

Wie es seine Angewohnheit war, arbeitete Mosenthal seinen Plan und seine Strategie immer und immer wieder durch, bis er das Gefühl hatte, alles bis ins letzte Detail durchdacht zu haben. Er verfaßte für sich selbst ungezählte Memoranden, wobei er jeden einzelnen Schritt sorgfältig vermerkte, prüfte und neuerlich überprüfte, so lange, bis er über alles einen genauen Überblick hatte. Seine Erfahrung hatte ihn gelehrt, daß es überaus fatale Folgen haben konnte, wenn man auch nur das kleinste Detail übersah.
Schließlich war er sich über seine Vorgangsweise im klaren. Als erstes würde er die ungarische Eisenbahnlinie zur

Sprache bringen. Hierin würde er, wie vorgesehen, niedergestimmt werden. Daraufhin konnte er sich überaus niedergeschlagen zeigen und erklären, es bedeute ein großes Opfer, diese einmalige Chance aufgeben zu müssen, daß seine Bank von nun an zu den »großen Vier« zählen würde. Und er würde für dieses Opfer eine entsprechende Gegenleistung verlangen.

Hinton würde das nicht beeindrucken. Hinton feilschte niemals. Aber Sobieski war Diplomat bis in die Fingerspitzen und daher stets der Ansicht, wenn eine Seite Konzessionen mache, müsse die andere Seite dafür ebenfalls eine Konzession machen. Das würde dann der Augenblick sein, um mit Sobieski über die geplante Aufstockung des Bankkapitals zu reden.

Zuletzt würde er sich Bienstock widmen. Mosenthal würde einen weiteren ganzen Tag brauchen, um im Geiste jedes einzelne Argument zu überdenken, das die drei Männer möglicherweise vorbringen konnten; jede ihrer Gesten, jedes Wort, ja sogar die Betonung der einzelnen Worte mußte vorherbedacht werden, ebenso wie seine eigenen Antworten. »Leseprobe« nannten die Schauspieler das – nur mußte leider in diesem Fall der Schauspieler zugleich das ganze Stück auch schreiben. Aber das alles konnte bis Sonntag warten.

Jetzt war er endlich bereit, das Zeremoniell der Heimkehr zu begehen.

Es war schon ziemlich lange nach Mitternacht. Längst hatten sie Nancy verlassen, wo die Waggons nach Calais vom Zug nach Paris abgekoppelt worden waren. Morgen würde ein langer Tag sein – oder richtiger gesagt heute. Er würde sehr früh, etwa um sechs Uhr, aufstehen müssen, um noch die Morgenfähre von Calais nach Dover zu erreichen. Abends war dann das Essen beim Fürsten Sobieski, das sicher bis spät in die Nacht hinein dauern würde.

Trotzdem ging Mosenthal noch nicht zu Bett. Nachdem er seine Notizblätter zerrissen und in der Toilette hinuntergespült hatte, ging er trotz seiner Müdigkeit noch einmal zurück in den Salon. Er schenkte sich einen Cognac ein und zündete sich eine Zigarre an. Das gehörte zum Ritual der Heimkehr. Dieses Ritual hatte seinen Ursprung in jener Zeit, als er vor mehr als einem Vierteljahrhundert London und auch Sheila verlassen hatte, um nach Wien zurückzukehren und die Leitung der neu gegründeten Bank von London & Österreich zu übernehmen. Er hatte dieses Ritual jedesmal getreulich eingehalten, wenn er den Kanal auf seinem Weg von oder nach England überquerte; auch vor acht Jahren war das so gewesen, als er an jenem traurigen Tag nur wenige Stunden nach seiner Ankunft in London wegen des plötzlichen Todes seiner Mutter nach Wien zurückeilen mußte.
Heute aber würde er den ganzen Tag in Gedanken mit Sheila verleben – und zwar von dem Augenblick an, wo er in Calais erwachen bis zu der Minute, wo er in der Victoria-Station den Zug verlassen würde. Bevor er zu Bett ging, mußte er deshalb die vier Jahre, die er mit Sheila verlebt hatte, im Geist nochmals auferstehen lassen; nur so konnte er entscheiden, welchen Tag aus jener Zeit er am nächsten Morgen noch einmal erleben wollte. Erst wenn er diese Entscheidung getroffen hatte, konnte er schlafen gehen. Am Morgen, wenn er erwachte, wartete ein Tag voller Sehnsucht und voller Erinnerungen auf ihn.

Sheila

Er hatte den Brief noch immer, den ihm seine Mutter im Spätherbst des ersten Jahres, das er in der Fremde verbrachte, geschrieben hatte. Durch diesen Brief hatte er Sheila kennengelernt.

Liebster Julius!
Du fragst mich, was ich mir zu Weihnachten wünsche – aber es fällt mir beim besten Willen nichts ein! Du weißt ja, wie sehr Dein lieber Vater mich verwöhnt. Und ich werde nicht zulassen, daß Du verrückter Junge irgendetwas Teures für mich kaufst, auch wenn Du so gut verdienst, wie Du schreibst. (Übrigens, Vater hat mir erzählt, daß Herr Herzfeld in den höchsten Tönen über Deine Arbeit spricht – ich bin wirklich stolz auf Dich!)
Aber, mein lieber Julius, wenn Du Deiner alten Mutter wirklich ein Weihnachtsgeschenk machen willst, dann gibt es da etwas, was ich sehr gerne aus London hätte: ein paar dieser wirklich eleganten ellbogenlangen weißen Glacéhandschuhe mit den drei Perlmuttknöpfchen – hier bei uns ist das der letzte Schrei! Natürlich könnte ich sie auch in Wien kaufen; Dein Vater behauptet ohnehin, daß alle diese Handschuhe in Böhmen hergestellt werden, ganz gleich, was auf der Verpackung stehen mag – Du weißt ja, wie gern er mich aufzieht. Aber mir ist es egal, wo die Handschuhe hergestellt werden, ich finde eben, sie sind viel eleganter, wenn sie in einem Londoner Geschäft verpackt wurden. Aber kaufe sie nur ja nicht bei Bensons in der Bond Street, dort haben sie nur die allerteuersten Handschuhe. Jedes andere gute Geschäft tut es auch …

Und so war er also zu Bensons gegangen – seine Mutter hatte natürlich ganz genau gewußt, daß er das tun würde; er fühlte sich reichlich unbehaglich inmitten all der eleganten Damen und dem Flitterkram. Sheila war es, die ihn schließlich fragte: »Kann ich Ihnen irgendwie behilflich sein, mein Herr?«
Er hört heute noch ihre Stimme, eine leicht amüsiert klingende, angenehme, freundliche Stimme mit einem winzigen Cockney-Akzent. Sie schien ihm sehr großgewachsen zu sein, später sah er, daß das daher kam, daß sie sich immer sehr gerade hielt. In Wirklichkeit reichte sie ihm kaum bis zum Kinn. Trotz seiner Verwirrung sah er, daß sie honigfarbenes Haar hatte, graue Augen und lange, schmale Hände.
Als sie ihm das Wechselgeld herausgab, berührten sich ihre Finger. Es durchfuhr ihn wie ein elektrischer Schlag. Auch sie mußte etwas gespürt haben, denn sie errötete und zog rasch ihre Hand zurück.
In den folgenden Tagen ertappte er sich immer wieder dabei, wie er auf seinem Weg ins Büro und nach Hause den weiten Umweg über die Bond Street an Bensons vorbei machte – diese Freude an langen Spaziergängen durch London war ihm bis heute geblieben. Eines Morgens betrat er schließlich das Geschäft, um noch einmal ein halbes Dutzend Glacéhandschuhe zu kaufen, für die seine Mutter sicherlich keinerlei Verwendung hatte. Sheila erkannte ihn sofort wieder, sie wußte sogar noch seinen Namen. Diesmal richtete er es absichtlich so ein, daß er ihre Finger kurz berühren und drücken konnte, als sie ihm das Päckchen übergab. Sie wurde zwar rot, zog aber diesmal ihre Hand nicht zurück, sondern ließ ihre Finger in den seinen. Ja, er hatte sogar das Gefühl, sie habe den Druck seiner Hand erwidert.
Mit Hilfe einer halben Krone erfuhr er von dem alten Ve-

teran, der auf die Kutschen und Pferde der Kunden aufpaßte, wo sich der Eingang für die Angestellten der Firma Bensons befand und um welche Zeit die Verkäufer für gewöhnlich herauskamen. Als sie an diesem Abend das Geschäft verließ, wartete er bereits auf sie, zog seinen Hut und fragte, ob er sie nach Hause begleiten dürfe. Ohne ein Wort zu sagen, legte sie ihren Arm in den seinen.

Zehn Tage später waren sie ein Liebespaar. Am Weihnachtsabend zog sie bei ihm ein, gerade rechtzeitig, um ihm beim Schmücken des Christbaumes zu helfen. Es war der erste Christbaum, den sie in ihrem Leben sah.

»Weshalb sollte ich für ein Zimmer Miete zahlen, das ich doch nicht benütze«, sagte sie. »Außerdem können wir auf diese Weise das horrende Gehalt sparen, das du deinem schlampigen Diener zahlst.«

Nach ein paar Monaten überredete er sie, ihre Arbeit bei Bensons zu kündigen. Er hatte an einem Geschäft, das er für Herzfeld abwickelte, viel verdient, und so konnte er Sheila ihren Herzenswunsch erfüllen: er richtete ihr ein kleines Modewarengeschäft nahe der Baker Street, nicht weit von Marylebone Station, ein.

Er brachte ihr doppelte Buchführung bei und sie war eine gelehrige Schülerin. Überhaupt war er von ihrem Verstand beeindruckt. »Sie versteht viel mehr von Geschäften als ich«, dachte er oft. »Überhaupt hat sie viel mehr Geschäftssinn als irgendeiner der Männer, die ich kenne.«

Niemand brauchte ihr beizubringen, was sie einkaufen sollte, was sie verlangen konnte oder wie sie die Schaufenster dekorieren sollte. Ihre Kunden fühlten sich wohl. Sie verstand es, ihnen die Scheu zu nehmen, so wie sie es seinerzeit bei dem schüchternen Julius Mosenthal gemacht hatte, als er sich zum ersten Mal in seinem Leben in ein elegantes Damen-Modengeschäft gewagt hatte. Vor allem aber hatte sie einen sicheren Blick für Eleganz.

Schon nach einem Jahr ging das Geschäft so gut, daß Sheila den Laden – mit einer kleinen finanziellen Unterstützung von Mosenthal – kaufen konnte; achtzehn Monate später hatte sie bereits einen zweiten Laden eröffnet, diesmal in Bloomsbury, nahe der Euston-Station.
Heute gab es bereits neunundzwanzig »Sheila-Moden« in ganz London! »Sheila-Moden – höchste Eleganz zu kleinen Preisen« – überall in den Untergrundstationen konnte man dieses Plakat sehen.
Sheila hatte nicht geheiratet. Aber sie war reich geworden und als »die erste Frau, die ein Geschäftsimperium aufbaute«, der Liebling der Presse. Ihre Verkaufsleiterinnen in den einzelnen Filialen waren am Profit beteiligt. Wenn der Profit einen bestimmten Prozentsatz überstieg, so wurde die Hälfte dieses Mehrertrags für die Angestellten beiseitegelegt. Mit diesem Fonds konnte dann bei besonderen Anlässen geholfen werden – bei Hochzeiten, Krankheit oder wenn eines der Mädchen ein Kind bekam. Alles in allem bekamen die Angestellten bei Sheila um fünfzig Prozent mehr als bei Bensons oder einem der anderen bekannten Geschäfte. »Ich will nicht, daß meine Mädchen auf den Strich gehen müssen, um genug zum Leben zu haben«, hatte sie einmal bei einem Interview gesagt. »Als ich jung war, mußten sehr viele das tun. Und leider gibt es auch heute noch welche, die dazu gezwungen sind.« Das Interview erschien dann auf der ersten Seite einer Sonntagszeitung; die Schlagzeile lautete: »Sheila Cunningham sagt: Meine Mädchen brauchen nicht auf die Straße zu gehen!«
Mosenthal hatte das betreffende Skandalblättchen zwar nicht abonniert, aber sein Londoner Büro, das für ihn die Zeitungsausschnitte zusammenstellte, hatte ihm den Artikel nach Wien geschickt.
Mosenthal mußte lächeln und gleichzeitig traten ihm die Tränen in die Augen. »Sheila hat sich also nicht verändert«,

dachte er. Sie hatte sich ihre Freimütigkeit bewahrt. Immer noch stand sie dem Leben ohne Sentimentalität gegenüber, ohne Selbstmitleid oder falsche Scham. Diese Haltung hatte Mosenthal von Anfang an zugleich schokkiert und angezogen. Über sich selbst hatte sie stets in aller Offenheit und mit größter Selbstverständlichkeit gesprochen, ohne etwas zu beschönigen und ohne sich für etwas zu entschuldigen. Mosenthal war sicher und geborgen im Schoß einer geachteten, heilen Familie aufgewachsen. Die Welt, von der Sheila ihm erzählte, die Welt der Londoner Slums, war für ihn etwas völlig Unbekanntes. Es schien ihm, als sei diese Welt von noch viel ärgeren Schrecknissen erfüllt als die Welt in Dantes Inferno, und manchmal verspürte er den Wunsch, sich dagegen zu verschließen und sich mit beiden Händen die Ohren zuzuhalten. Er war zugleich aber auch zutiefst berührt von der einfachen Art, in der sie ohne Aufhebens von Erfahrungen sprach, an denen er selbst zerbrochen wäre. Sie kam ihm dadurch noch näher und er verspürte den Wunsch sie festzuhalten, zu liebkosen und zu beruhigen wie ein Kind, das Angst vor Geistern hat. Freilich, die Ungeheuer, die Sheilas Welt bevölkerten, waren keine Geister; sie waren wirkliche Wesen aus Fleisch und Blut; Mosenthal dachte, daß sie um vieles schrecklicher seien als »das Ding, das im Dunkeln poltert«.

Sheilas Mutter war Kellnerin und später Wäscherin gewesen. An ihren Vater konnte Sheila sich nicht mehr erinnern; er war Lastträger am Gemüsemarkt in Covent Garden gewesen und hatte ihre Mutter sitzen lassen, als Sheila gerade erst zwei Jahre alt war. Sheila war noch keine dreizehn, da zwang ihre Mutter sie, ihrem eigenen damaligen Liebhaber zu Willen zu sein, ja, sie selbst hielt Sheila den Mund zu, damit sie nicht schreien konnte.

»Arme Mama«, hatte Sheila gesagt, »es war ihr letzter ver-

zweifelter Versuch, diesen Mann an sich zu binden. Natürlich hat es nichts geholfen. Schon bald nachdem er mich im Bett gehabt hat, ist er mit einer anderen jüngeren Frau davon gegangen.«
Sheila sprach ohne sonderliche Gefühlsregung von diesem Wüstling, der sie vergewaltigt hatte; sie empfand ihm gegenüber sogar etwas wie Dankbarkeit, weil er ihr bei einer Putzmacherin eine Lehrstelle verschafft hatte, deren Mann einer seiner Saufkumpane war. »Sonst hätte ich wohl irgendwo in Dienst gehen müssen, wahrscheinlich als Küchenmagd in irgendeinem miserablen Pub, wo du sechzehn Stunden am Tag an der Arbeit bist und der Besitzer außerdem von dir erwartet, daß du zu jedem Gast, der ein zweites Bier bestellt, ›nett‹ bist.«
Übrigens war auch der Ehemann der Putzmacherin der Ansicht, er habe gewisse Rechte über die weiblichen Lehrlinge seiner Frau, und wann immer ihm der Sinn danach stand, ließ er sie hinauf in sein Zimmer kommen. »Das machen alle so«, sagte Sheila, als Mosenthal auf diese Erzählung schockiert und wütend reagierte. »Ich hatte noch Glück – er mochte lieber die Plumpen, Molligen. Ich habe wenigstens einen Beruf erlernt.«
Die Putzmacherin verschaffte Sheila schließlich eine Stelle bei Bensons. Wenige Wochen, bevor Julius das erste Mal in das Geschäft kam, hatte man dort beschlossen, Sheila sollte nicht länger im Hinterzimmer Hüte und Hauben zurechtmachen, sondern im Verkauf die Kunden bedienen.
Sheila hatte eine schöne, gut leserliche Handschrift; ansonsten aber war sie völlig ungebildet. Sie hatte jedoch eine rasche Auffassungsgabe und war begierig, möglichst viel an Wissen in sich aufzunehmen. Ständig quälte sie ihren Geliebten mit Fragen über Literatur, Geschichte und die verschiedenen Länder der Erde. Schon bald bemerkte

Mosenthal, wie wenig er selbst im Grunde wußte, obwohl er eine humanistische Erziehung genossen hatte, auf die das berühmte Wiener Gymnasium so überaus stolz war – vielleicht aber auch gerade deswegen. Er hatte genug Latein gelernt, um einen passablen Angestellten in Ciceros Rechtsbüro im republikanischen Rom abzugeben; sein Griechisch reichte bei weitem nicht aus, um irgendetwas damit anfangen zu können; er hatte sich eher oberflächlich mit den klassischen deutschen Dichtern befaßt und von österreichischer Geschichte wußte er gerade genug, um im Schlaf alle Namen und Daten sämtlicher Habsburgischer Kaiser und ihrer Vorgänger, den Babenberger Herzögen, heruntersagen zu können. Von englischer oder europäischer Geschichte und englischer Literatur wußte er ebensowenig wie Sheila, die nie mehr als vier Wochen ohne Unterbrechung eine Schule besuchen konnte, und das auch nur in den ersten Jahren ihrer Schulzeit.
Die beiden begannen einander an den Abenden vorzulesen: Romane oder Shakespeare, Balladen und Macaulay's »Geschichte Englands«. Dickens, der damals eben erst verstorbene Lieblingsdichter der Engländer, fand bei Sheila keinen Gefallen. Sie kannte die Welt, die er beschrieb, nur zu gut, und sie war der Ansicht, er gebe eine viel zu sentimentale Vorstellung davon. Dafür liebte sie Sir Walter Scott. Und sie begann sich für Poesie zu begeistern – ein verzauberter Garten voll unbekannter Wonnen schien sich ihr hier zu öffnen. Mosenthal hatte in seinem Salonwagen immer noch die Ausgabe von Palgraves »Der goldene Schatz der englischen Poesie« stehen, aus welcher sie einander vorgelesen hatten; Sheila hatte ihre Lieblingsstellen sogar unterstrichen. Jedesmal, wenn Mosenthal auf Geschäftsreise nach Prag oder Budapest oder Berlin war, nahm er das Buch und las eine Viertelstunde vor dem Einschlafen darin.

Je länger er mit Sheila zusammenlebte, desto seltener ging er am Abend aus, weder zu Dinnerpartys, noch zu Klubabenden, noch ins Theater. Am glücklichsten war er, wenn er mit Sheila zu Hause bleiben konnte; dann sahen sie die Abrechnungen durch, lasen oder sprachen über seine Zukunftspläne. Meistens waren sie allein; der einzige Gast, der zu ihnen kam, war Hinton gewesen. Er kam oft, manchmal sogar eine Woche hindurch jeden Abend – er sprach wenig, saß ruhig da, rauchte seine stinkende deutsche Pfeife und hörte ihnen zu. Hinton behandelte Sheila stets so, als wäre sie eine zerbrechliche chinesische Porzellanpuppe. Sheila ihrerseits behandelte Hinton mit der freundlichen Gleichgültigkeit, die man einem nicht mehr ganz jungen, onkelhaftem Junggesellen oder einem gutmütigen, etwas zu groß geratenen Bernhardiner entgegenbringt.

Am glücklichsten aber waren sie an jenen Tagen, wo sie aufs Land hinausfuhren.

Ihre erste Reise war eine einzige Katastrophe gewesen. Sheila war noch nie aus London, geschweige denn aus England herausgekommen. Nachdem sie die Arbeit bei Bensons aufgegeben hatte, nahm Mosenthal sie mit nach Paris. Sie hatten vorgehabt, eine Woche dort zu bleiben, aber Sheila fühlte sich derart unglücklich, daß sie bereits nach drei Tagen zurückfuhren.

»In London haben zwar alle den Verdacht, daß wir nicht miteinander verheiratet sind«, sagte Sheila. »Aber sie tun wenigstens so, als ob sie es nicht bemerken. In Frankreich weiß jemand Bescheid – und jeder grinst. Das halte ich nicht aus. Ich werde nie wieder dorthin fahren.«

Wochenlang weigerte sie sich, auch nur einen Fuß vor die Tore Londons zu setzen. Aber dann arbeitete sie zwei Monate lang Tag und Nacht, um rechtzeitig nach den Bankferien ihr Geschäft eröffnen zu können; im Spätsommer gelang es Mosenthal endlich, sie dazu zu überreden, mit ihm für ein paar Tage aufs Land zu fahren. Sie fuhren nach Salisbury, dann weiter nach Dorset: nach Sherborne, Blandord und Weymouth. Das Wetter war scheußlich, kalt und regnerisch. Aber sie verliebten sich beide in die englische Landschaft, die sie vorher nicht gekannt hatten. Von da an fuhren sie aufs Land, so oft es ihre Arbeit erlaubte. Sie fuhren zwar nie wieder so weit wie beim ersten Mal. Aber auch in der nächsten Umgebung Londons fanden sie Schönheit und Beglückung in den unberührten Wäldern und Heidelandschaften; sie erforschten das Aylesbury-Tal mit seinen sanften grauen Hügeln und seinen saftigen Wiesen entlang den Flußufern; sie durchstreiften die Gegend um Bishops Stortford und Great Dunmow mit den friedlich strömenden Flüssen und alten Kanälen, an deren Ufern uralte Bäume standen; oder sie gingen in südlicher Richtung nach Sussex und wanderten über die sanft gewellten Dünen rund um Haywards Heath, die im Frühsommer von einem Teppich phantastischer Blumen bedeckt waren, und wo zwischen ganzen Wällen von Geißblatt und Heideröschen versteckte kleine Pfade liefen.

Am meisten aber hatte Sheila den New Forest geliebt. »Typisch englisch, den ältesten Wald Europas als ›Neuen Wald‹ zu bezeichnen«, dachte Mosenthal. An klaren Tagen rieselte das Sonnenlicht durch das Geäst der riesigen Rotbuchen, an Regentagen umhüllten die Nebelschwaden die Bäume wie mit einem Leichentuch. Manchmal brach eine Herde wilder Ponys durchs Gehölz und erschreckte die Eindringlinge. Dann drängten sie sich eng an die beiden Menschen und wollten lange gestreichelt werden. Drei-, viermal im Jahr, wann immer sie mehr als einen Tag erübrigen konnten, fuhren Sheila und Julius in den New Forest.

Auch ihr letzter gemeinsamer Ausflug hatte sie in den

New Forest geführt – wieder war es im Spätsommer, knapp vor Ende der Bankferien gewesen. Kurz danach sollte Mosenthal nach Wien zurückkehren und die Gründung der Bank von London & Österreich in die Wege leiten.

Irgendwann hatte das Ende kommen müssen. Die fatalistische und wirklichkeitsverbundene Sheila hatte es wohl von allem Anfang an gewußt. Mosenthal hingegen hatte versucht, diesen Gedanken zu verdrängen und zu ignorieren. Aber es hatte nichts genützt.

Es war nach ihrem ersten Landausflug nach Salisbury und Dorset gewesen; da hatte er versucht, mit Sheila über eine Heirat zu sprechen.

»Du bist ein Schatz«, hatte sie geantwortet. »Aber ich liebe dich viel zu sehr, um dich zu ruinieren. Und du weißt doch ganz genau, daß es deinen Ruin bedeuten würde, wenn du mich heiratest. Du wirst reich und bedeutend sein, und du wirst vor allem ein großer Herr sein – mit etwas anderem würdest du dich auch gar nicht zufrieden geben. Die Frau, die du heiratest und zur Mutter deiner Kinder machst, wird eine Dame sein müssen; eine Dame, die all diese großen Herren empfangen kann, von denen du immer erzählst, und die von ihren Ehefrauen akzeptiert wird. Ich werde es wissen, wenn die Zeit für dich gekommen ist zu heiraten – und ich werde es dir sagen. Dann werde ich dich verlassen, obwohl ich dich mehr liebe, als du dir jemals vorstellen kannst. Ich werde nicht zulassen, daß du dich meinetwegen ruinierst. Aber ich werde auch nicht das Liebchen eines verheirateten Mannes sein; ich werde nicht Abend für Abend in irgendeiner Villa in St. John's Wood darauf warten, daß du auf einen kleinen Sprung ins Bett bei mir vorbeischaust, bevor du nach Hause zu Frau und Kindern eilst.«

Alle seine Überredungskünste und Beteuerungen, daß er

keine andere als sie heiraten würde, waren vergebens. Sie blieb unbeugsam. Es half auch nichts, daß er ihr erklärte, sie könnten schließlich in Wien leben, wo alles anders sei und niemand wisse, woher sie komme.

»Ach, Liebling, sei nicht so naiv«, antwortete sie ihm dann stets. »Deine reizende Mama, deren Foto du auf deiner Ankleidekommode stehen hast (das Foto stand auch heute, dreißig Jahre später, noch auf dem selben Platz) würde auf den ersten Blick wissen, woher ich komme, daß ich nicht mehr unberührt war, als wir uns kennenlernten, und daß wir vor unserer Heirat schon zusammen gelebt haben. Für sie würde von allem Anfang an feststehen, daß ich nicht die Frau bin, die sie an der Seite ihres geliebten Julius zu sehen wünscht. Außerdem würde ich nie woanders leben wollen als in England – hier bin ich zu Hause.«

Mosenthal hatte sich oft gefragt, ob es von ihm richtig gewesen war, auf Sheila zu hören. Wäre es gut gegangen, wenn er sie als seine Frau nach Wien mitgenommen hätte? Seine Schwägerin Mariandl war schließlich auch nur ein Bauernmädchen gewesen, als Richard sie als seine Frau nach Wien gebracht hatte. Und jedermann vermutete, daß die beiden zwei oder drei Sommer hindurch ein Verhältnis hatten, bevor sie schließlich heirateten. Bevor Richard dieses Mädchen, von dem vorher niemand etwas gewußt hatte, als seine Frau mit nach Hause brachte, hatte er mehrere Sommer in einem kleinen verschwiegenen Alpendorf mit Bergsteigen verbracht. Dort war es nichts Ungewöhnliches, daß ein junges Mädchen sich einen Sommer lang an einen Touristen als »Begleitung« anschloß – meist hatte sie gar keine andere Möglichkeit, genügend Geld für ihre Mitgift zusammen zu bekommen, die sie benötigte, um einen der einheimischen Burschen heiraten zu können. Aber Mariandl war schließlich doch von der Gesellschaft akzeptiert worden.

Freilich, leicht war es nicht gewesen. Und vielleicht wäre es überhaupt nie dazu gekommen, hätte nicht Mosenthal selbst in Erinnerung an Sheila seine Frau Regina gezwungen, Mariandl wie eine Schwester aufzunehmen; und dann hatte die alte Baronin Wald-Reifnitz, die Mutter des Ministers, das Mädchen wie eine Tochter behandelt, weil sie eine so hübsche Stimme hatte und so viele Volkslieder zu singen wußte. Aber es gab auch jetzt noch einige Leute, die Mariandl schnitten; da war zum Beispiel die andere Schwägerin, diese eingebildete Frau von Richards Zwillingsbruder, die sich so ungeheuer viel auf ihre »gute jüdische Familie« einbildete, aus der sie stammte; gar nicht zu reden von der Frau des Ministers, der jungen Baronin Wald-Reifnitz – sie war eine geborene Gräfin Marchfelden und sah sogar auf ihren eigenen Mann herab, weil er nicht ein Prinz oder zumindest ein Graf war. Außerdem war Mariandl Künstlerin – sie malte und musizierte –, nicht eine Geschäftsfrau wie Sheila; in Wien genossen die Künstler eine Sonderstellung, so wie die Universitätsprofessoren, und Richard war ein solcher. Nein, Sheila hatte schon recht gehabt; auch damit, daß es für sie besser war, in London zu bleiben. In keinem anderen Teil der Welt wäre sie jemals heimisch geworden.
Aber selbst als das Bankprojekt schon beinahe abgeschlossen war und seine Abreise nach Wien unmittelbar bevorstand, kam es Mosenthal immer noch so vor, als liege die Trennung von Sheila irgendwo in einer sagenhaften Zukunft weit entfernt. Natürlich war es unumgänglich – aber schließlich ist auch der Tod unvermeidbar. Und wenn jemand davon spricht, was »nach meinem Tod« sein wird, fühlt er sich deswegen trotzdem noch sehr lebendig. Sogar als Mosenthal bereits für Mitte September den genauen Tag seiner Abreise bestimmt hatte, konnte er nicht wirklich an die bevorstehende Trennung glauben. Er begriff

nicht, daß er Sheila aufgeben mußte, daß er sie eigentlich bereits verloren hatte. Das wurde ihm erst klar, als eines Nachmittags plötzlich Sir Solomon Maimon ihn zu sich rief.

Sir Solomon war der erste bedeutende Finanzmann in London gewesen, der Mosenthal empfangen hatte, ihn ermutigte und mit ihm Geschäfte machte. Das Haus Maimon war das einzige Haus, in dem Mosenthal noch regelmäßig verkehrte und in dem er sich wirklich wohl fühlte. Obwohl die Maimons überaus vornehm und sehr englisch waren, erinnerten sie Mosenthal durch ihre Wärme und Herzlichkeit an seine eigene Familie in Wien. Auch die Art, wie Sir Solomon sprach – altmodisch, pompös und didaktisch, auch wenn es um ganz alltägliche Themen wie das Wetter oder den Börsenbericht ging, war ihm vertraut. Es erinnerte ihn an seinen Vater, bei dem man immer den Eindruck hatte, er halte gerade eine Ansprache an das hohe Gericht und die Geschworenen.

Diesmal aber traf ihn Sir Solomons Vorschlag völlig überraschend.

»Als erstes möchte ich Ihnen einmal von Herzen gratulieren, mein lieber Mosenthal«, hatte Sir Solomon begonnen, »daß es Ihnen gelungen ist, genügend Geld für die Gründung der Bank von London & Österreich aufzutreiben. Ich habe selten erlebt, daß ein Geschäft von jemandem so glatt durchgeführt wurde, und sicher noch nie von einem so jungen Mann. Sie haben also allen Grund zufrieden und stolz zu sein. Sie haben alles erreicht, was Sie sich vor vier Jahren vorgenommen haben. Ich muß gestehen, als Sie mir damals Ihren Plan dargelegt haben, habe ich ihn zwar sehr interessant gefunden, aber für kaum durchführbar gehalten.

Aber, mein lieber Julius – ich hoffe, Sie haben nichts dagegen, wenn ich Sie so nenne – sind Sie ganz sicher, daß Sie

wirklich nach Wien zurückkehren und dort die Leitung der Bank übernehmen wollen? Soviel ich weiß, hat sich Ihr Freund Hinton bereit erklärt, einige Jahre lang als Vorsitzender zu fungieren. Glauben Sie, daß Sie wirklich dort gebraucht werden? Es gibt doch genügend erfahrene Bankfachleute, die sich dazu eignen, als Generaldirektor und als Hintons Stellvertreter zu arbeiten.
Um es kurz zu machen, ich hege insgeheim die Hoffnung, Sie könnten noch eine andere Möglichkeit in Betracht ziehen: warum wollen Sie nicht in London bleiben – Sie fühlen sich doch hier zu Hause, Sie könnten als mein Partner zu Maimon & Compagnie kommen und vielleicht in ein paar Jahren, wenn ich nicht mehr bin, die Bank übernehmen. Sie wissen, daß Gott mir fünf reizende Töchter geschenkt hat, aber leider keinen Sohn. Wenn Sie zu mir kommen, hätte ich einen Nachfolger – vielleicht sogar einen Sohn. Ich glaube, ich muß Ihnen nicht erst sagen, daß Sie stets willkommen wären, sollten Sie die Absicht haben, Ihr Schicksal mit dem meiner Familie zu verbinden.«
Mosenthal war überwältigt und fast zu Tränen gerührt. Hier wurde ihm die Partnerschaft bei Maimon & Companie, dem ältesten und einem der reichsten Bankhäuser Englands, wenn nicht sogar Europas, angeboten – dabei war er noch nicht einmal dreißig Jahre alt! Für Sir Solomon selbst hegte er wegen dessen Scharfblick, seiner absoluten Integrität und seiner unverfälschten Güte große Achtung. Er brachte ihm all die Bewunderung entgegen, die ein Sohn seinem Vater entgegenbringen sollte. Seine eigene Familie in Wien würde über eine solche Entwicklung überglücklich sein. Die Maimons waren ebenso einflußreich und prominent wie die Rothschilds, durch ihre Bescheidenheit und Zurückhaltung aber noch vornehmer. Und Sir Solomon hatte völlig recht: die Bank von London

& Österreich konnte auch ohne ihn existieren. Natürlich würde es ein bißchen heikel sein, zu einem so späten Zeitpunkt eine Absage zu erteilen; aber Sir Solomon würde es sicher gern auf sich nehmen, das mit den Bancrofts und mit Hinton zu arrangieren.
Und doch wußte Mosenthal im selben Augenblick, daß er Sir Solomons Vorschlag ablehnen würde – und zwar wegen Sheila. Wenn er Sir Solomons Vorschlag annahm, würde Sheila ihn verlassen. Sie würde nicht geduldig warten, bis er schließlich Becky Maimon heiratete, die übrigens ganz genau der Typus Frau war, den Sheila ihm stets als seine zukünftige Ehefrau beschrieben hatte. Er wußte genau, daß er es nicht ertragen konnte, in London zu leben und zu wissen, daß Sheila ganz in seiner Nähe war, und sie trotzdem nicht sehen zu dürfen. Die Trennung von Sheila würde in jedem Fall einen großen Schmerz bedeuten, aber wenn er nach Wien ging, konnte er sie wenigstens als unabänderlich ansehen. In London aber würde ihn jede Straßenecke und jeder Park an Sheila erinnern, an die gemeinsamen Spaziergänge, ihre Rendezvous und kleinen Geheimnisse – nein, das ging über seine Kräfte. Auch Sheila gegenüber würde es eine Grausamkeit bedeuten. Wenn er Sir Solomons Partner und Schwiegersohn war, würden die Zeitungen über ihn schreiben, er würde in den Gesellschaftsberichten erwähnt werden und so ständig in Sheilas Gesichtskreis bleiben. War er in Wien, war er Sheila wenigstens aus den Augen, wenn auch sicherlich nicht so bald aus dem Sinn.
Als Sir Solomon Mosenthals Bestürzung bemerkte, sagte er: »Lassen Sie sich Zeit mit Ihrer Antwort, mein lieber Julius. Ich weiß, das Ganze kommt für Sie überraschend, aber ich hoffe, es ist wenigstens eine freudige Überraschung. Ich bitte Sie nur, mich bald zu besuchen. Ich bin für Sie da, wann immer Sie wollen.«

Mosenthal hatte ihn nicht besucht. Ein paar Tage später schrieb er einen wohlbedachten Brief, in dem er seine tiefste Dankbarkeit zum Ausdruck brachte, zugleich aber erklärte, er habe sich verpflichtet, die Leitung der Bank in Wien zu übernehmen, und er könne nun sein Wort nicht mehr brechen. Er wußte, daß der alte Mann sich nicht täuschen lassen würde. Solomon Maimon wußte über Sheila Bescheid; er tat niemals etwas, ohne vorher genaue Erkundigungen einzuziehen und vielleicht wußte er mehr über Mosenthal, als dieser über sich selbst wußte. Viele Jahre später – Ernst Marburg hatte schon lange die Partnerschaft übernommen, die ursprünglich »meinem lieben Julius« angetragen worden war, und er hatte auch Becky Maimon geheiratet – sagte Sir Solomon zu Mosenthal: »Mein lieber Julius, Sie haben nie begriffen, wie groß London sein kann.« Sein Ton war scherzhaft, aber er meinte es offensichtlich ernst.
Mosenthal erzählte Sheila nichts von alledem. Er wußte genau, daß sie ihn drängen würde, das verlockende Angebot anzunehmen. Als er sich auf den langen Heimweg von der Maimon-Bank in der Innenstadt nach Hause machte, faßte er den Beschluß, nichts über Sir Solomons Vorschlag zu erzählen. Es war das erste Mal, daß er vor Sheila ein Geheimnis hatte und er wußte, daß damit die Trennung zwischen ihnen bereits begonnen hatte.
Sie fuhren also noch einmal während der Bankferien im August in den New Forest. Es war ein wolkenloses, heißes Wochenende; Hand in Hand gingen sie noch einmal alle ihre Lieblingswege. Sie hatten nicht den Mut, miteinander zu sprechen. Als sie in ihrem Gasthof in Lyndhurst in dem kleinen, stickigen Dachzimmer schließlich zu Bett gingen, lag der Schatten der bevorstehenden Trennung wie ein Gespenst zwischen ihnen. Sie versuchten einander aufzuheitern, sie erinnerten einander an jene heißgeliebte

Waldlichtung oder jenen schönen Platz – aber es half alles nichts. Als sie nach London zurückkehrten, waren sie bereits zwei Fremde.
Ein paar Wochen später reiste er nach Wien ab. Er hatte sie gebeten, ihn nicht zum Bahnhof zu begleiten; so nahmen sie also in der Wohnung, die vier Jahre lang ihr Zuhause gewesen war, voneinander Abschied. Sie schien bereits erfüllt von der toten, schalen Luft einer Wohnung, an der das Schild »Zu vermieten« angebracht ist.
Lange Zeit hielt er ihre Hände in den seinen, schließlich sagte er: »Sheila, du mußt mir versprechen, daß du mich wissen lassen wirst, wenn du irgendetwas brauchst, wenn du in irgendwelchen Schwierigkeiten bist.«
In diesem Augenblick brach sie zusammen, warf sich in seine Arme und begann bitterlich zu schluchzen. Doch gleich darauf hatte sie sich schon wieder in der Gewalt und machte sich beinahe unwillig von ihm los.
»Ich verspreche es dir, Julius«, sagte sie. »Aber jetzt ist es Zeit, daß du gehst. Ich werde dafür sorgen, daß die Möbel ordentlich gelagert werden.«
Sie schrieben einander kein einziges Mal. Aber während der langen, einsamen Fahrt nach Wien durchlebte Mosenthal noch einmal jeden Tag, jeden Monat, jedes Jahr der gemeinsamen Zeit mit Sheila. Daraus war schließlich das Ritual der Heimkehr geworden. In der Nacht bevor der Zug Richtung London den Hafen am Kanal erreichte, von wo aus am nächsten Morgen die Fähre ging, ließ Mosenthal im Geiste die Zeit seines Lebens, die er mit Sheila verbracht hatte, vorüberziehen; dasselbe machte er bei der Rückreise jeweils am letzten Abend in London, bevor er am nächsten Tag von Victoria-Station abfuhr. Bevor er schlafen ging, wählte er dann einen der vielen glücklichen Augenblicke aus (das erste Zusammentreffen oder ihren ersten Ausflug nach Salisbury und Dorset); diesen Augen-

blick würde er schließlich am nächsten Morgen noch einmal durchleben, wenn er das Zwischenreich zwischen dem Kontinent und London durchquerte, dieses Zwischenreich, das zu keiner seiner beiden Welten gehörte. Nach dem Erwachen würde er den Tag mit Sheila verbringen, einen langen Tag voll sehnsuchtsvoller Erinnerung. »Was also soll ich für morgen aussuchen – oder richtiger für heute?« fragte sich Julius Mosenthal, während er seine Zigarre ausdrückte und den letzten Schluck Cognac trank. Zugleich wußte er auch schon die Antwort: der letzte gemeinsame Ausflug, die Abschiedsfahrt in den New Forest. Er hatte schon früher oft an dieses Wochenende gedacht, die Erinnerung jedoch immer wieder von sich geschoben, denn sie schmerzte noch zu sehr. Heute aber wußte er, daß das die richtige Wahl für seine Heimkehr war. Morgen – oder vielmehr heute – würde er noch einmal von Lyndhurst aus Hand in Hand mit Sheila zu den Rotbuchen gehen, zu den Wildponys, den versteckten Lichtungen und dem geheimnisvollen Dickicht des New Forest, den sie so sehr geliebt hatte.

Susi

»Es ist schon nach acht, aber es besteht kein Anlaß zur Eile«, teilte der Kammerdiener Mosenthal mit, als er ihm seinen Morgentee brachte. »Gestern nacht war es in Dover so nebelig, daß die Fähre nicht ausfahren konnte. Und hier ist es immer noch so nebelig, daß die Fähre nicht einlaufen kann.« Als der Diener das Rolleau hochzog, sah Mosenthal draußen tatsächlich dicken Nebel. Die Bogenlampe, unter der Mosenthals Salonwagen zu stehen gekommen war, verbreitete nur ein ganz schwaches Licht.
»Ich habe gehört, daß die Fähre Dover innerhalb der nächsten Stunden verlassen soll und etwa um elf Uhr hier eintreffen wird. Sie fährt dann gegen Mittag wieder ab«, schloß der Kammerdiener seinen Bericht.
Mosenthal fühlte sich versucht, noch einmal ins Bett zu gehen – es war eine kurze Nacht gewesen, er fühlte sich müde und zerschlagen. Dann aber fiel ihm ein, daß heute ja der Tag der Heimkehr war. Während er schlief, hatte er schon viel zu viele Stunden vergeudet, die er mit Sheila hätte verbringen können.
Rasch zog er sich an und ging dann hinaus in den Nebel. Er war sofort von den vertrauten Gerüchen eines französischen Hafens umgeben: die leichte Meeresbrise, der süßliche, leicht übelkeitserregende Geruch der Kohlen, die die französische Eisenbahn verfeuerte, und noch ein anderer undefinierbarer, aber unverwechselbarer Geruch, der für Mosenthal der Inbegriff von Frankreich bedeutete und ihn stets an das besondere Blau der Arbeitskleidung der französischen Arbeiter erinnerte. Mosenthal wußte, daß

Sheila dort draußen im Nebel auf ihn wartete, für niemanden sichtbar außer für ihn; sie würde ihn bei der Hand nehmen und im Nu würde sie ihn fortbringen nach Lyndhurst und jenem wolkenlosen Augusttag, damit er noch einmal mit ihr jenen letzten Spaziergang erlebe.

»Wäre es nicht wunderschön«, fuhr es ihm auf einmal durch den Kopf, »wenn ich Susi und Sheila zusammenbringen könnte, wenn Sheila meine Liebe zu Susi mit mir teilen könnte? Und wie gut würde sich Susi mit Sheila verstehen! Wie gern würde ich ihr alles über Sheila erzählen, alles, was ich mit Sheila erlebt habe, lange bevor Susi geboren wurde.«

Und anstatt einen heißen Augusttag mit Sheila im New Forest zu verbringen, fand er sich auf einmal im gemütlichen Büro von Dr. Moll wieder, dem Wiener Spezialist für Jugendprobleme. Da waren wieder die Stühle mit der dicken, glänzenden Polsterung und an den Wänden die Lithographien verschiedener Barockkirchen. Die Hand, die er in der seinen hielt, war nicht die Hand Sheilas, sondern die Hand Susis.

Selbstverständlich hatte Mosenthal geheiratet, so wie Sheila es immer vorhergesagt hatte, und natürlich genau den Typus Frau, der ihm von Sheila immer beschrieben worden war. Er kannte Regina Augsburg von Kindheit an – ihr Vater war bei der Familie Hausarzt, seitdem Mosenthals Eltern geheiratet hatten. Als er nach London gegangen war, war Regina fast noch ein Kind gewesen, kaum erst aus der Kinderstube entlassen. Sie war zehn Jahre jünger als Julius. Als er fünf Jahre später nach Wien zurückkam, war sie zu einer anziehenden jungen Frau herangewachsen, die Mosenthals Mutter bereits in ihr Herz geschlossen hatte. Zweieinhalb Jahre später erklärte er sich ihr und sie nahm seinen Antrag an. Er war nicht verliebt in sie – aber sie sah gut aus, war gutherzig, eine ausgezeichnete Hausfrau, perfekte Gastgeberin, hatte eine gute Erziehung genossen und verstand etwas von Musik. Mosenthal fühlte sich wohl bei ihr und verstand sich gut mit ihrem Vater, der damals bereits der anerkannteste Diagnostiker Wiens war, wie auch mit ihrem älteren Bruder, der bereits am Beginn einer steilen Karriere als Arzt stand. Regina wiederum fühlte sich in seiner Familie wohl, besonders nahe stand sie seiner Mutter – ihre eigene Mutter war gestorben, als Regina noch sehr jung war. Es war eine gute Ehe gewesen und Mosenthal dachte, daß auch er ein guter Ehemann gewesen sei, besser jedenfalls als die meisten. Er war auch den Kindern ein guter Vater gewesen: Hans-Ludwig, den sie nach seinem Onkel und seinem Großvater benannt hatten; Josephine, die nach dem Mosenthalischen Großvater benannt worden war und nach Wiener Art stets »Fifi« gerufen wurde; und Susi, die jüngste, die noch nicht ganz fünfzehn war. Mosenthal dachte, daß sie allen Grund hatten, auf die drei stolz zu sein. Sie entwickelten sich prächtig. Natürlich ging es einem auf die Nerven, wenn Hans-Ludwig hochtrabende, sozialistisch inspirierte Reden darüber schwang, daß »die Revolution« kommen werde. Jedesmal, wenn er sein romantisches Gewäsch vom »edlen, ausgebeuteten Proletarier« von sich gab, konnte Mosenthal sich nur schwer beherrschen, ihm nicht etwas über das wirkliche Leben der Proletarier in Sheilas Slums zu erzählen. Aber alles in allem studierte Hans-Ludwig fleißig; schon mit zehn Jahren hatte er den Entschluß gefaßt, Arzt zu werden – und wenn man seinem Onkel Hans glauben konnte, würde er ein ausgezeichneter Chirurg sein. »In diesem Alter sind sie alle flammende Revolutionäre«, hatte Hans gesagt. »Er wird sehr bald dahinter kommen, daß die Revolution weder Syphilis verhindert noch heilt.«

Hans-Ludwig stand seiner Mutter ebenso nahe wie Mosenthal seinem eigenen Vater nahegestanden war. »Und er ist mit seiner Mutter viel netter als ich mit meiner, als ich in seinem Alter war«, dachte Mosenthal.
Fifi aber war noch enger mit der Mutter verbunden; die beiden standen eigentlich eher wie zwei Schwestern zueinander denn als Mutter und Tochter, vor allem seitdem Fifi einen kleinen Sohn hatte, in den die Großmutter völlig vernarrt war. Fifi erinnerte in jeder Hinsicht an ihre Mutter: sie war gutaussehend, gutherzig, sanft und den materiellen Annehmlichkeiten des Lebens zugetan.
Sie hatte den idealen Ehemann gefunden, jedenfalls was ihren eigenen Geschmack betraf. Da schadete es nicht, daß Mosenthal der Ansicht war, Oskar Pollack von Paltitz sei von tödlicher Langeweile. »Schließlich bin nicht ich mit ihm verheiratet. Für sie ist er genau der richtige Mann, er betet sie an und er ist in das Baby ebenso vernarrt wie sie selbst. Er arbeitet fleißig im Pollack-Paltitz-Unternehmen, obwohl er es gar nicht nötig hätte – er ist so reich, daß er niemals soviel Geld ausgeben kann, wie er besitzt. Und wie stolz sein Vater war, als er vor ein paar Monaten bei der Ausschußsitzung erzählte, sein Sohn habe, obwohl erst knapp dreißig, bereits drei neue synthetische Farben entwickelt und in Produktion gegeben, wovon jede einzelne ebenso gut sei wie die in Deutschland hergestellten Produkte. Und Fifi ist begeistert vom vielen Personal und von dem großen Haus, das die Schwiegereltern ihnen zum Hochzeitsgeschenk gemacht haben, gar nicht zu reden von der Sommervilla in Gastein und den großen Gesellschaften, die sie ständig gibt. Was schadet es da, daß es im ganzen Haus kein einziges Buch gibt, außer Oskars Bücher über Chemie und Ingenieurwesen.«
»Aber«, überlegte Mosenthal weiter, »Susi ist diejenige, die mir seit jeher am nächsten steht. Vielleicht kommt das da-

her, weil sie so lange nach den anderen auf die Welt gekommen ist, zu einer Zeit, als Regina und ich den Gedanken an weitere Kinder schon aufgegeben hatten. Oder es kommt daher, daß sie meiner Mutter so ähnlich sieht – mit ihren dunkelbraunen, üppigen Haaren, den braunen Augen und dem ovalen Gesicht; sie bewegt sich wie meine Mutter, mit eben denselben energischen raschen Bewegungen; sie hat dieselbe unverkennbare Art zu gehen, die eher an einen Tanz erinnert. Vielleicht aber steht Susi mir so viel näher als die beiden anderen Kinder, weil sie ein so freundliches, liebevolles Wesen hat.« Noch heute erinnerte Mosenthal sich voller Zärtlichkeit an jenen Tag, als Susi, die damals siebzehn Monate alt war, auf seinen Schoß geklettert war, die Arme um ihn geschlungen und ihr erstes Wort gesagt hatte: »Kuß«.
Aber seit acht oder neun Monaten war Susi mit einem Mal wie verwandelt. Sie hatte zu schmollen begonnen, sie schrie ihre Eltern und die Bedienten an, sie weigerte sich plötzlich Dinge zu tun, die sie bisher gern getan hatte – zum Beispiel am Sonntagmorgen mit ihrem Vater im Wienerwald spazieren zu gehen –, ja sie bekam förmliche Wutanfälle, wobei sie sich wie ein zweijähriges Kind auf den Boden warf und mit den Beinen strampelte. Zuerst nahmen Regina und er das alles nicht sonderlich ernst und auch Dr. Gottesmann, der Hausarzt, sah keinen Grund zur Besorgnis. Halbwüchsige Mädchen waren eben einige Zeit lang schwierig. Sogar die träge, unkomplizierte Fifi hatte mit vierzehn, fünfzehn ihre unausstehlichen Momente gehabt. Aber bei Susi wurde es immer schlimmer. Sie weigerte sich manchmal tagelang zu essen. Sie bekam plötzlich Weinkrämpfe und wurde stundenlang von Schluchzen geschüttelt. Oder man fand sie um zwei Uhr früh lesend in der Bibliothek und den besorgten Eltern erklärte sie, sie könne nicht schlafen.

Onkel Hans machte schließlich den Vorschlag, sie sollten mit Susi zu Dr. Moll gehen, der früher Assistent des Vaters von Hans, Dr. Ludwig Augsburg, gewesen war. Er arbeitete als Leiter der Neurologischen Abteilung am Kinderspital. »Moll erzielt bemerkenswerte Erfolge bei Jugendlichen, die seelische Probleme haben«, meinte Hans. »Sie haben zu ihm Vertrauen und sprechen offen vor ihm.«
Susi selbst war einverstanden mit einer Behandlung – die Veränderung, die mit ihr vorging, hatte sie erschreckt.
Drei Wochen später – Susi war ein dutzendmal bei ihm gewesen – hatte Dr. Moll Regina, Julius und Susi gemeinsam zu sich bestellt.
»Fräulein Susanne, Sie wissen, was ich Ihren Eltern sagen werde«, begann er. »Aber ich möchte trotzdem, daß sie genau zuhören und mich sofort unterbrechen, wenn sie das Gefühl haben, Sie sind mit meinen Erklärungen nicht einverstanden.«
Mosenthal war schockiert, daß der Arzt seine Tochter mit »Fräulein Susanne« anredete. Bisher hatte niemand sie so genannt, obwohl es ihr korrekter Taufname war. Vor allem aber hatte ihn das Wort »Fräulein« erschreckt, er empfand es fast wie einen körperlichen Schmerz. Sollte er seine Tochter so früh schon an die Welt der Erwachsenen verlieren?
»Ich denke nicht, daß Sie sich um Ihre Tochter große Sorgen machen müssen«, fuhr Dr. Moll freundlich fort. »Ihre Tochter hat keinerlei gesundheitliche Probleme. Ihr Problem scheint vielmehr die Schule zu sein, die sie tödlich langweilig findet. Gehe ich richtig in der Annahme«, fragte der Arzt, »daß Susis Verzweiflungsausbrüche im September knapp nach Schulbeginn angefangen haben?« Alle drei nickten.
»Fräulein Susanne ist eine sehr intelligente junge Dame – was angesichts ihrer Vorfahren weiter nicht verwunder-

lich ist. Aber in der Schule wird sie wie ein kleines Kind behandelt. Sie hat eine große Begabung für Mathematik; in der Tat weiß sie darüber weit mehr als ich. Aber wenn sie den Wunsch äußert, sich mit Trigonometrie, Logarithmen oder Kegelschnitt zu befassen, dann bekommt sie in der Schule zur Antwort: ›Ausgeschlossen, das gehört sich nicht für junge Damen!‹ Habe ich recht, Fräulein Susanne?«

Susi lachte schallend – das erste Mal seit Monaten – und nickte heftig mit dem Kopf.

»Fräulein Susanne spricht fließend Englisch«, fuhr Dr. Moll fort. »Denn schließlich sieht sie zu Hause fast jede Woche englische Gäste. In der Schule aber soll sie die englische Grammatik für Anfänger, anstatt englische Literatur lesen. Kurz gesagt, ihre Tochter möchte die Universität besuchen. Ich kenne in Österreich nicht sehr viele Frauen, die auf die Universität gehen; und, liebe Gnädige Frau, ich könnte mir vorstellen, daß Sie ein wenig schockiert sind bei der Vorstellung, Ihre Tochter als Studentin zu sehen. Aber, glauben Sie mir, die Universitäten werden sich immer mehr den Frauen öffnen und die jungen Mädchen, die sich zu einem Hochschulstudium entschließen, tun gut daran. Fräulein Susanne weiß noch nicht genau, was sie studieren will. Mit ihrer mathematischen und sprachlichen Begabung könnte sie ohne weiteres Volkswirtschaft studieren. Soviel ich weiß, gibt es in diesem Fach bereits einige sehr tüchtige weibliche Studenten. Vielleicht wird sie sich aber auch für das Geschichtsstudium entschließen – es ist jetzt einfach noch zu früh, darüber zu entscheiden. In vier oder fünf Jahren sind Fräulein Susannes Vorstellungen vielleicht völlige andere.

Wesentlich ist jetzt, daß sie auf eine anspruchsvolle Schule kommt, wo ihr Verstand gefordert wird und man ihr geistige Disziplin abverlangt. Sie muß das Bewußtsein haben,

daß sie, falls sie auf die Universität gehen will, ausreichend dafür vorbereitet ist. Ich schlage daher vor, daß Sie Fräulein Susanne in eine der schwersten Schulen schicken, die sich mit der Vorbereitung auf das Hochschulstudium befassen – wir haben hier in Wien einige sehr gute solcher Schulen.
Dann gibt es da noch ein weiteres Problem. Fräulein Susanne hat das Gefühl, daß Sie, ihre Eltern, nicht richtig zur Kenntnis nehmen wollen, daß sie nicht mehr ein Kind ist. Sie weiß natürlich, daß sie von ihren Eltern geliebt wird. Aber irgendwie hat sie den Eindruck, daß sie von Ihnen ins Kinderzimmer verbannt wird, anstatt in den Salons zugelassen zu werden. Habe ich recht, Fräulein Susanne? Sie glaubt, vom Familienleben ein wenig ausgeschlossen zu sein. Im Grunde beneide ich Fräulein Susanne, denn alle meine Vorfahren waren ja doch nur arme Tiroler Bauern. Fräulein Susanne hingegen hat auf mütterlicher Seite ihren Großvater, meinen verehrten Lehrer Professor Augsburg, der sechzig Jahre lang am Aufbau der Wiener Medizinischen Schulen mitgearbeitet hat; dann ist da der Urgroßvater, der in Frankfurt Arzt war – ich habe viel von ihm gehört und weiß, daß er ein bedeutender und interessanter Mann war. Nicht zu vergessen mein Freund, Susannes Onkel Hans, der auf seinem Gebiet der Urologie ein ebenso tüchtiger Arzt ist wie sein Vater es in seinem Fach ist. Aber Fräulein Susanne weiß über diese hervorragenden Familienmitglieder so gut wie gar nichts.
Auf der anderen Seite, Herr Generaldirektor, sind wiederum die Mitglieder Ihrer Familie. Da sind einmal Sie selbst, Sie haben höchst interessante Jahre in England verbracht, haben seit Ihrer Rückkehr nach Wien große wirtschaftliche Leistungen erbracht. Dann Ihre Zwillingsbrüder, die beide große Gelehrte sind. Weiter Ihr Herr Vater, ein hervorragender Jurist. Natürlich hat Fräulein Susanne ihr Le-

ben lang von diesen Menschen gehört, aber Sie hat das Gefühl, man läßt sie nicht wirklich nahe an sie herankommen. Vielleicht sollten Sie Fräulein Susanne auffordern, eine Familienchronik zu schreiben – das wird heute recht häufig gemacht. Dann hätte sie eine Aufgabe, die ihr Freude macht; ihr Onkel, der Historiker, kann ihr ja sicher dabei helfen.«

Dr. Moll machte eine kleine Pause. Dann sagte er: »Nun möchte ich zu einem sehr delikaten Punkt kommen. Fräulein Susanne wollte nicht, daß ich das Thema zur Sprache bringe, aber ich denke, sie wird einsehen, daß sie hierin Unrecht hat.«

Mosenthal fühlte, wie Susis Hand sich in die seine stahl; er sah, daß Susi auf der anderen Seite auch nach Reginas Hand griff, sie war verkrampft und wurde erst rot, dann blaß.

»Ich habe Fräulein Susanne erklärt, daß sie sich wie eine kleine Gans benimmt«, sprach der Arzt mit fester Stimme weiter. »Aber sie befürchtet nach wie vor, daß ihre Eltern sie, bevor sie dazu bereit ist, in eine Ehe und in die Verantwortung für eine Familie hineinzwingen wollen.

Sie hat miterlebt, wie ihre Schwester Fifi« – »Josefine«, korrigierte Susi leise – »geheiratet hat, bevor sie neunzehn war, und daß sie ein Baby bekommen hat, bevor sie zwanzig war. Es ist ihr klar, daß Josefine sich genau das gewünscht hat und daß es für sie das einzig Richtige war. Aber nun hat Susanne Angst, Sie könnten der Ansicht sein, daß das auch für sie das Richtige ist. Gerade jetzt aber versetzt sie die Aussicht, als Ehefrau Mann und Kinder zu haben, in Angst und Schrecken.

Ich habe ihr erklärt, daß ihre Eltern viel zu klug sind, um nicht zu begreifen, daß jeder Mensch in verschiedener Weise und zu einem verschiedenen Zeitpunkt reif wird; und daß sie sicherlich einsehen, daß das, was für Josefine

richtig war, für Susanne noch lange nicht das Richtige zu sein braucht. Aber seitdem Josefine ihr Baby bekommen hat, hat Susanne beobachtet, wie sehr Sie, verehrte gnädige Frau, ihr Enkelkind lieben und nun hat sie Angst, man könnte sie zur Wahl eines Ehemannes und zu einer Heirat zwingen, für die sie sich einfach noch nicht reif fühlt.«
Susi schluchzte auf und verbarg ihr Gesicht an Mosenthals Schulter. Mosenthal bemerkte, wie seine Frau vor Ärger oder Verlegenheit errötete. »Susi hat also recht mit ihrer Befürchtung«, dachte er. »Regina denkt jetzt schon daran, sie in die Arme und in das Bett irgendeines Mannes zu treiben.«
Dr. Moll machte eine Pause und wartete, bis Susi sich beruhigt hatte. »Jetzt gibt es noch einen Punkt, über den ich mit Susi nicht gesprochen habe, aber ich glaube, sie wird nichts dagegen haben. Du, liebe Susi« – plötzlich sagte der Arzt ›Susi‹ und ›Du‹ – »liebst deinen richtigen Vornamen. Und du bist der Ansicht, deine Eltern sollten dich mit diesem Namen rufen – nämlich ›Susanne‹ und nicht ›Susi‹. In ein paar Jahren wirst du vielleicht alt genug sein, um gerne wieder Susi gerufen zu werden. Aber jetzt sollst du für uns alle unser ›erwachsenes Fräulein Susanne‹ sein, nicht wahr?«
Mit diesen Worten nahm der Arzt Susannes Hände in die seinen und zog sie lächelnd an sich. Susanne lächelte unter Tränen zurück, dann wurde sie dunkelrot und gab ihm einen Kuß.
Auf der Heimfahrt saß sie im Auto zwischen ihren Eltern, hielt beide an den Händen und weinte leise, aber sichtlich erleichtert vor sich hin. In dieser Nacht kam Regina in das Schlafzimmer ihres Mannes – das erste Mal nach vielen Jahren, seitdem sie in getrennten Zimmern schliefen, das erste Mal, seitdem Regina im dritten oder vierten Monat mit Susi in der Hoffnung gewesen war.

Es war schwer gewesen, Regina zu überzeugen, aber Mosenthal hatte nicht nachgegeben. Schon in der nächsten Woche wurde Susi in der von Dr. Moll empfohlenen Schule angemeldet. Und Mosenthal gab Susi das Versprechen, gleich nach Beginn der Sommerferien, wenn er von London zurückkam, mit ihr gemeinsam an der Familienchronik zu arbeiten.
»Aber wozu soll sie so lange damit warten?« fragte er sich plötzlich, als er entlang seinem Salonwagen im dünner werdenden Nebel auf- und abging. »Susi ist immer der große Liebling von Papa Augsburg gewesen und er würde begeistert sein, mit ihr über sein Leben sprechen zu können. Sie kann sich genau über seine Karriere informieren; vor ein paar Monaten hat der Wiener Ärzteverband zu Papas achtzigsten Geburtstag die Festschrift ›Sechzig Jahre innere Medizin in Wien‹ herausgegeben. Und Papa spricht so gern über seine Jugendjahre, als sein Vater ihn als frischgebackenen Doktor nach Wien geschickt hat, damit er Hausarzt bei den Rothschilds werde, und wie er die Rothschilds dazu überredet hat, das Jüdische Krankenhaus zu finanzieren, dessen Chefarzt er dann wurde – heute ist sein Sohn Hans dort Chefarzt. Und Papa wird glücklich sein, wenn er einen Zuhörer für alle diese Geschichten über seinen eigenen Vater, Susis Urgroßvater, gefunden hat: wie er als armer Judenbub zur Zeit der napoleonischen Kriege von einem kleinen hessischen Dorf bis nach Paris gewandert ist, weil in Deutschland Juden zum Medizinstudium nicht zugelassen wurden; wie er als erster jüdischer Arzt in Frankfurt arbeitete und als erster ein Stethoskop verwendete; und wie er, schon ein alter Mann, als erster Arzt in Deutschland ein Fieberthermometer verwendete.«
Mosenthal wußte, daß Papa alle Briefe und Unterlagen seines Vaters aufbewahrt hatte; mit Begeisterung würde er sie gemeinsam mit Susi durchschauen.

Und seine eigene Tante, Tante Judith, würde genauso begeistert sein, wenn sie Susi alles über die Mosenthals erzählen konnte. Immer schon wollte sie Julius die Familiengeschichte erzählen; aber er hatte nie die Geduld gehabt, ihre endlosen Erzählungen bis zum Ende anzuhören. Natürlich sah er sie mehrere Male im Jahr und besuchte sie an ihrem Geburtstag. Aber sie hatte es längst aufgegeben, ihm etwas zu erzählen. Nun würde sie also in Susi eine Zuhörerin für alle die Geschichten finden, die er selbst in seiner Jugend nicht hatte hören wollen.
Julius versuchte sich daran zu erinnern, was die alte Frau ihm erzählt hatte, als er noch ein Knabe war. Da war diese Geschichte vom ersten Mosenthal, dem Ahnherrn und Familiengründer – es klang wie eine Erzählung einer romantischen Novelle von Sir Walter Scott, oder eher noch wie die »Drei Musketiere«; jedenfalls nicht wie etwas, das sich wirklich zugetragen hat. Aber Tante Judith hatte immer geschworen, alles sei die reinste Wahrheit.
Sie hatte ihm diese Geschichte immer und immer wieder erzählt, aber er hatte nur ein einziges Mal richtig zugehört – das war, als er von London zurückkam und ihr von seinem Plan bezüglich der Gründung der Bank von London & Österreich erzählte. »So, da wirst du also der Partner von Fürst Sobieski sein«, hatte sie gesagt. »Weiß er eigentlich, daß wir mit seiner Familie verwandt sind?«
»Ach, Tante Judith, erzähl doch keine Märchen«, hatte er geantwortet. »Das polnische Königshaus und ein paar arme Juden von irgendeinem gottverlassenen ungarischen Bergdörfchen sollen miteinander verwandt sein?«
»Du bist der Narr, nicht ich«, hatte sie ihn scharf zurechtgewiesen. »Wenn du früher besser zugehört hättest, wüßtest du jetzt, wovon ich rede. Dein Vater weiß, was ich meine, nicht wahr, Josef?«
Zu seiner großen Überraschung hatte sein völlig un-

romantischer Vater, der üblicherweise für die Erzählungen seiner Schwester nicht mehr Geduld aufbrachte als sein Sohn, genickt und gesagt: »Ja, ja, ich weiß. Es ist sogar alles durch Dokumente belegt und könnte recht gut wahr sein.«

Jetzt war Tante Judith nicht mehr aufzuhalten: »Der erste Mosenthal lebte in der Mitte des siebzehnten Jahrhunderts. Die Familie seiner Mutter hatte sich in Venedig niedergelassen, nachdem sie aus Spanien oder Portugal vertrieben worden war. Sie wurden Bankiers und verwalteten für einige osteuropäische Adelshäuser das Vermögen, unter anderem auch für die polnischen Sobieskis. Der Vater des ersten Mosenthal war jedenfalls ein junger Sobieski, und zwar jener, der später der Vater des Soldatenkönigs wurde; dieser junge Sobieski war auf einer Europareise und in Venedig verführte er die Tochter seines dortigen Agenten. Nach jüdischem Recht ist das Kind einer jüdischen Mutter Jude, und so wuchs der Knabe als Jude auf.

Als junger Mann schloß er sich dann dem falschen Messias, Sabbatai Zevi, auf seinem Kreuzzug ins Heilige Land an und wurde Leutnant in dessen Diensten. Als Sabbatai Zevi die Sache der Juden verriet und zum moslemischen Glauben übertrat, führte unser Ahnherr eine Gruppe ehemaliger Zevi-Anhänger auf einem gefährlichen Marsch aus der Türkei heraus, durch Ungarn hindurch, über den Paß bis zu einem versteckten polnischen Gebirgsdorf – ein Lehngut der Sobieskis; er nannte es ›Mosen-Thal‹ – das Tal des Moses. Dort ließ er sich mit seiner Gefolgschaft nieder, er selbst wurde ihr Rabbi und die Position des Führers vererbte sich in seiner Familie von Generation zu Generation.« Dann gab es da noch Tante Judiths Geschichte über seinen Großvater und dessen Schwiegersohn, den Urgroßvater Mosenthals.

»Dein Urgroßvater, Mendel Schachtmann, den dein Vater und ich noch gekannt haben, als er ein uralter Mann war, war während und nach den napoleonischen Kriegen Rabbi in Leipzig; er war ein angesehener Gelehrter und seine ›Geschichte der Juden in Deutschland und Österreich‹ ist immer noch ein Standardwerk. Er war der erste Jude, der an einer deutschen Universität Vorlesungen halten durfte: an der Leipziger Universität las er über das Alte Testament und den Talmud. Sein Lebensziel war es, die jüdische Religion und den Rationalismus der Aufklärung miteinander in Einklang zu bringen. Er hat dieses Ziel nie erreicht. Sowohl sein eigener Sohn als auch sein Schwiegersohn sind vom jüdischen Glauben abgefallen. Der Sohn wurde Protestant und Professor für Kirchengeschichte. Er heiratete die Tochter seines Vorgängers; und dessen Sohn Eduard, ein Vetter erster Grades von mir und deinem Vater, ist heute Geheimrat und ein berühmter Professor für Familienrecht in Berlin. Unser Vater, dein Großvater, wurde zu Rabbi Mendel Schachtmann geschickt, um den Talmud zu studieren. Er heiratete die Tochter des Rabbis, Ruth, meine Mutter und deine Großmutter. Auch er fiel von seinem Glauben ab und ging zum Rationalismus über. Er wagte aber nicht, es seinem Vater zu sagen und wurde trotzdem Rabbi in Mosenthal. Vierzig Jahre lang blieb er Rabbi, verzweifelt und voller Scham, unfähig sein Amt niederzulegen oder es pflichtgetreu auszufüllen.«
Der Vater von Julius, Susis Großvater, hatte nur sehr selten über sich selbst gesprochen; Susi war noch zu jung, um sich an ihn erinnern zu können. Aber Tante Judith hatte ihm erzählt, daß der Großvater, jener Rabbi, der seinen Glauben verloren hatte, seinen Sohn nach Wien geschickt habe, damit er dort Jus studiere und sich taufen lasse. Die weitere Lebensgeschichte seines Vaters kannte Mosenthal: Er war der erste Anwalt für das österreichische Eisen-

bahnwesen geworden, er war eine erfolgreiche Allianz mit den beiden Eisenbahnunternehmern der ersten Zeit, Baron Wald-Reifnitz, dem Vater des Ministers, und dessen Schwager Baron Perkacz, eingegangen; er war der erste Anwalt jüdischer Abstammung gewesen, der dreimal hintereinander zum Präsidenten der Wiener Anwaltskammer gewählt wurde; er war der Urheber der österreichischen Eisenbahngesetze, er regelte die Verbindlichkeiten, die Tarife usw. der Eisenbahn; an seinem sechzigsten Geburtstag schließlich – ein Jahr nachdem sein ältester Sohn aus London zurückgekehrt war – war er in den Adelsstand erhoben worden und die Familie durfte sich von da an »von Mosenthal« nennen.
»Ich bezweifle, daß Susi das alles sonderlich interessant finden wird«, dachte Mosenthal. »Unter einer Familiengeschichte hat sie sich vermutlich etwas anderes vorgestellt – bei uns gibt es keine Könige, keine Schlachten, kein Ringen um den Fortschritt und keine großen Entdeckungen. Keiner wird jemals auch nur mit einer Fußnote in einem Geschichtsbuch erwähnt werden – und keiner von uns ist das auch wert. Trotzdem, es wäre schön, wenn unsere Geschichte niedergeschrieben würde, bevor sie ganz in Vergessenheit gerät. Und weder Papa Augsburg noch Tante Judith haben noch viele Jahre vor sich. Ich werde Susi von London aus einen Brief schreiben, vielleicht gleich morgen; ich werde ihr sagen, sie solle zu Papa Augsburg und Tante Judith gehen und mit ihnen sprechen.«
Plötzlich bemerkte er, daß der Nebel sich immer rascher hob. Zu seiner Überraschung sagte ihm ein Blick auf die Uhr, daß es bereits 10.55 Uhr war. Der Morgen war fast schon um und er hatte noch nicht mit seiner Heimkehr begonnen, hatte noch keine Minute mit Sheila verbracht! Nun, es blieben ihm ja noch einige Stunden bis zu seiner Ankunft in London.

In diesem Augenblick kam sein Privatsekretär über den Perron auf ihn zu. »Herr Generaldirektor«, sagte er, »die Fähre läuft soeben ein.« Tatsächlich konnte Mosenthal durch den Nebel die schattenhaften Umrisse des Schiffes erkennen, das sich dem Pier langsam näherte. »In einer Stunde fährt das Schiff wieder ab«, teilte der Sekretär mit. »Ich habe bereits Ihren Bruder, den Herrn Professor, und Seine Exzellenz, den Minister, ersucht, sich bereit zu halten; ich werde mich jetzt um einen Gepäckträger umsehen.«

»Ich komme sofort«, antwortete Mosenthal. Dann hörte er sich zu seiner eigenen Überraschung sagen: »Zuerst muß ich aber noch ein Telegramm absenden. Warten Sie bitte hier eine Minute auf mich.«

Er ging in den Zug in sein Büroabteil zurück, nahm ein Telegrammformular und begann zu schreiben:

Frau von Mosenthal
Opernring 3B
Wien I, Österreich
Wäre überglücklich könntest du mit Susi ehestmöglich nach London nachkommen STOP Geschäftliches in wenigen Tagen erledigt STOP Könnten gemeinsam Ferien machen STOP Würde dir und Susi gerne London und England zeigen STOP Da Semester bald zu Ende und Schulwechsel bevorsteht sollte Susi letzte Schulwoche versäumen dürfen STOP Bitte Holzmann von der Bank dir Privatwagen bis Calais zu besorgen und Weiterreise bis London zu arrangieren STOP Hoffe dich und Susi vor Ende kommender Woche zu sehen.
In Liebe Julius

»Schicken Sie das so rasch wie möglich ab«, sagte er seinem Sekretär. Als dieser zum Bahnhofsgebäude gehen wollte, rief er ihn noch einmal zurück. »Einen Augenblick noch«, sagte er, nahm das Telegramm und strich jedes ›Susi‹ durch; statt dessen fügte er ›Susanne‹ ein. »Jetzt können Sie es abschicken«, sagte er. Er sah seinem Sekretär noch einen Augenblick nach, der rasch zum Postbüro ging. Dann wandte er sich in die entgegengesetzte Richtung zum Pier. »Jetzt muß ich aber wirklich mit der Heimkehr beginnen«, dachte er. Aber schon nach wenigen Schritten war er mit seinen Gedanken bereits wieder woanders: »Soll ich heute abend mit Marburg ein Treffen vereinbaren, wenn ich ihn beim Fürsten Sobieski sehe? Oder soll ich solange warten, bis ich eine ausführliche Besprechung mit Hinton gehabt habe?«

Die Heimkehr

In London fand Mosenthal in seiner Wohnung eine Nachricht vor, in der er ersucht wurde, zu einem Treffen vor dem Abendessen ins Haus des Fürsten Sobieski in Atherton Square zu kommen. Er hatte gerade genügend Zeit, sich umzuziehen. Als er beim Fürsten Sobieski eintraf, hatte sich dieser bereits mit Hinton und Marburg ins Arbeitszimmer zurückgezogen.

Ohne weitere Verzögerung teilte Sobieski ihm mit: »Mr. Hinton hat uns etwas äußerst Dringendes zu erzählen.«

Dann berichtete Hinton: Frederick war als Fälscher verhaftet worden, er würde mit ziemlicher Sicherheit verurteilt und auf die Teufelsinseln deportiert werden; die Bancroft-Anteile an der Bank von London & Österreich waren an Maimon & Marburg verkauft worden; Hinton war als Vorsitzender der Bank zurückgetreten, er hatte Ernst Marburg als seinen Nachfolger vorgeschlagen. Das alles, so schloß er seinen Bericht, würden sie am nächsten Morgen oder nächsten Montag in den Zeitungen lesen können.

Dann fügte er hinzu: »Montagabend oder spätestens Dienstagmorgen werden die Zeitungen die Liquidation der Firma Gebrüder Bancroft bekanntgeben. Ich erwarte, daß die Liquidation in etwa einer Woche, von heute an gerechnet, abgeschlossen sein wird; lediglich der Verkauf des Bankgebäudes könnte länger dauern.«

Sie waren niedergeschmettert; trotzdem, dachte Mosenthal, waren sie nicht eigentlich überrascht. Sie hatten alle seit langem vorhergesehen, daß Freddie Bancroft sich eines Tages selbst vernichten werde. »Es ist eine Schande, daß er nicht einmal so weit ein Gentleman ist, sich umzubringen«, murmelte Marburg mehr zu sich selbst. »Das ist wohl der einzige Nachruf, den Freddie Bancroft je erhalten wird – und auch der einzige, den er verdient«, dachte Mosenthal.

»Das ist ja entsetzlich für Sie, mein lieber Hinton«, sagte Sobieski, »das muß ein schrecklicher Schock für Sie gewesen sein!«

»Hoheit sind sehr freundlich«, erwiderte Hinton. Konnte es tatsächlich sein, daß in seiner Stimme etwas wie Fröhlichkeit mitschwang? »Aber für mich ist das Ganze eigentlich ein Segen. Es zwingt mich endlich, das zu tun, was ich schon längst hätte tun sollen. Ich kehre endlich zu meiner ersten Liebe zurück, zur Mathematik und ihrer Geschichte. Natürlich, ich will nicht leugnen, daß es ein Schock für mich war. Aber in erster Linie deswegen, weil dadurch Menschen, die ich sehr schätze, Schmerz zugefügt wird – ich denke vor allem an die Mutter dieses unseligen Freddie, an Elaine Bancroft.«

Als Hinton Elaines Namen aussprach, hatte seine Stimme einen Klang, den Mosenthal noch nie bei ihm gehört hatte. Als er aufsah, begegneten seine Augen den Augen Marburgs – also auch Ernst hatte etwas bemerkt! War das denn möglich? Aber welche andere Erklärung konnte es für diesen eigentümlichen Klang in Hintons Stimme geben als die, daß Hinton und diese eiskalte, arrogante, herrschsüchtige Elaine Bancroft seit langem ein geheimes Liebespaar waren? Als dieser Gedanke Mosenthal durch den Kopf schoß, sah er Marburg an und sogleich war er sicher, daß Marburg zum selben Schluß gekommen war.

»Das ist also die Erklärung dafür, warum Hinton nie über sein Privatleben gesprochen hat, warum er von Wien weggegangen und zu den Bancrofts zurückgekehrt ist, obwohl man ihn in der Firma so schäbig behandelt hatte; das ist also der eigentliche Grund, weshalb er diese anmaßenden, inkompetenten jungen Bancrofts in der Firma geduldet hat, obwohl er allein alles geleitet und überwacht hat. Ich möchte nur wissen, wie die beiden das zustande gebracht haben, daß keiner davon erfahren hat – hier in London, noch dazu, wo die Klatschmäuler rascher und unerbittlicher tratschen als irgendwo sonst auf der Welt?«

Mosenthal wurde durch Sobieskis Stimme aus seinen Überlegungen gerissen.

»Mr. Hinton ist nicht der einzige, der Neuigkeiten hat, obwohl ich zugeben muß, daß meine Neuigkeit wesentlich prosaischer ist. Wenn ich im August zur Audienz bei Seiner Apostolischen Majestät dem Kaiser bin, werde ich darum ansuchen, mein Amt als österreichisch-ungarischer Botschafter am St. James Court zurücklegen zu dürfen. Ich bin seit siebenundzwanzig Jahren im Amt, und auch ich, mein lieber Hinton, habe in meinem Leben noch einige Dinge zu erledigen, die ich nicht länger hinausschieben sollte. Ich plane in den nächsten zwei Jahren eine eingehende Besichtigung aller meiner Besitzungen und Unternehmen; den Anfang will ich bei meinen polnischen Gütern machen, die ich seit vierzig Jahren nicht mehr besucht habe – seit der Zeit, als ich in den Diplomatischen Dienst getreten bin. Die Fürstin und ich werden weiterhin unseren Hauptwohnsitz in England in Horne Abbey behalten; für uns beide ist das unser Zuhause. Aber wir werden endlich den nächsten Winter in einem milderen Klima verbringen können, vielleicht am Gardasee, wo ich für meine verstorbene Mutter eine Villa habe bauen lassen. Selbstverständlich«, schloß der Fürst, »muß diese Neuigkeit unter uns bleiben, bis ich in zwei Monaten mit dem Kaiser gesprochen habe. Ich weiß, daß ich auf Ihre Diskretion zählen kann, meine Herren.«

Nach einem kurzen Schweigen sprachen alle durcheinander. Hinton wurde gebeten, noch bis zum Ende seiner Amtsperiode im Verwaltungsrat der Bank von London & Österreich zu bleiben, das wären also noch zwei weitere Jahre. Hinton stimmte schließlich zu. Dann stimmte der Fürst – wie es Mosenthal schien, mit größter Bereitwilligkeit – zu, bis zu seinem siebzigsten Lebensjahr als Ehrenvorsitzender im Amt zu bleiben. »Ohne Zweifel behagt ihm die Aussicht, weiterhin ein Gehalt zu beziehen, ohne dafür etwas leisten zu müssen«, dachte Mosenthal, und er hatte das deutliche Gefühl, daß Marburg denselben Gedanken hegte.
Marburg begriff auch sehr gut, auf was Mosenthal hinauswollte, als er zum Fürsten sagte: »Eure Hoheit werden mir sicher nicht übelnehmen, wenn ich bei dieser Gelegenheit im Namen des Vorstandes erkläre, daß wir den Posten des Ehrenvorsitzenden nicht neu besetzen werden, wenn Eure Hoheit eines Tages ausscheiden – wobei wir selbstverständlich alle hoffen, daß Eure Hoheit es sich noch einmal überlegen werden und uns auch noch lange nach Vollendung des siebzigsten Lebensjahres als Ehrenvorsitzender erhalten bleiben werden. Denn die Stelle, die der Fürst Sobieski, durch dessen Weitblick die Gründung der Bank überhaupt erst möglich wurde, innehatte, kann von keinem anderen mehr eingenommen werden.«
Der Fürst war tief geschmeichelt. »Und damit«, dachte Mosenthal, »ist die Bedrohung, die der junge Sobieski bisher darstellte, ein für allemal beseitigt.«
Den weiteren Gesprächen hörte Mosenthal nicht mehr so richtig zu. Ihm fiel nur die freudige, beinahe festliche Stimmung auf, in der sich alle befanden. Daß Marburg erleichtert war, war verständlich – er hatte schon seit langem den Wunsch gehabt, Vorsitzender der Bank zu werden. Was Mosenthal erstaunte, war die Erleichterung und

Beglücktheit, die in den Stimmen von Hinton und Sobieski mitschwang.
Was ihn selbst betraf, so konnte er sich kaum beherrschen, um nicht vor lauter Erleichterung laut zu schreien. Alle seine Probleme waren mit einem Schlag gelöst – er hätte sich gar nicht auf einen Kampf und auf harte Verhandlungen vorbereiten brauchen. Er mußte nur noch Marburg dazu bringen, seine Bankanteile so lange zu behalten, bis Sobieski zugestimmt hatte, die seinen zu reduzieren. Zur Zeit hatten beide jeweils achtundzwanzigeinhalb Prozent. Das bedeutete, daß der Fürst darauf bestehen würde, so viele von seinen Anteilen zu verkaufen, daß er nur noch Anleger war – vorausgesetzt, Marburg verkaufte nicht sofort wieder alle Anteile, die er von Hinton gekauft hatte. Denn sonst müßte der Fürst mit Marburg eine Partnerschaft eingehen, wobei er selbst nicht einmal der Seniorpartner wäre, sondern lediglich ein gleichberechtigter Partner. Denn wenn auch Ernst Marburg den Titel eines Barons hatte, zwei adelige Schwiegersöhne und unendlich viel Geld, auch wenn er mit dem König von England befreundet war – für den Fürsten Sobieski würde er immer der Sohn eines orthodoxen Kantors aus dem jüdischen Ghetto bleiben; als ebenbürtiger Partner kam er einfach nicht in Frage.
»Muß ich wohl über diesen Punkt taktvoll hinweggehen, wenn ich mit Marburg spreche, oder kann ich ganz offen reden?« fragte sich Mosenthal. Aber als er Marburg ansah, erkannte er, daß ihre Gedanken wieder einmal in die gleiche Richtung gegangen waren.
Das Abendessen dauerte einige Stunden. Mosenthal dachte, daß der Fürst noch nie ein so perfekter Gastgeber gewesen sei wie heute abend: huldvoll, charmant und unterhaltend, war er nicht nur selbst völlig entspannt, sondern versetzte auch alle anderen in behaglichste Stimmung.

Aber alles, woran Mosenthal denken konnte, war, daß er nicht vergessen durfte, mit Marburg für den nächsten Abend ein Treffen in Marburgs Club zu vereinbaren. Eine plötzliche, tiefe Müdigkeit überfiel Mosenthal – und das lag sicherlich nicht nur daran, daß er eine mühsame Reise, eine kurze Nacht und einen langen Tag hinter sich hatte. Es war bereits Mitternacht, als er in seine Wohnung zurückkehrte. Dort fand er ein Telegramm vor. Es kam aus Wien und war von Regina:

> *Wundervolle Idee. Susanne kann es kaum erwarten bis wir bei dir in London sind STOP Susanne hat Baedeker gekauft und zu packen begonnen STOP Fahren mit Privatwagen Donnerstagmorgen STOP ankommen London Freitagmittag STOP in Liebe Susanne, Regina.*

»Wenn das Wetter schön bleibt«, überlegte Mosenthal, »werden wir am Sonntag für ein paar Tage in den New Forest fahren. An keinem anderen Ort Englands wird Susanne sich mehr zu Hause fühlen!«

4. »An die Musik«

Renata
Die Perkacz's
Arthur
Paul
Maria
»An die Musik«

Renata

In einem Wiener Museum hängt Ferdinand Waldmüllers Bild »Die Verliebte«; es ist vielleicht nicht das beste, wohl aber das bekannteste Werk dieses Malers des neunzehnten Jahrhunderts. Man sieht eine junge Frau, fast noch ein junges Mädchen, in einem hellblauen weiten Kleid, deren Arm auf der Ecke eines Rosenholz-Pianos ruht; der Kopf ist leicht nach links, zur rechten Seite des Betrachters hin gewendet. Das Gesicht ist von bezaubernder, fesselnder Schönheit, oval geschnitten, die Haut wie frischer Rahm, das schulterlange Haar tiefschwarz mit stahlblauen Lichtern darin, die Augen im Farbton um einige Nuancen dunkler als das Kleid wie die Blüte des Gebirgsenzians. Wie fast alle Waldmüller-Bilder – und wie beinahe alle österreichischen Kunstwerke des Biedermeiers um 1840 – ist auch dieses Bild für heutige Begriffe etwas zu romantisch. Was das Bild aber vor allzu großer Süßlichkeit bewahrt, ist der Ausdruck von strahlender Glückseligkeit, der auf dem Gesicht der jungen Frau liegt; der Volksmund hat daher dem Bild den Namen »Die Verliebte« gegeben, obwohl das Schildchen neben dem Bild lediglich die prosaische Benennung »Unbekannte junge Frau« angibt.
Während Waldmüllers »Verliebte« großen Bekanntheitsgrad hat, wurde Gustav Klimts »An die Musik« niemals öffentlich ausgestellt und nur ein ausgewählter Kreis von Kunsthistorikern und Museumsdirektoren hat es zu Gesicht bekommen. Nur sehr wenige Menschen wissen von der großen Sammlung moderner europäischer Kunst, die ein Schweizer im Verborgenen seit 1920 zusammengetra-

gen hat; sein erstes Bild war dieses Gemälde von Klimt – als er es erstand, war er noch Junior-Partner in der familieneigenen Bank. Auch das Bild »An die Musik« zeigt eine Frau, in der Tat ist es dieselbe Frau, die fünfzig Jahre zuvor Modell für Ferdinand Waldmüller gesessen war – dasselbe perfekte Oval des Gesichts, dieselbe rahmweiße Haut, dieselben dunkelblauen Augen und dasselbe blaue Kleid. Das Haar, das sie nun hochgesteckt trägt, ist immer noch üppig, aber inzwischen leuchtend weiß. Ihr Gesicht ist nicht mehr von strahlender Glückseligkeit erfüllt, sondern trägt eher den Ausdruck heiterer Gelassenheit. Klimt hat dieses Bild gemalt, als er sich vom Impressionismus seiner Jugendzeit zum Expressionismus seiner späten Jahre hingewendet hatte; die Gestalt der Frau wird von Lichtstrahlen umflutet, die durch ein hinter ihr liegendes Fenster hereinströmen. Sie sitzt an einem Rosenholz-Piano – vielleicht demselben, das auch auf Waldmüllers Bild »Die Verliebte« zu sehen ist –, ihre Hände ruhen auf den Tasten, Gesicht und Körper sind dem Betrachter zugewendet. Das Bild trägt keinen Namen, nur Klimts Signatur. Auf der Rückseite der Leinwand allerdings steht mit Tusche in einer Frauenhandschrift vermerkt: »An die Musik«, und das Datum: 14. Juni 1896.

Seit dem Ende des ersten Weltkrieges hat niemand mehr diese beiden Bilder nebeneinander gesehen und keiner weiß, daß sie dieselbe Person im Abstand von fünfzig Jahren zeigen. Heute weiß auch niemand mehr – und es hat auch niemand Interesse daran, es herauszufinden –, wer diese unbekannte Frau mit den dunkelblauen Augen eigentlich war. Die letzte Person, die es wußte, sorgte dafür, daß niemand jemals danach fragen oder es herausfinden konnte.

In den furchtbaren Jahren nach dem ersten Weltkrieg, als Österreich vom Inflationsfieber geschüttelt wurde, sah sich Renata Kohout gezwungen, die beiden Portraits ihrer Großmutter, der Baronin Rafaela Wald-Reifnitz, zu verkaufen. Sie machte jedoch die Auflage, daß die beiden Bilder getrennt verkauft werden mußten und daß keiner der Käufer je erfahren durfte, wen die Frau auf den beiden Bildern darstellte. Nicht einmal der Züricher Kunsthändler, dem sie die Bilder zum Verkauf übergab, wußte Bescheid, obwohl er gemeinsam mit Renata und ihrem verstorbenen Mann, dem Maler Erich Kohout, an der Kunstakademie in Wien studiert hatte und ein langjähriger Freund der Familie war. Der Händler versuchte sie umzustimmen – eine solche Geheimnistuerei würde den Preis drücken, argumentierte er. Aber Renata blieb unerbittlich.

Trotzdem gelang es, für die Bilder einen guten Preis zu erzielen – weit mehr, als der Händler erwartet hatte, und hundertmal mehr, als Renata in ihren kühnsten Träumen zu erhoffen gewagt hatte. Der erzielte Preis war so gut, daß Frau Kohout mit ihren beiden kleinen Söhnen aus dem hungernden, kalten Wien fort in ein kleines Haus am Züricher See ziehen konnte; dort lebte sie einige Jahre in bescheidenen Verhältnissen, bis es ihr gelungen war, sich einen Namen als Illustratorin von Kinderbüchern und als Textildesignerin zu machen. Einige Jahre später wurde die Welt auf Erich Kohout aufmerksam und feierte ihn als großen Künstler und Pionier des Expressionismus. Erich Kohout hatte vier Jahre in den Schützengräben verbracht und war unversehrt aus dem Krieg zurückgekehrt, nur um zu Hause an der Spanischen Grippe zu sterben. Seiner Frau hatte er nichts als fünfzehn oder zwanzig Bilder hinterlassen. Diese Bilder konnten nun zu so hohen Preisen verkauft werden, daß die Witwe einigermaßen wohlhabend war.

Als Renata aus Zürich den Brief erhielt, der ihr mitteilte, daß sie nun frei von allen Geldsorgen sei, war sie jedoch eher niedergeschlagen als in freudiger Stimmung. Immer wieder las sie den Brief von vorne, immer wieder rechnete sie im Geist die Summe der Schweizer Franken in Österreichische Kronen um, diese Österreichischen Kronen, die völlig wertlos waren mit den unendlich vielen Nullen am Ende jedes Betrages, immer und immer wieder nahm sie die drei Fahrkarten in die Hand, die der Händler mit dem Brief mitgeschickt hatte. Das erste Mal, seit Erich vor zwei Jahren gestorben war, das erste Mal seit ihr klargeworden war, daß die Inflation alle Kriegsanleihen wertlos gemacht hatte, in die sie (so wie fast jeder Österreicher) das ganze Vermögen gesteckt hatte, das ihr von ihrer Großmutter und ihrem Vater hinterlassen worden war – das erste Mal seit dieser Zeit war sie frei von den zermürbenden, nagenden Geldsorgen. Aber alles, was sie spürte, war ein Gefühl der Beschmutzung, der Verächtlichkeit und der Erniedrigung.

»Man bemitleidet zwar eine Hure, die ihren Körper verkauft, um Brot für ihre Kinder zu beschaffen, aber deswegen bleibt sie trotzdem eine Hure«, sagte sich Renata.

Sie hatte nicht weitergewußt und es gab niemanden, an den sie sich wenden konnte. Ihr einziger Bruder war bereits in den ersten Kriegstagen gefallen; der Besitz der Wald-Reifnitz war Fidei-Kommiß und so in die Hände entfernter Verwandter gekommen, für die Renata eine Fremde war, von der sie vermutlich noch nie etwas gehört hatten. Die jüngere ihrer beiden Schwestern hätte sie vielleicht bei sich aufgenommen; von der älteren Schwester wußte sie, daß sie sie eher hätte verhungern lassen, bevor sie auch nur ein Wort mit Renata gesprochen oder sie und Kohouts Kinder auch nur zur Kenntnis genommen hätte. Aber auch die jüngere Schwester würde Renata nicht einen Augenblick vergessen lassen, daß sie, eine Baronin Wald-Reifnitz, der Familie Schande bereitet hatte, als sie einen armen Kunststudenten heiratete, der als Sohn eines proletarischen Polsterers in einer elenden Mietskaserne aufgewachsen war.

Dort würden ihre beiden Söhne, Erichs Söhne, in dem ständigen Gefühl aufwachsen müssen, verachtet zu werden, als Bettler gerade eben noch geduldet zu werden, die es nicht besser verdienen und denen man jeden Tag neu ins Gedächtnis rufen müsse, daß sie der Schandfleck der Familie seien. Renata wußte, daß es das einzig Richtige gewesen war, die Bilder zu verkaufen; sie wußte, daß ihre Großmutter es so gewollt hätte, und daß sie, wäre sie an ihrer Stelle gewesen, es ohne Zögern und ohne Bedauern getan hätte. Und trotzdem hatte Renata das Gefühl, sie habe einen Vertrauensbruch begangen, sie habe sich selbst erniedrigt und die Lauterkeit, die den Kern ihres Wesens ausmachte, verraten. Es half auch nichts, daß der Händler ihr versicherte, er habe ihre Weisung genauestens befolgt und es für die Käufer völlig unmöglich gemacht, herauszufinden, wessen Portrait sie da gekauft hatten. Während sie ihre wenige Habe zusammenpackte, wurde sie von Schuldgefühl und Selbstvorwürfen gequält, auch noch, als sie sich mit ihren beiden Söhnen auf die lange Reise nach Zürich machte, wo sie in einer sorgenfreien Umgebung ein neues Leben beginnen sollte.

Renatas Großmutter war die einzige in der Familie gewesen, der sie wirklich zugetan war. Ihr Großvater war gestorben, als Renata noch sehr klein war. Ihr Vater behandelte sie mit der ihm eigenen Höflichkeit, die er auch allen anderen entgegenbrachte. Aber er war viel zu beschäftigt, viel zu bedeutend, viel zu berühmt, um sich mit den unbedeutenden Sorgen eines Kindes auseinandersetzen zu können. Ihre Mutter hatte sie nie gemocht, das wußte Renata; vermutlich kam das daher, daß Renata so sehr ihrer Großmutter ähnelte, und Mutter haßte diese Großmutter. Ihre

Schwestern waren viel älter als sie – bevor Renata aus dem Kinderzimmer in die Salons zugelassen wurde, waren sie schon verlobt und bewegten sich in der großen Gesellschaft. Ihr Bruder war zwar nur drei Jahre älter als sie, aber er war eben ein Knabe und fand kaum Zeit, sich mit seiner kleinen Schwester zu befassen.

Großmutter aber begegnete ihr stets ohne jede Herablassung, widmete ihr Zeit und Aufmerksamkeit. Während die anderen Erwachsenen über Renatas Zeichnungen lächelten, nahm die Großmutter sich die Zeit, sie genau zu betrachten, darüber mit Renata zu reden, sie zu fragen, was sie damit ausdrücken wolle – und, was das Wichtigste war, sie äußerte Kritik, so als handle es sich um wirklich bedeutende Bilder. Manchmal nahm sie auch selbst den Pinsel zur Hand und zeigte Renata, wie sie etwas verändern sollte oder wie sie einen besseren Effekt erzielen könne. Und sie konnte lachen, lachen wie ein Kind, wie die »Verliebte« auf Waldmüllers Bild – ein Lachen, das von ganzem Herzen kam.

Renata vergötterte ihre Großmutter, aber man erlaubte ihr nicht allzu oft, sie zu sehen. Ihre Mutter verhinderte einen zu häufigen Kontakt, sie begegnete der Großmutter mit formeller, kühler Höflichkeit – und auch das nur, wenn es sich gar nicht vermeiden ließ. Schließlich war Großmutter eine »Musikantin«, auch wenn sie selbstverständlich nie in der Öffentlichkeit auftrat; aber ihr Haus war stets voll mit jungen Frauen, die Musik studierten und die öffentlich auftraten oder auftreten wollten. – »Lauter Bohemiens, oder noch Schlimmeres!« pflegte Renatas Mutter zu schnappen. Großmutter hatte viele Jahre lang mit ihrem verstorbenen Mann zusammengearbeitet, sie hatte ihn auf seinen Reisen in gottverlassene Gegenden begleitet, wo er Brücken entwarf oder baute – dieses Verhalten konnte man ganz entschieden nicht als damenhaft bezeichnen. Großmutters Aquarelle und Zeichnungen waren in Großvaters Buch über Brückenbau veröffentlicht worden; schließlich waren sie dem Technischen Museum gestiftet worden, wo sie nun ausgestellt waren und jeder dahergelaufene Flegel sie begaffen konnte. »Keine Dame von einigermaßen guter Erziehung würde so etwas jemals zulassen!« pflegte Mutter sich zu ereifern – allerdings nur dann, wenn Vater nicht in Hörweite war.

Außerdem hatte Renata herausgehört – obwohl nie darüber gesprochen wurde –, daß Großmutter ein »Emporkömmling« sei, dessen man sich schämen müsse.

Die Wald-Reifnitz standen im Rang selbstverständlich tief unter den Marchfelden, die reichsunmittelbare Grafen waren und deren Adelstitel bis ins dreizehnte Jahrhundert auf Rudolf, den ersten habsburgischen Kaiser, zurückging. Mutter war eine geborene Marchfelden und sie versäumte nie, darauf hinzuweisen, daß sie selbstverständlich niemals einen unbedeutenden Wald-Reifnitz geheiratet hätte, wenn ihre eigene Familie nicht völlig verarmt gewesen wäre – so habe sie sich eben opfern müssen. Gleichwohl hatten die Wald-Reifnitz zum geachteten Landadel gehört, wenn sie auch die Baronie erst seit hundertfünfzig Jahren besaßen und also nicht eigentlich zur »wirklichen Aristokratie« gezählt werden konnten. Großvaters Vater war in den Napoleonischen Kriegen ein hervorragender Soldat gewesen, der es zum Feldmarschalleutnant und Feldzeugmeister gebracht hatte, zuerst in der Österreichischen Armee und dann, bis zum Ende in Waterloo, in der Alliierten Armee.

Großmutters Vater aber war ein Bürgerlicher gewesen, ein Immobilienspekulant und Bauunternehmer und die Baronie hatte er erst erhalten, als Großmutter bereits halb erwachsen war. Aber was noch viel schlimmer war – natürlich wurde nie darüber gesprochen: die Perkacz,

Großmutters Eltern, waren Juden; da half auch der Baron nichts und ihre Loge in der St. Peters-Kirche. Wann immer Mutter über Großmutter sprach, konnte man förmlich hören, was sie dachte: »gräßliche, aufdringliche, neureiche Judenperson!«
Ganz besonders erzürnt war Mutter über das alljährliche Konzert, das Großmutter in ihrem Haus immer zur Erinnerung an Großvater an seinem Geburtstag, dem 14. Juni, gab. Mutter nannte das »protzig, heidnisch und vulgär«. Renata durfte nie zu diesen Konzerten gehen, obwohl Großmutter ihr jedesmal eine Einladung schickte.
Als aber das Konzert zu Großvaters neunzigstem Geburtstag stattfand, konnte nicht einmal Mutter Renata hindern, daran teilzunehmen – Renata war schließlich fast achtzehn Jahre alt und kein Kind mehr. Die alte Dame begrüßte Renata freudig und hieß sie sich direkt neben sie setzen, um den Tee einzunehmen, der immer vor dem Konzert gereicht wurde. Dann fragte Großmutter, ob sie irgendetwas für Renata tun könne und zu ihrer eigenen Überraschung hörte Renata sich sagen: »Ach, Großmama, wenn Du mir nur helfen könntest, damit ich die Erlaubnis bekomme, die Kunstakademie zu besuchen!«
»Wie steht es mit der Aufnahmsprüfung?« fragte Großmutter völlig ungerührt.
Renata gestand, daß sie die Prüfung bereits heimlich abgelegt habe, mit ausgezeichnetem Erfolg, daß sie es aber noch nicht gewagt habe, mit ihrer Mutter über dieses seltsame, würdelose und völlig undamenhafte Vorhaben zu sprechen.
Alles, was Großmutter dazu zu sagen hatte, war: »Mach Dir nur keine Sorgen, mein Kind!«
Drei Wochen später kam die Bestätigung, daß Renata aufgenommen war. Und wieder drei Monate später besuchte Renata die Vorlesungen; freilich mußte sie ein Jahr lang

die Schande über sich ergehen lassen, daß alle ihre Mitschüler sahen, wie sie von einer Zofe als Duenna begleitet wurde – Mutter bestand darauf.
Einige Jahre später mußte Großmutter wieder zu Hilfe kommen. Mutter hatte nämlich bereits für Renata einen Ehemann ausgesucht, so wie sie es zuvor für die beiden älteren Schwestern getan hatte: einen jungen Grafen von absolut einwandfreier Herkunft, unübertrefflicher Arroganz und ebenso unübertrefflicher Dummheit. Renata aber hatte sich in ihren armen, proletarischen, ungehobelten Kommilitonen Erich Kohout verliebt, dessen Vater, der Polsterer, der Sproß eines tschechischen Dienstmädels und eines unbekannten Vaters war. Nach hartem Kampf mußte Mutter schließlich nachgeben, denn Renata war inzwischen volljährig; sie weigerte sich aber, die Hochzeit ihrer entarteten Tochter auszurichten. So war es Großmutter, von deren Haus aus Renata heiratete und von der sie ein wunderschönes Hochzeitsgeschenk erhielt: eine reizende Wohnung in Großmutters Stadthaus aus dem achtzehnten Jahrhundert, wo genügend Platz für sie, Erich und einige Kinder war; außerdem gab es dort zwei luftige Studios mit großen Oberlichten – eines für Renata und eines für Erich.
»Das sind zwar die ehemaligen Dienstbotenzimmer«, sagte Großmutter, »aber das Licht ist dort gerade richtig für einen Maler.«
Großmutter gab für Renata einen glänzenden Hochzeitsempfang. Selbstverständlich kamen weder Mutter noch eine der Schwestern – von nun an sprachen sie weder mit Renata, noch nahmen sie ihre Existenz weiter zur Kenntnis. Ihr immer gütiger Vater kam zwar in die Kirche und führte sie dem Bräutigam zu, nachher aber brachte er seine übliche Entschuldigung vor, um nicht auf dem Empfang erscheinen zu müssen: »Ich habe zu viel zu tun!« Ihr Bru-

der, der damals gerade seinen Militärdienst bei den Sobieski-Kürassieren leistete, hätte sich natürlich für ihre Hochzeit freistellen lassen können – aber wenigstens schickte er ihr ein Telegramm. So war außer den einfachen, gutherzigen Eltern Kohouts keine unmittelbare Familie bei der Hochzeitsfeier anwesend; die Kohouts hatten Renata ihr Herz geöffnet und liebten sie, als sei sie ihre eigene Tochter. Und Großmutters Freunde umhätschelten die Braut.
»Du wirst deinen eigenen Freundeskreis unter den Malern finden müssen«, hatte Großmutter bei der Hochzeit gesagt. »Wir sind zwar alle nur Musiker, aber wir sind auch Künstler.« Und da waren sie also alle – und da war vor allem die wundervolle Mariandl, die Frau eines berühmten Anatomen; wie schön und begabt sie war!
Mutter hatte natürlich nur Mißbilligung für Mariandl über. »Wer ist die Person schließlich schon – Bauernbagage, die der Professor in irgendeiner Berghütte aufgeklaubt hat und nun der Gesellschaft aufdrängt!«
Die Tatsache, daß sich Mariandl selbst einen Namen gemacht hatte mit den Illustrationen, die sie zu den Büchern ihres Mannes geschaffen hatte, ließ Mariandl in den Augen von Mutter nur noch suspekter erscheinen: »Text von Professor Richard von Mosenthal, Zeichnungen, Photographien und Diagramme von Marianne von Mosenthal« konnte man auf dem Titelblatt jedes Bandes von »Pathologie der Sinnesorgane« lesen. Der Professor schickte jedesmal ihrem Vater eine Ausgabe; Mutter war natürlich der Ansicht, die Bücher seien viel zu unanständig und verletzten jedes Feingefühl, und erlaubte ihren Töchtern nicht hineinzuschauen. Aber sogar Mutter mußte zugeben, daß Mariandl eine liebliche Sopranstimme hatte, obwohl sie natürlich der Meinung war, die Volkslieder, die Mariandl sang, seien keine »ernste Musik« und daher für die Salons ungeeignet.

Dann waren da noch viele andere Leute, die meisten kaum älter als Renata selbst, aber alle schon etablierte Künstlerinnen. Sie sangen ihr zu Ehren die »Hochzeits-Kantate« von Bach. Danach sang eine große, junge Person mit großer Nase und einer wundervollen Alt-Stimme Lieder von Hugo Wolf und imitierte mit einigen wirklich witzigen und recht gewagten Chansons eine französische »Diseuse« – Renata erfuhr später, daß diese Frau Emmy Heim hieß; sie sollte eine der besten Freundinnen Renatas werden.
Eine andere junge Frau, sie hieß Alice Ehlers, spielte auf einem Instrument, von dem Renata noch nie etwas gehört hatte, einem Spinett. Man erklärte ihr, daß das Spinett seit mehr als hundert Jahren aus der Mode sei, aber Renata fand, es klinge wundervoll.
Als das Fest vorüber war und Erich und Renata aufbrachen, um in ihre neue Wohnung zu gehen, hatte Großmutter gesagt: »Mein Hochzeitsgeschenk habe ich euch ja schon gegeben. Jetzt gebe ich euch aber noch das Hochzeitsgeschenk von Großvater.« Sie führte die beiden eine versteckte Wendeltreppe hinauf, von deren Existenz Renata nichts geahnt hatte; oben sperrte sie eine Türe auf – und dort hingen die beiden Bilder gegenüber einem Piano.
»Dein Großvater hat diese Bilder mehr als alles andere geliebt – ausgenommen vielleicht eine kleine Brücke hoch oben in den Bergen«, sagte Großmutter. »Er hat sie niemandem gezeigt. Aber es wäre sein Wunsch gewesen, daß du sie bekommst – jetzt, wo wir wieder eine Tochter haben.«

Die Perkacz'

Renata hatte als letzter Gast das Konzert zum neunzigsten Geburtstag ihres Großvaters verlassen. Immer und immer wieder hatte sie ihre Großmutter umarmt und geküßt und sie ihrer großen Dankbarkeit und Liebe versichert. Nachdem Renata schließlich gegangen war, blieb nur mehr Mariandl zurück, die wie immer darüber wachte, daß alles wieder ordentlich aufgeräumt wurde. Die Baronin Raphaela Wald-Reifnitz ging langsam die Stiege hinauf zu den Privaträumen ihres verstorbenen Mannes; dort würde sie ein oder zwei Stunden still dasitzen, so wie sie gemeinsam mit Arthur nach jedem ihrer Konzerte dagesessen war. Auch nach Arthurs Tod hatte sie diese liebe Gewohnheit beibehalten. Sie hatte diese Räume für ihn als sein Büro und sein Arbeitszimmer eingerichtet, als sie damals vor mehr als fünfundzwanzig Jahren dieses verfallene ›Palais‹ gekauft hatten, das einmal einem längst vergessenen Edelmann des achtzehnten Jahrhunderts gehört hatte; sie hatten es für ihre eigenen Bedürfnisse herrichten lassen. In diesen Räumen hatte die alte Baronin das Gefühl, daß Arthur immer noch lebe, hier war er ihr nahe, hier war er bei ihr. Da stand immer noch das Rosenholz-Klavier, das jetzt natürlich längst aus der Mode war, wo man den mächtigen Klang der großen Konzertflügel bevorzugte; aber keines dieser modernen Ungetüme konnte jemals so sanfte und betörende Klänge hervorbringen wie dieses kleine Klavier. Auf diesem Piano hatte sie Arthur begleitet, als er bei seinem Antrittsbesuch in ihrem Elternhaus einige Lieder vorgetragen hatte. Und auf eben diesem Piano hat-

te Arthur sie dann später am selben Abend begleitet, als sie ebenfalls für ihn gesungen hatte. Damals war ihnen beiden mit einem Schlag bewußt geworden, daß sie einander liebten. Wenn er später für sie sang – und er sang von diesem Abend an für niemanden mehr außer für sie –, hatte er immer darauf bestanden, daß sie ihn auf dem Rosenholz-Klavier begleitete.
Neben dem Klavier hing der einzige Gegenstand, der ausschließlich Arthurs Eigentum war, und nicht ihr gemeinsamer Besitz: ein Kupferstich des Herzogs von Wellington, den der Herzog signiert und an Arthurs Vater geschickt hatte, als dieser ihm meldete, er habe seinem neugeborenen Sohn den Namen seines ehemaligen Kommandanten gegeben. Der Herzog hatte auf dem Stich mit ›Arthur‹ unterschrieben, und das war der Grund, weshalb ihr Mann sein Leben lang das englische ›th‹ in seinem Namen verwendete.
An der gegenüberliegenden Wand hingen die beiden Portraits von ihr, die beide von Arthur ausgesucht worden waren; eben glitten die goldenen Fingerspitzen der abendlichen Junisonne darüber hinweg. Das erste Bild war ihr Hochzeitsgeschenk an Arthur gewesen, heute genau vor sechzig Jahren – sie hatten an seinem dreißigsten Geburtstag geheiratet. Das zweite Bild hatte sie ihm zur goldenen Hochzeit geschenkt, auf den Tag genau vor zehn Jahren, an seinem achtzigsten Geburtstag.
Das Musikzimmer war ursprünglich das Vorzimmer zu einer Dienerwohnung gewesen; wenn man ein paar Stufen hinaufging, kam man zu Arthurs Atelier, das Dachfenster ging nach Norden, darunter stand der Zeichentisch, der beinahe die gesamte Länge des großen Raumes einnahm; in einer Ecke stand das Rollpult für seine verschiedenen Papiere und die Staffelei für ihre Aquarelle und Zeichnungen. In diesem Zimmer war Arthur vor sieben Jahren ge-

storben; er war einfach an seinem Zeichentisch eingeschlafen und in den Tod hinübergeglitten. Sein Körper war fortgegangen, aber sein Geist und seine Persönlichkeit waren immer noch gegenwärtig. Sie konnte immer noch seinen ganz persönlichen Geruch wahrnehmen, eine Mischung aus Rasierwasser ›Russisch Leder‹, Zigarrenrauch und dem ihm eigenen aggressiven männlichen Geruch. Hier war Arthur bei ihr. Wann immer sie sich auf der kleinen Klavierbank niederließ, wartete er auf sie; wie oft hatte er sie gebeten, sich eben hier niederzusetzen, weil er etwas Wichtiges mit ihr zu besprechen hatte.
In den späteren Jahren ihrer Ehe, als sie wieder zueinander gefunden hatten und, wie Arthur es nannte, ihre zweiten Flitterwochen verbracht hatten, nahmen sie die Gewohnheit an, nach dem alljährlichen Geburtstagskonzert hier heraufzukommen. Dann sprachen sie davon, wie sie einander das erste Mal gesehen hatten, wie ihre Liebe begonnen und ihr gemeinsames Leben seinen Anfang genommen hatte. Nach Arthurs Tod hatte sie diese Gewohnheit beibehalten. Aber als sie sich an diesem Abend ans Klavier setzte, merkte sie, daß sie noch nicht bereit war, sich an ihre Erinnerungen zu verlieren. Ehe sie in Gedanken an jenen Abend zurückkehren konnte, an dem sie zum ersten Mal für ihn Schuberts »An die Musik« gesungen hatte, mußte sie zuerst den Schock überwinden, den es ihr bereitet hatte heute abend, zu Arthurs neunzigstem Geburtstagsfest, dieses Lied wieder für ihn zu singen.
Bei ihrer ersten Begegnung war »An die Musik« als letztes Lied gesungen worden; und so war »An die Musik« dann auch jedesmal das Abschiedslied bei seinen Geburtstagskonzerten. Seit ihrer ersten Begegnung hatte sie das Lied für niemanden mehr außer für Arthur gesungen – für ihn aber hatte sie es oft gesungen. Freilich, während der letzten zehn oder fünfzehn Jahre, auch als Arthur noch lebte,

hatte sie es nicht wirklich gesungen. Sie hatte das Lied fast rezitiert, hatte die Melodie mehr angedeutet als gesungen. Sie hatte nicht wirklich Atemschwierigkeiten; aber ihre Stimme war ihr verlorengegangen – schließlich war sie jetzt einundachtzig.
Heute abend aber war etwas Seltsames geschehen. Nach der ersten Passage, dort, wo die Musik düster wird und die Worte beginnen »wo mich des Lebens wilder Kreis umstrickt« – da hatte sie ihre Stimme wiedergefunden. Oder vielmehr die Stimme hatte sie wiedergefunden, hatte von ihr Besitz ergriffen und ohne ihr Zutun aus ihr gesungen. Keine große Stimme – sie hatte nie eine große Stimme gehabt. Es war immer noch der Mezzo-Sopran, wie seit fünfzig Jahren. Aber irgendwie war diese Stimme so rein wie nie zuvor, auch wenn sie flüsterte, trug sie weit, ihr Pianissimo drang bis in die entfernteste Ecke des großen Saales, den der längst verstorbene Edelmann für seine Feste hatte bauen lassen. An diesem Abend hatte sie gesungen wie nie zuvor in ihrem Leben.
Genauso hatte wohl Franz Schubert dieses Lied gehört, als er damals die banalen Worte seines Freundes Schober in himmlische Musik umsetzte. Auch die anderen im Saal empfanden, daß hier etwas Außergewöhnliches vor sich ging. »Du holde Kunst, ich danke dir dafür!« – die letzten Worte hatte sie mehr gehaucht als laut gesungen. Mariandl, die sie am Klavier begleitete, konnte kaum zu Ende spielen; Tränen liefen ihr die Wangen herunter. Sogar die absolut unsentimentale Alice Ehlers und Emmy Heim schluchzten laut. Hatte Arthur ihr diesen Gesang geschickt? Wollte er ihr damit sagen, daß er auf sie wartete, daß sie zu ihm kommen sollte?
»Sei kein abergläubisches altes Weib«, hörte sie mit einemmal seine Stimme – er war also noch bei ihr in diesem Zimmer. »Du lernst immer noch dazu, kannst immer noch

wachsen. Wie du jünger warst, hättest du nie so singen können. Man muß alt werden, um Schubert wirklich begreifen zu können.«

Wie alt war Schubert gewesen, als er um 1815 »An die Musik« geschrieben hatte – höchstens achtzehn. Vielleicht ist es eben genau das, was wir Genie nennen – die Fähigkeit, die Grenzen von Alter und Erfahrung zu überwinden, reif zu werden, ohne lernen zu müssen, ohne Leid und Lebenskampf auf sich nehmen zu müssen. Sie selbst hätte sicher nie so singen können, als sie noch jung war, obwohl ihre Stimme damals am Höhepunkt war und sie als die beste Liedersängerin Wiens gefeiert wurde. Auch die junge Emmy Heim konnte es nicht, obwohl sie eine viel bessere Sängerin war, als sie, Raphaela, es jemals gewesen war. Und doch hatte Emmy eine wunderbare reine Alt-Stimme und Raphaela kannte keine Sängerin, die so viel Musikalität besaß. War das, was ihr heute abend geschehen war, das Geheimnis des Alters?

Vor wenigen Monaten hatten die jungen Musikerinnen, ihre Schülerinnen, Freundinnen und Vertraute, zu ihrem achtzigsten Geburtstag für sie gesungen. Die liebe, liebe Mariandl hatte einen bekannten Wiener Gassenhauer gesungen; anstelle der Worte »Du bist nur einmal jung« hatte sie gesungen »Du bist doch ewig jung«; alle hatten heftig applaudiert. Es war eine reizende Idee von Mariandl gewesen – aber selbstverständlich war es Unsinn. Natürlich war sie alt – und sie hatte gar nicht den Wunsch, ewig jung zu sein.

Aber der Satz »Du bist nur einmal jung« stimmte auch nicht. In deinem Leben bist du oft jung, jedesmal auf andere Weise. Dieses Kind, Renata, ihre Enkelin, war auf ihre Art sehr, sehr jung; als sie selbst Arthur kennengelernt hatte, war sie auf andere Art jung gewesen, aber eben auch jung. Auch diese ungeheuer begabte, ungeheuer lustige und zutiefst verbitterte Emmy Heim – verbittert, weil Gott ihr eine wunderschöne Alt-Stimme und nicht einen Wagner-Heldensopran mitgegeben hatte und weil sie mit ihrer zu großen Nase und ihrem scharfen Verstand leben mußte, statt wie ihre Schwester sich auf schaler, gezierter Hübschheit ausruhen zu dürfen – diese Emmy Heim also war auf ihre Weise ebenfalls sehr, sehr jung. Als sie Mariandl kennengelernt hatte, war sie knapp zwanzig Jahre alt gewesen. Damals war sie jung, und auch heute, mit vierzig, war sie jung – wenn auch in einer ganz anderen Art. Und Arthur war sein ganzes Leben lang bis ins hohe Alter jung gewesen – immer wieder auf verschiedene Weise.

»Du bist doch viele Male jung«, summte Raphaela vor sich hin; »aber alt bist du nur einziges Mal und nur auf eine Art.«

Arthur hatte immer gesagt: »Was für die Jungen die Hoffnung ist, ist für die Alten die Erinnerung.« Er behauptete, er habe das irgendwo einmal gelesen. Aber vermutlich stammte auch dieser Ausspruch, wie die meisten seiner Epigramme, von ihm selbst; er war nur zu bescheiden es zuzugeben. Hoffnungen wechseln, sie wechseln sehr rasch – die Erinnerungen aber bleiben. »Du bist nur einmal alt – das ist die letzte aller möglichen Welten«, dachte Raphaela. Ein anderes Bonmot Alberts – und dieses hatte er vermutlich wirklich irgendwo gelesen, denn Gott sei Dank neigte er nie dazu, geistreich sein zu wollen – besagte: »Das Alter ist immer noch besser als seine Alternative.« Aber vielleicht ließ sich über das Alter doch noch etwas mehr und Besseres sagen – zum Beispiel, daß es eine Einundachtzigjährige, die selbst kein Genie ist, dazu befähigt, Schuberts »An die Musik« genauso zu singen, wie er, das Genie, es mit achtzehn gehört und niedergeschrieben hat. Aber war sie selbst jemals in der Weise jung gewesen, wie Renata, ihre Enkelin, es heute war? Sie konnte sich nicht

daran erinnern – es war schon so lange her, daß sie achtzehn war, und die Welt hatte sich seit damals so sehr verändert. Aber sie bezweifelte es.
Alle behaupteten immer, Renata sehe ihr sehr ähnlich. Freilich konnte sich heute niemand mehr an ihre, Raphaelas Mutter erinnern, wie sie als junge Frau ausgesehen und wie sie sich bewegt hatte. Und eben an Raphaelas Mutter erinnerte Renata in jedem ihrer Züge und mit jeder ihrer Bewegungen. Zwischen den drei Frauen gab es eine starke Familienähnlichkeit, sie hatten dieselbe Haarfarbe, denselben Teint. Über sie selbst aber hatte Ferdinand Waldmüller, als er sie vor sechzig Jahren malte, die Bemerkung gemacht, sie habe »verwegene« Farben – ihre Mutter war übrigens damals eher unangenehm berührt gewesen von dieser Ausdrucksweise. Renata aber hatte dieselben Farben wie Raphaelas Mutter: sanft, verhalten, ein wenig verschwommen, man könnte auch sagen »zahm«. Raphaela war großgewachsen, größer als der Durchschnitt; Renata aber war, wie ihre Mutter, klein und biegsam, geschmeidig wie eine Eidechse, bewegte den kleinen, wohlgeformten Kopf mit denselben raschen Bewegungen. Renata hatte ihre Urgroßmutter nie gekannt; aber hinter ihrer scheinbaren Naivität verbarg sich wie bei dieser eine Art unschuldiger Schlauheit, mit der sie die Erwachsenen überlistete – Raphaela hingegen konnte immer nur geradeheraus handeln. Wie geschickt die kleine Hexe das gemacht hatte, ganz im Geheimen zur Aufnahmsprüfung an der Akademie anzutreten! Sicherlich wußte sie, daß sie damit den Kampf schon so gut wie gewonnen hatte. Raphaelas Sohn Paul, Renatas Vater, würde nun schwerlich nein sagen können – einerseits hatte er einen übergroßen Respekt vor sämtlichen akademischen Regeln und Vorschriften, andererseits würde es ihn mit Stolz erfüllen, daß seine Tochter eine so bekannt schwierige Prüfung bestan-

den hatte, noch dazu wo man wußte, daß die Professoren an der Kunstakademie weiblichen Studenten nicht gerade mit Begeisterung entgegenkamen. Nachdem die kleine Heimlichtuerin nun die Prüfung bestanden hatte, war es für die Großmutter nicht weiter schwierig, für den Rest zu sorgen.

Selbstverständlich kannte sie den Direktor der Kunstakademie. Als junger Architekt hatte er bei Arthur als Zeichner beim Projekt der großen Hängebrücke über den norwegischen Fjord mitgearbeitet. Morgen würde sie bei ihm vorsprechen, sie würde für ein Jahr das Unterrichtsgeld für ihre Enkelin bezahlen und sie würde eine Aufnahmsbestätigung mitnehmen. Danach wollte sie mit ihrem Sohn reden. Ihre Schwiegertochter, diese steifleinerne Person, würde keine großen Schwierigkeiten machen. Raphaela wußte, daß sie vor ihr Angst hatte; außerdem hatte sie nicht sonderlich viel für ihre jüngste Tochter übrig, die so unverkennbar nicht der Familie der Marchfelden nachschlug, nicht einmal den Wald-Reifnitz – sie war ganz eindeutig eine von diesen abscheulichen Perkacz's.

Ja, das junge Mädchen war genauso geschickt vorgegangen wie ihre Urgroßmutter. Raphaela begann zu lächeln, wie jedesmal, wenn sie daran dachte, wie ihre Mutter seinerzeit ihre Eltern ausgetrickst hatte, um Michael Perkacz heiraten zu können. Natürlich hatte Raphaela die Geschichte nicht von ihren Eltern gehört – zu ihrer Kinderzeit war es nicht üblich, daß Eltern mit ihren Kindern über sich selbst sprachen; außerdem sprach ihre Mutter nur sehr selten über ihre Familie. Raphaelas Bruder war es gewesen, der ihr viele Jahre später, nachdem die Eltern tot waren, in einiger Verlegenheit das Ganze erzählt hatte. Er fand die Sache reichlich verwerflich und er war sprachlos, weil Raphaela nicht ebenso schockiert war wie er, sondern in lautes Gelächter ausbrach.

Raphaela hatte bereits gewußt, daß ihr Vater in Böhmen oder Mähren in irgendeinem kleinen jüdischen Städtel geboren worden war und daß sein Name ursprünglich ein typisch jüdischer war – er hieß Baer-Katz. Vermutlich war er in sehr jungen Jahren zum katholischen Glauben konvertiert. Denn als er mit vierzehn oder fünfzehn von zu Hause fortging, ging er geradewegs nach Wien. Damals, im Jahr 1805, wurden Juden nur dann zugelassen, wenn sie eine Sondererlaubnis besaßen – und ein fünfzehnjähriger Knabe, der keinen Groschen in der Tasche hatte, hätte sich eine solche Erlaubnis nur schwerlich beschaffen können. Sein Vater war außerdem ins Bauwesen und in den Grundstückshandel gegangen, und damals war es Juden noch verboten, Grund und Boden in der Stadt zu kaufen, zu verkaufen oder zu besitzen. Wie dem auch sei, Vater hatte sich sehr rasch durchgesetzt.
Noch in jungen Jahren gelang es ihm, Zutritt zu Wiens exklusivstem und verschlossenstem Clan zu finden, der von einigen unermeßlich reichen Familien sephardischer Juden gebildet wurde, die einem alten Vertrag mit den Türken zufolge das Recht hatten, sich in Wien niederzulassen. Sie hatten einige weitreichende Privilegien – zum Beispiel mußten sie keine Steuern zahlen und waren vom Militärdienst befreit. Sie durften sich jedoch nur in der Judengasse hinter der Kirche Maria am Gestade ansiedeln und durften nur dort Grundbesitz erwerben. Auch heute noch, im zwanzigsten Jahrhundert, blieben diese Sephardischen Juden völlig unter sich, zu Hause sprachen sie das Spanisch des Mittelalters, heirateten nur untereinander und besuchten niemals jemanden außerhalb ihrer eigenen Gemeinschaft; zumindest kannte Raphaela keinen Sephardischen Juden, der jemals einen solchen Besuch gemacht hätte, auch hatte sie noch nie gehört, daß ein Nicht-Sephardim jemals über die Schwelle eines Sephardim-Hauses gekom-

men wäre. Über ihre Frauen wachten sie eifersüchtiger als irgendein Türke oder Spanier.
Irgendwie gelang es Vater, das Vertrauen der Sephardims zu gewinnen. Er diente ihnen nach den Napoleonischen Kriegen bei ihren Grundstückskäufen als Strohmann. Sie selbst hatten keine Möglichkeit dazu, aber ihr scharfer Geschäftssinn sagte ihnen, daß die Stadt sich sprunghaft ausweiten würde. Irgendwie muß Mutter den hübschen jungen Fremden gesehen haben, wenn er zu den Besprechungen über die Grundstückskäufe ins Haus kam – vielleicht hatten die Sephardims, wie die Moslems in den Harems, kleine Fenster, durch die die Frauen alles sehen konnten, ohne selbst gesehen zu werden. Jedenfalls hatte sich Mutter wie in einer Geschichte aus Tausendundeiner Nacht in diesen exotisch scheinenden Besucher von der Außenwelt verliebt; irgendwie war es ihr gelungen, ihn zu treffen – Raphaelas Bruder äußerte die Vermutung, sie habe wohl ihre Magd bestochen – und sie hatte den Entschluß gefaßt, ihn zu heiraten. Selbstverständlich lag das weit außerhalb des Bereichs des Möglichen. Sephardims heirateten immer nur wieder Sephardims, und ganz gewiß niemals einen Abkömmling der verächtlichsten, untersten Schichten, einen nicht-sephardischen Ostjuden! Und so war Mutter auf die Idee gekommen, in die nahegelegene katholische Kirche zu entschlüpfen und dort bei dem Priester Unterricht in der katholischen Glaubenslehre zu nehmen. Sie war damals in Renatas Alter gewesen, achtzehn oder neunzehn, und sicher hatte sie genau dieselbe Unschuldsmiene zur Schau getragen wie die kleine Renata, als sie in der Kunstakademie zur Prüfung antrat.
Und damit hatte sie ihre Familie überlistet. In der damaligen Zeit konnte eine junge Frau, und schon gar nicht eine Achtzehnjährige, niemals ohne die Zustimmung der Eltern heiraten. Hingegen konnte man zur katholischen

Religion übertreten, wenn man fünfzehn war. Ein Jude, der jemanden, der über fünfzehn war, daran zu hindern suchte, seine unsterbliche Seele zu retten, indem er zum katholischen Glauben übertrat, riskierte schwere Strafe, Gefängnis oder sogar Deportation. Raphaela dachte, daß das vielleicht auch heute noch, wie damals im streng katholischen Österreich, vorkommen könnte. Andererseits konnte eine sephardische Familie nicht zulassen, daß eine Tochter Katholikin wurde, sie mußte sie verstoßen. Und so geschah das, was Raphaelas Bruder als »sie hat ihren Eltern die Pistole angesetzt« zu bezeichnen pflegte. Natürlich wurde sie aus der Synagoge verbannt, ihr Name wurde aus den Familienbüchern gestrichen, als wäre sie nie geboren worden. Aber sie bekam den Mann, den sie wollte. Und der Kontakt zu ihrer Familie brach nicht gänzlich ab, zumindest der Vater kam jeden Samstag zu Besuch, als Raphaela noch ein Kind war; freilich nahm er im Haus seiner Tochter niemals eine Speise zu sich. Und offensichtlich war es Vater gelungen, die gewinnträchtige Geschäftsverbindung zu den Sephardims durch viele Jahre hindurch weiter aufrecht zu erhalten, genauso wie Mutter, zumindest im engsten Familienkreis ihren sephardischen Vornamen Shulamit beibehielt und ihren katholischen Taufnamen »Maria« nur außerhalb des Hauses verwendete. Eigenartigerweise war Mutter, genau wie Renata, in Raphaelas Augen immer ein wenig scheu und ängstlich erschienen, verschreckt und hilfsbedürftig.

»In Wirklichkeit war Mutter der eigentliche Kopf bei Vaters geschäftlichen Erfolgen. Mutter war es wahrscheinlich, die die großen Pläne hatte, die voraussah, daß Wien sich so rasch entwickeln würde. Mutter war es, die Vater dazu überredete, Wohnhäuser und Arbeitersiedlungen zu bauen, zu einer Zeit, als Wien noch nicht über die Stadtmauern hinausreichte. Ihre Idee war es sicher auch, eine

Hypothekenbank zu gründen, um so billiges Geld für Vaters Projekte zu bekommen«, dachte Raphaela. Jedenfalls war Raphaela darüber informiert, daß fünfundzwanzig Jahre später, in den 40er und 50er Jahren, ihre damals schon recht betagte Mutter Raphaelas Bruder dazu gedrängt hatte, sich mit Eisenbahnbau zu befassen, obwohl damals jeder der Ansicht war, das sei ein viel zu großes Risiko. Ihre Mutter war es also gewesen, die sowohl für den Vater als auch für den Bruder den Grundstein zu deren späterem Vermögen gelegt hatte.
»Vielleicht war es auch Mutter, die es erreicht hat, daß sie geadelt worden sind«, dachte Raphaela. Was sie darüber wußte, klang irgendwie so gar nicht nach ihrem vorsichtigen und zurückhaltenden Vater. Soweit ihr Bruder ihr erzählt hatte, war es so gewesen, daß die Gräfin Kolowrat, die Frau des Ministerpräsidenten, ohne Wissen ihres Gatten Grundstücksspekulationen gemacht hatte. In der Depression von 1837 geriet sie dann in große Schwierigkeiten und sah keinen Ausweg, sich selbst daraus zu befreien. Die politischen Gegner des Grafen – allen voran Metternich, den Kolowrat ins Auswärtige Amt verdrängt hatte – schlossen sich bereits zusammen, um ihm damit einen tödlichen Schlag zu versetzen. Da wandte sich Vater an den Grafen Kolowrat und bot ihm an, die Perkacz-Bank werde die Grundstücksanteile und die Schulden der Gräfin übernehmen, wenn er als Gegenleistung den Titel eines Barons verliehen bekomme. »Als Papa zwei Jahre später diese Grundstücke mit ansehnlichem Profit wieder verkaufen konnte, hat Mutter ihn zu Kolowrat geschickt, damit er diesem den Profit übergibt«, hatte Raphaelas Bruder die Erzählung geschlossen. »Damit hat sie erreicht, daß wieder zwei Jahre später die Regierung uns die Konzession für die erste Wiener Pferdebahn erteilt hat – daraus wurde unser einträglichstes Unternehmen.«

Nun, wenn dieses Kind Renata wirklich vorhatte, das Malen zu ihrem Beruf zu machen, würde sie alle List und allen Geschäftssinn, die ihrer Urgroßmutter eigen waren, dringend benötigen. Wer hatte eigentlich das Märchen aufgebracht, daß Künstler stets unpraktisch und weltfremd seien, daß sie sich niemals mit Verkaufsgesprächen, Honoraren und Aufträgen befaßten? Als Musiker hatte man es schon schwer genug, aber wenigstens konnte man in einem Ensemble spielen. Als Maler aber war man immer Solist – und für Solisten gab es in keiner Berufssparte allzu viele Engagements. Vielleicht gab Renata auf – die meisten Kunst- und Musikstudenten gaben auf. »Aber ich zweifle daran«, dachte Raphaela. »Wenn jemand klug genug ist, auf diese Weise eine Aufnahmsprüfung zu machen, dann gibt er nicht rasch auf. Natürlich wird ihre Mutter alles nur Erdenkliche unternehmen, um sie so rasch wie möglich passend zu verheiraten. Aber ein Mädchen, das auf die Kunstakademie geht, verliert meist recht schnell die Freude daran, sich mit diesen ewig jugendlichen Grafensöhnen abzugeben, deren einzige Fähigkeit darin besteht, ein paar Kartentricks zu beherrschen und den Familienstammbaum im Schlaf heruntersagen zu können.«

Arthur

Eigentlich war das unfair. Auch Arthur hatte seinen Familienstammbaum mehrere hundert Jahre weit zurück gekannt; sicher hatten auch die snobistischen Ephrussi, Mutters große sephardische Familie, ihren Stammbaum genau gekannt; Vater hatte ihr einmal erzählt, daß sich die Ahnenlinie bis zu dem Philosophen Maimonides zurückverfolgen ließ; sie hatte gelesen, daß in Saloniki im großen Familienhaus immer noch der Schlüssel des ehemaligen Ahnenpalais im spanischen Toledo aufbewahrt wurde. Nein, wenn man gegen die alten aristokratischen Familien ein Vorurteil hatte wie die heutigen Intelektuellen und diese sogenannten Liberalen, dann war man genauso engstirnig und heuchlerisch wie ihre Schwiegertochter, für die es im Leben nichts Wichtigeres als Abstammung und Familienherkunft gab. Das Außergewöhnliche an Arthur war gewesen, daß er ganz offen seinen Stolz auf seinen Namen und seine Herkunft gezeigt hatte, jedoch niemals den Wert eines Menschen nach dessen Namen, Rang, Titel oder Herkunft gemessen hatte.
Sonst wäre er wohl an jenem Samstagnachmittag im Jahr 1845 nicht in ihr Elternhaus gekommen, als ihr Bruder ihn mitgebracht hatte und sie miteinander Schubertlieder sangen. Beide lehrten damals an der Technischen Universität, Arthur war Ingenieur, ihr Bruder war ein junger Architekt. Bei der Arbeit waren sie gleichgestellt, was aber ihre gesellschaftliche Stellung betraf, so gab es eine tiefe Kluft zwischen einem Wald-Reifnitz, dem Sohn des Feldmarschalleutnants und den Perkacz, den Kindern eines

Grundstückmaklers und Hypotheken-Bankiers. Als er aber erfuhr, daß sein Kollege eine Schwester hatte, die die bei den launischen Wienern bereits fast in Vergessenheit geratenen Schubertlieder sang, bat er darum, ihr vorgestellt zu werden; denn auch er liebte Schubert und sang seine Lieder.

Arthur hatte einen angenehmen Bariton und es war leicht, ihn zu begleiten; Raphaela freute sich darüber, wie er die »Winterreise« sang – obwohl ihr beim Zuhören klar wurde, daß er immer nur ein Amateur und Musikliebhaber bleiben würde und niemals Musik studieren, geschweige denn ein wirklicher Musiker werden würde.

Nach dem Essen tauschten sie die Plätze, Raphaela sang und Arthur begleitete sie. Und plötzlich geschah etwas, veränderte sich etwas zwischen ihnen. Sie hatte bereits alle ihre Lieblingslieder gesungen, da bat er sie, noch ein weiteres Lied zu singen. Sie hatte »An die Musik« gewählt, das wie die meisten frühen Lieder Schuberts ziemlich unbekannt war; auch Arthur hatte es nicht gekannt. Als das Lied zu Ende war, sagte er leise: »Danke, Raphaela.«

Sie hatte sofort verstanden. Bisher hatte er sie immer mit »Baroneß« oder »Gnädiges Fräulein« angesprochen. Eigentlich war es nicht sonderlich kühn von ihm, sie »Raphaela« zu nennen. Sie war noch sehr jung, knapp zwanzig, beinahe zehn Jahre jünger als er. Sie trug ihr Haar noch offen und nicht hochgesteckt, wie es die jungen Frauen üblicherweise taten. Im Grunde war sie noch ein Kind.

Es war die Art und Weise, wie er »Raphaela« sagte; sie wußte, daß er damit meinte: »Ich liebe dich, willst du mich heiraten?« Sie mußte ihre ganze Selbstbeherrschung aufbieten, um nicht laut zu rufen: »Ja, tausendmal ja!« Aber er verstand sie auch so, denn er sah, wie sie errötete.

Sie war daher auch keineswegs überrascht, als ihr Vater sie am nächsten Tag um die Mittagszeit herum zu sich rief

und sagte: »Raphaela, Baron Wald-Reifnitz ist soeben bei mir gewesen; er hat mir etwas höchst Überraschendes gesagt.«
»Ich habe das erwartet, Vater, und ich glaube, ich weiß auch schon, was er dir gesagt hat«, antwortete sie.
Ihr Vater war sichtlich verblüfft. »Ich war der Meinung, du hättest diesen Herrn gestern zum ersten Mal gesehen«, rief er aus.
»Das stimmt.«
»Woher weißt du es dann? Hat er mit dir darüber gesprochen?«
»Aber, Vater«, hatte sie indigniert gesagt, »du hast doch eben selbst gesagt, daß er ein Herr ist! Aber ich weiß trotzdem, daß er bei dir um meine Hand angehalten hat, ich weiß, daß er mich liebt, ich weiß, daß ich ihn liebe, und ich werde ihn heiraten.«
Sie war der große Liebling ihres Vaters; er nahm sie in die Arme wie ein kleines Kind und sagte: »Aber Raphaela, so etwas geschieht doch nur in Büchern, nicht im wirklichen Leben!«
»Diesmal ist es aber im wirklichen Leben geschehen!« hatte sie ihm mit fester Stimme geantwortet.
Arthur selbst mußte niemanden um Erlaubnis fragen. Er war alt genug, allein zu entscheiden. Sein Vater war gestorben, als Arthur noch ein Kind gewesen war, und als er fünfzehn Jahre alt war, hatte sich seine Mutter auf eines der Reifnitzschen Güter an einem Kärntner See zurückgezogen, wo sie ihre Tage in einem Zustand beständiger sanfter Melancholie verbrachte.
Sie kam zwar zur Hochzeit, zeigte aber weiter keinerlei Interesse mehr an ihrem Sohn oder seiner Frau.
Raphaela aber mußte die Erlaubnis ihrer Eltern einholen. Ein Baron Wald-Reifnitz war natürlich mehr als eine gute Partie und ihr Vater war von dieser Aussicht sogar ein we-

nig erschreckt; ihre Mutter hingegen war sich des eigenen Wertes voll bewußt und fühlte sich jedem Baron absolut ebenbürtig. Die Eltern stimmten der Heirat zu, verlangten aber, daß eine Verlobungszeit von einem Jahr eingehalten werde. Ein paar Monate später freilich, als sie auf den ersten Skizzen, die Ferdinand Waldmüller angefertigt hatte, den strahlenden Ausdruck auf dem Gesicht ihrer Tochter sahen, ließen sie ihre Forderung nach einer Wartezeit fallen.

Raphaela kam sehr rasch in die Hoffnung. Zehn Monate nach der Hochzeit kam Paul auf die Welt. Alles in allem lebten sie in diesen ersten zwei Jahren wie jedes andere junge Paar der guten Gesellschaft. Arthur unterrichtete an der Technischen Hochschule; er war inzwischen zum Major avanciert, hatte aber einen Lehrstuhl und war außerordentlich stolz darauf, der jüngste Professor in Österreich zu sein. Damals begann er mit seinem Studium des Brückenbaus, mit dem er später einmal berühmt werden sollte. Raphaela kümmerte sich um das Baby – sowohl sie als auch Arthur konnten der Vorstellung nichts abgewinnen, eine Amme einzustellen, wie es damals große Mode war. Raphaela hatte selbst genug Milch und sie war glücklich, wenn sie die Wange ihres Kindes an ihrer Brust spürte. Sie führte den Haushalt und überwachte das Dienstpersonal; die meisten waren langjährige treue Diener aus ihrem Elternhaus, die sie verwöhnten und verhätschelten.

Sie nahm weiter Musikunterricht, während Arthur über seinen Technikbüchern brütete. Ihr gemeinsames Leben spielte sich hauptsächlich am Abend ab; zwei- bis dreimal die Woche veranstalteten sie ein Hauskonzert oder waren zu Freunden zu einem solchen eingeladen. Das war lange bevor es Sitte wurde, daß auch Angehörige der guten Gesellschaft in öffentliche Konzerte gingen – damals veran-

stalteten Leute, die es sich leisten konnten, die Konzerte bei sich zu Haus. Damals feierte in Wien der Walzer seinen Siegeszug, und Arthur und Raphaela wurden von dem allgemeinen Taumel mitgerissen.
Sie dachten, daß sie glücklich wären, sehr glücklich sogar. Wenn sie später auf diese Zeit zurückblickten, sahen sie, daß sie damals lediglich jung gewesen waren, jung, geschäftig, zufrieden und konventionell. Hätten sie ihr Leben auf diese Weise weitergeführt – und eigentlich gab es keinen ersichtlichen Grund, weshalb sie das nicht tun sollten –, dann wären sie sehr rasch in eine typische »gute Ehe« abgeglitten, wo die Ehepartner nur deshalb zusammenbleiben, weil die Langeweile sie hält.
Doch dann kam 1848 die Revolution und veränderte ihr Leben von Grund auf. Ihr Bruder wurde, zu seiner eigenen Überraschung, sehr bald einer der Führer und gefeiertsten Redner der Liberalen. Wäre er nicht ein Baron gewesen und dadurch den Radikalen in der Bewegung suspekt erschienen, hätte er das, was er wollte, erreichen können: als Repräsentant Wiens ins Frankfurter Parlament gewählt zu werden. Aber er saß immerhin im Revolutionsrat für Wien und ganz Österreich, und er wurde als Minister für das Kabinett vorgeschlagen, das die revolutionäre Bewegung dem Kaiser aufzuzwingen versuchte.
Arthur war aktiver Offizier und konnte daher selbstverständlich nicht in die Politik gehen. Aber das störte ihn nicht weiter, denn Politik zu machen entsprach nicht seinem Temperament. Aber wie alle jungen Männer seiner Generation war er ein von romantischen Ideen erfüllter Liberaler, der den alten Absolutismus als Anachronismus verachtete und der die Revolution als den Beginn einer neuen Freiheit und einer neuen Gerechtigkeit ansah. Als die Armee den Befehl erhielt, gegen Wien zu marschieren und die Revolution niederzuschlagen, reichte er seine De-

mission ein. Bald darauf tat er sich mit Raphaelas Bruder zusammen, dessen politische Karriere mit dem Einmarsch der Truppen ein jähes Ende gefunden hatte. Gemeinsam gründeten sie eine Baufirma, wobei Arthur die Aufgabe des beratenden Ingenieurs für Eisenbahnbau zufiel.
So wie Raphaelas Mutter es vorausgesagt hatte, war die Firma von Anfang an weit erfolgreicher, als es die beiden Begründer in ihren kühnsten Träumen zu erhoffen gewagt hatten. Eines hatte die Regierung aus der Revolution von 1848 gelernt – es war wichtig, genügend Eisenbahnlinien für einen raschen Truppentransport zur Verfügung zu haben. Früher hatte die Regierung den Bau von Eisenbahnlinien den erzkonservativen und habgierigen Rothschilds überlassen, jetzt begann die Zeit, wo die Finanzierung des Eisenbahnbaus von der Regierung selbst übernommen wurde.
Das hatte zur Folge, daß Arthur kreuz und quer durchs Land reisen mußte: er mußte die neue Streckenführung festlegen, die Vermessungen überwachen, Kostenvoranschläge ausarbeiten, vor allem aber mußte er Brücken und Viadukte, Eisengerüste und Abzugskanäle entwerfen und planen, ohne die der Eisenbahnbau im Gebirgsland Österreich undenkbar war. Von Anfang an bestand er darauf, daß Raphaela ihn auf seinen Reisen begleitete, obwohl ihre Eltern tausend Ängste ausstanden und die Leute sich darüber den Mund zerrissen, daß er seine zarte, wohlerzogene Frau auf gefährliche Baustellen mitschleppte und ihr die Übernachtungen in den schmutzigen Alpengasthöfen zumutete.
Arthur und Raphaela erkannten sehr bald, wie sehr sich zu Hause das Baby zwischen sie gedrängt hatte. Sie hatte eine sehr leichte Schwangerschaft gehabt; sie gehörte zu den hochbusigen, langbeinigen Frauen, die während einer Schwangerschaft den Höhepunkt ihrer Schönheit errei-

chen. Trotzdem hatte Arthur sie vom ersten Tag an behandelt, als sei sie aus Zucker. Manchmal konnte er sich nicht beherrschen und »drängte sich ihr auf«, wie er es nannte, aber er kam immer nur gerade so lange zu ihr, um seine brennendste Begierde zu stillen und entschuldigte sich jedesmal dafür. Solange sie Paul stillte, näherte Arthur sich ihr überhaupt nicht und blieb ihr Wochen hindurch fern. Nicht Arthur schlief in ihrem Zimmer, sondern das Baby. Für damalige Begriffe war das ein völlig korrektes Verhalten für einigermaßen wohlerzogene Leute. Raphaela fragte sich, ob die jungen Leute von heute doch hoffentlich in diesen Dingen mehr Verstand hätten als zu ihrer Zeit. Kurz gesagt, in Wien behandelte Arthur sie stets ganz als »Dame«.

Doch sobald sie zusammen auf Reisen waren, behandelte er sie als sein Weib. Zuerst kam diese Veränderung für sie zu plötzlich, zu fordernd. Arthur ließ seine animalischen Instinkte durchbrechen – er wurde aggressiv, begehrlich, unersättlich, seine Wildheit verletzte sie beinahe. Zuerst war sie schockiert, dann erschrocken, es stieß sie ab und zugleich überwältigte es sie. Mehr als einmal wurde sie am nächsten Morgen schamrot, wenn sie daran dachte, was sie und Arthur in der Nacht zuvor getan hatten – vor allem, wenn sie daran dachte, wie sehr sie selbst es genossen hatte. Mehr noch als Arthurs unverhohlene Leidenschaft erschreckte sie, wie bedingungslos ihr eigener Körper darauf antwortete; es verwirrte sie, daß ein Teil ihres Wesens so offensichtlich sinnlich und so voller Fleischeslust war. Auf diesen Reisen nahm Arthur sie in den unmöglichsten Situationen und an den unglaublichsten Orten: auf einem Spaziergang durch einen stillen Wald, oder wenn sie an einem Felsblock vorbeikamen, hinter dem man sich verstecken konnte, oder auch im Baucamp in einem der Zelte, wenn die Arbeiter zum Mittagessen gegangen waren.

Einmal – es mußte spät im Juni gewesen sein, denn die Heumahd war schon vorüber – hatte er sie auf einer Almwiese um zehn Uhr morgens, gerade eine Stunde nach dem Frühstück, hinter einen Heuschober gezogen und zu Boden gedrückt.
»Aber Arthur«, hatte sie entrüstet ausgerufen, »ich bin doch kein Bauernmädel!«
»So – was suchst du dann hinter einem Heuschober?« hatte er zurückgegeben. »Hinter einem Heuschober ist jede Frau ein Bauernmädel.« Und dann hatte er seinen Worten eine sehr detaillierte und gründliche Beweisführung folgen lassen.
Als sie beide ziemlich außer Atem nach ihren Kleidern suchten, meinte er: »Das sind jetzt unsere richtigen Flitterwochen!«
Zu ihrer großen Freude kam Raphaela neuerlich in die Hoffnung. Diesmal waren sie klüger. Mutter schalt, jammerte und prophezeite die ärgsten Katastrophen. Aber Raphaela ließ es sich nicht nehmen, bis wenige Wochen vor der Niederkunft weiter mit Arthur herumzureisen; und schon wenige Wochen nach der Geburt begleitete sie ihren Mann neuerlich, jetzt mit der kleinen Maria an der Brust. Paul war zwischen ihnen gestanden und hatte sie einander entfremdet; Maria aber begleitete sie von Anfang an auf ihren Reisen, sie war ein Teil von ihnen und brachte sie einander noch näher. Arthur stand völlig unter dem Charme seiner kleinen Tochter, und Raphaela fühlte sich dem Kind so nahe wie keinem anderen Menschen eingeschlossen Arthur. Maria wiederum streckte vom Tag ihrer Geburt an die Arme nach ihnen aus, nahm ihre Herzen in ihre kleinen Hände und schenkte ihnen grenzenlose Freude dafür.

Paul

»Hätten wir zu Paul auch eine so gute Beziehung aufbauen können, wenn wir ihn auf unsere Reisen mitgenommen hätten und in ihm ein Kind der Liebe gesehen hätten?« Hundertmal hatten Arthur und Raphaela sich diese Frage gestellt. Hätte es für Paul einen Unterschied gemacht? Hätte er uns gegenüber dann eine andere Einstellung? Und immer wieder lautete die Antwort: »Nein!«
Paul war Paul, und was auch immer sie hätten anders machen wollen oder können, er wäre doch Paul geblieben. Vielleicht wäre in den ersten zwei Jahren ihrer Ehe die Beziehung zwischen Arthur und Raphaela eine andere gewesen, wenn Arthur in ihrem Zimmer geschlafen hätte und nicht Paul. Aber was Paul betraf – nein, nichts hätte sich an seiner Beziehung zu seinen Eltern oder an seinem Charakter geändert. Man konnte nicht sagen, daß er es ihnen gegenüber je an Liebe oder der gebotenen Aufmerksamkeit fehlen ließ. Aber irgendwie schien er immer ganz froh zu sein, wenn sie auf Reisen gingen und ihn allein zurückließen. Denn dann konnte er mit seinem Kindermädchen und seiner Gouvernante – später mit seinem Lehrer – in die Wohnung von Raphaelas Eltern übersiedeln. Dort wurde er stets von der unermüdlichen, wärmenden Liebe seiner Großmutter umgeben und er war mit dem einzigen wirklichen Freund zusammen, den er in seinem Leben haben sollte: mit seinem Großvater, der sich damals bereits fast gänzlich ins Privatleben zurückgezogen hatte und der der Gesellschaft seines klugen Enkels niemals müde wurde.

Arthur hatte Pauls Fähigkeiten schon früh erkannt und er war stolz auf ihn. Er war stolz auf ihn, als er mit fünfzehn, vier Jahre früher als seine Altersgenossen, das Gymnasium abschloß. Er war stolz auf, als er mit siebzehn seine erste wissenschaftliche Arbeit veröffentlichte. Noch größer war sein Stolz, als Paul in noch jüngeren Jahren als Professor an die Technische Hochschule berufen wurde als seinerzeit er selbst. Er schwelgte in dem Gedanken, daß Pauls Erfindungen und Patente im Telefon- und Telegraphenwesen zu mehr Reichtum und größerer Berühmtheit geführt hatten, als er, Pauls Vater, jemals gekannt hatte. Das einzige Mal, wo Raphaela Arthur wirklich arrogant erlebt hatte, war gewesen, als alle Freunde und Bekannte zu ihm kamen, um ihm zur Ernennung des damals knapp vierzigjährigen Paul zum Eisenbahnminister zu gratulieren. Arthur fand sogar etwas Positives daran, als drei Jahre später das Ministerium aufgelöst wurde und Paul nicht zu einer wissenschaftlichen Tätigkeit zurückkehrte, sondern als Sektionschef im Staatsdienst blieb. »Die besten Jahre eines Wissenschaftlers sind mit vierzig ohnehin vorüber«, pflegte er zu sagen. Paul behielt allerdings sein Laboratorium an der Technischen Hochschule und wenn er nicht gerade auf einer seiner vielen Reisen zu einem Kongreß war, um dort Vorlesungen zu halten oder eine Auszeichnung entgegenzunehmen, verbrachte er viele Abende in diesem Laboratorium.

Das einzige, was Arthur nur sehr schwer akzeptieren und vor allem sehr schwer begreifen konnte, war Pauls Heirat mit Isabella Marchfelden. Als ein Mann, der hoch in den Dreißigern stand, hatte er natürlich das Recht, sich die Frau, die er heiraten wollte, selbst auszusuchen. Es war kein überstürzter Entschluß gewesen – Paul handelte niemals überstürzt. Er hatte Isabella gut zwei Jahre lang den Hof gemacht. Objektiv betrachtet, war es eine ausgezeichnete Partie, die er da machte. Es war schon etwas, wenn ein Wald-Reifnitz, dessen Mutter eine jüdische Perkacz war, eine reichsunmittelbare Gräfin heiratete, die das Recht hatte, den Kaiser mit »Cousin« anzureden. Sie hatte zwar kein Geld, aber was das betraf, so hatten zum Ausgleich dafür die Wald-Reifnitz und die Perkacz genug Geld, um ein ganzes Dutzend verarmter Gräfinnen erhalten zu können.

Trotzdem, wie war es nur möglich, daß Paul es über sich brachte, eine so unangenehme, unerfreuliche und ablehnende Person zu heiraten, die nur aus Mißbilligung zu bestehen schien, die über niemanden auch nur ein gutes Wort zu sagen wußte, die stets zutiefst gekränkt und enttäuscht zu sein schien, die nichts, aber auch schon gar nichts las außer das »k. u. k. Hofcircular«, und deren einziger, dafür aber unerschöpflicher Gesprächsstoff darin bestand, wer welchen Titel und welche Abstammung hatte, wer im Rang über wem stand und wer einen noch höheren Orden verliehen bekommen hatte.

Arthur konnte nicht einsehen, daß seine Schwiegertochter im Grunde zu bedauern war; für ihn war sie einfach ein rotes Tuch. Raphaela brachte ihr mit der Zeit etwas wie Mitgefühl entgegen, so gehässig und unangenehm sie auch sein mochte.

Die Hochzeit von Paul und Isabella war ein großes gesellschaftliches Ereignis – eine nicht endende Anzahl von Prinzen und Markgrafen waren anwesend, sogar ein Erzherzog erschien und drei Bischöfe amtierten. Kurz danach saß Raphaela bei einem offiziellen Diner neben dem Fürsten Sobieski, Herzog von Przemysl, dem österreichischen Botschafter in London. Der Fürst war Ehrenvorsitzender und sie selbst Mitglied des Damenkomitees bei der Konzerttournee, die ein englischer Männerchor durch Österreich unternahm; sie schauderte, wenn sie daran dachte, wie der Plafond erzittert war, als diese fünfhundert ernsthaften, bärtigen Sänger in einer falschen Tonlage ein Mendelsonsches Pianissimo herausgeschmettert hatten. Bei diesem Diner also lehnte sich der Fürst zu ihr herüber und sagte: »Wenn ich richtig informiert bin, Baronin, dann hat doch Ihr Sohn die Gräfin Isabella Marchfelden geheiratet? Ich gratuliere Ihnen, daß sie nun zu Ihrer Familie gehört – es gibt in Österreich kein besseres Blut. Übrigens, ich habe Ihre Schwiegertochter vor ein paar Jahren kennengelernt. Wie Sie vielleicht wissen, bin ich oberster Kommandant der Sobieski-Kürassiere, bei denen Graf Marchfelden lange Zeit Kommandant war. Bei einer meiner Regimentsvisiten war ich im Haus des Grafen Marchfelden zu Gast, und da er verwitwet ist, war Ihre jetzige Schwiegertochter damals meine Gastgeberin. Das war vor fünf oder sechs Jahren und sie war erst knapp sechzehn, also noch ein Kind. Ich glaube, für ihre jungen Schultern war die Last ein bißchen schwer, mich drei Wochen lang unterhalten zu müssen – vielleicht ist es also besser, sie erinnern Ihre Schwiegertochter nicht an ihre Bekanntschaft mit mir. Ich war betroffen davon, wie sehr die Comtesse sich der großen Armut schämte, die im Haus Marchfelden herrschte. Drei Wochen lang kam sie jeden Abend in demselben Abendkleid zum Diner – ihre Mutter hatte es ihr hinterlassen, und ich denke, es war wohl das einzige, das sie besaß. Das Kleid war mindestens zwanzig Jahre alt, völlig aus der Mode, und das arme Kind verschwand förmlich darin, obwohl sie die Ärmel aufgeschlagen hatte; der Saum war lose mit einem Faden hinaufgenäht und am Rücken hielten Sicherheitsnadeln den Stoff zusammen. Die arme Kleine ist drei Wochen lang am Kopfende des Tisches gesessen, Abend für Abend, unfähig zu reden oder einen Bissen hinunterzuschlucken, und immer wieder sind ihr dicke Tränen über die Wangen gerollt. Es freut mich, daß sie jetzt so viele neue Kleider haben kann, wie sie möchte – und ich hoffe, sie genießt es von ganzem Herzen!«

Der Fürst war wohl der Meinung, eine amüsante Geschichte erzählt zu haben. Aber Raphaela war keineswegs amüsiert, weder über die Geschichte noch über den Erzähler. Die Leute sangen immer Loblieder auf den Fürsten. Ihr Mann war der Ansicht, der Fürst sei der höflichste und charmanteste Aristokrat, der ihm je begegnet sei. Auch heute wieder, bei ihrem kleinen Fest, hatte sie sich von Mosenthal, Mariandls Mann, etwas Ähnliches anhören müssen – die Mosenthals waren in London gewesen und waren heute früh erst mit dem Orientexpreß zurückgekommen, um bei ihrem Fest zu Arthurs neunzigstem Geburtstag dabeizusein. Mosenthal hatte voller Begeisterung über das Essen erzählt, zu dem er gemeinsam mit seinem Bankierfreund von Sobieski eingeladen worden war. Ihr Sohn Paul war immer noch in London bei einem dieser Kongresse, um eine weitere Auszeichnung entgegenzunehmen; als ehemaliger Minister war er im Haus des Fürsten zu Gast. Heute früh hatte sie einen Brief von Paul bekommen, in dem er sich für seine Abwesenheit entschuldigte und ihr alles Gute zu ihrem Fest wünschte; auch er hatte mit einer für ihn völlig ungewohnten Begeisterung über den Prinzen erzählt, wie charmant er gewesen sei und wie überaus angenehm das Essen verlaufen sei.

Nun, mochte er noch so charmant sein, sie, Raphaela, hatte weder den Fürsten noch seine kleine Geschichte gemocht. Es störte sie nicht, daß er so herablassend war – er selbst hätte es wohl eher »leutselig« genannt. Sie konnte sich gut vorstellen, daß es für einen Sobieski schwer war, mit Leuten wie den Wald-Reifnitz irgendwie anders als herablassend zu sein; sie gehörten weder zu seinen Dienern noch zu seinen Bauern, aber als Gleichgestellte konnte er sie auch nicht akzeptieren. Sie nahm es ihm nicht übel, daß er eigentlich mehr oder minder deutlich ausgedrückt hatte: »Wenn dieses Mädchen nicht so bettelarm gewesen wäre, hätte sie niemals so tief unter ihrem Stand heiraten müssen.«

Das war zwar taktlos, aber zutreffend. Und Raphaela war immer bereit, der Wahrheit ins Gesicht zu sehen.

Was ihr an der Sache nicht gefiel, war das Gefühl, daß es dem Fürsten Vergnügen bereitete zu sehen, wie das Mädchen litt. Während er erzählte, hatte er denselben Ausdruck im Gesicht, den Raphaela bei Menschen beobachtet hatte, die einer Katze zusahen, die mit einer Maus spielte – Raphaela fand es einfach unerträglich.

Die Ironie dabei war, daß er unwissentlich Isabella damit einen Dienst erwiesen hatte. Denn Raphaela war sofort von einem starken Gefühl des Mitleids für ihre unangenehme, bedauernswerte Schwiegertochter erfüllt gewesen. Wann immer seitdem ihre Schwiegertochter den Versuch machte, sie zu provozieren – und das geschah bei jeder ihrer Begegnungen –, sah Raphaela sie vor sich, wie sie in dem schäbigen, billigen Taftkleid einer alten Frau am Tisch saß, neben diesem juwelenbehängten, parfümierten, hochmütigen Fürsten; und wahrscheinlich hatte sie die Demütigung doppelt schwer empfunden, weil sie in dem Glauben erzogen worden war, daß eine deutsch-österreichische Gräfin des heiligen römischen Reiches in Rang und Herkunft unsagbar höher steht als jeder dieser liderlichen Polacken, in deren barbarischem Land es ja Fürsten zum Schweinefüttern gab.

Sie hatte versucht, Arthur ihre Gefühle zu erklären, aber er hatte sie nur »sentimental« genannt. Aber auch er mußte zugeben, daß es letztlich ohne Belang war, ob sie mit ihrer Schwiegertochter auf gutem oder auf schlechtem Fuß standen. Sie waren schließlich nicht mit ihr verheiratet,

sondern Paul. Das einzige, was zählte, war, ob sie Paul eine gute Ehefrau und ob Paul ihr ein guter Ehemann war. Die Antwort auf diese Frage konnte nur als durchaus befriedigend bezeichnet werden. Paul war unübersehbar stolz auf Isabellas strenge, kalte, hochmütige Schönheit. Offensichtlich wünschte er sich nicht eine Frau, die Interesse für seine Arbeit zeigte, sondern eine Frau, die stolz war auf die Titel, Ehrungen und Orden, die er erhielt. Arthur hatte ungefähr gleich viele Auszeichnungen wie Paul erhalten; er hatte sie immer in die hinterste Schublade seines Schreibtisches verbannt und nie wieder einen Blick auf sie geworfen. Aber in Pauls großer Wohnung gegenüber der Oper stand eine große, beleuchtete Vitrine, an der kein Besucher achtlos vorübergehen konnte – hier waren sämtliche Orden ausgebreitet; einmal in der Woche wurden sie herausgenommen und poliert.
Paul hatte bekommen, was er wollte: eine perfekte Hausfrau und eine verläßliche, gewissenhafte Erzieherin seiner Kinder. Isabella wiederum, die in ihrer Kindheit finanzielle Sicherheit so verzweifelt begehrt und so bitter vermißt hatte, wollte einen Mann, der – wenn er auch nicht von so hoher Abkunft war, wie es ihr entsprechend ihrer Familie zugestanden wäre, hätte sie nur ein klein wenig Vermögen gehabt – doch »berühmt« war, ein ehemaliger Minister, der mit »Eure Exzellenz« angesprochen wurde und der so wie ein Mitglied des Hochadels unmittelbaren Zutritt zum Kaiser hatte.
Alles, was sie sonst noch interessierte, war die Genugtuung, daß die Tochter des Fürsten Sobieski, die Prinzessin Wottawa, ihre Karte abgab, und daß die verwitwete Gräfin Schwechat-Schwadron – die Mutter des Geliebten der Prinzessin Wottawa – sie zur Taufe ihres Enkelkindes einlud. Als Raphaela vor der Abreise Pauls nach London zum Abendessen kam, lagen diese beiden Visitenkarten gut

sichtbar auf einem Silbertablett im Vorzimmer. Die beiden waren auf ihre Weise glücklich, nur das zählte, und nicht, ob Pauls Eltern mit der Schwiegertochter zurecht kamen.
Aber obwohl Arthur zugeben mußte, daß Raphaela recht hatte, obwohl er so stolz war auf das, was sein Sohn an Karriere und wissenschaftlichen Erfolgen erreicht hatte, gab es eine unüberbrückbare Kluft zwischen Vater und Sohn. Diese Kluft zwischen ihnen hatte sich aufgetan, seitdem Paul als frühreifer Knabe das erste Mal »warum« gefragt hatte. Vater und Sohn sahen die Welt mit verschiedenen Augen, die Werte, die ihnen wesentlich waren, waren nicht die gleichen.
Sie hatten einmal mit Mariandls Mann, dem Anatomen Mosenthal, über Paul gesprochen – Mosenthal war auf seinem Gebiet ebenso berühmt und hervorragend wie Paul auf dem seinen; Mosenthal hatte Paul einen »Mann der Technik« genannt, einen »Mann des zwanzigsten Jahrhunderts«, der mit seiner »wissenschaftlichen Sicht der Wahrheit« und seiner »Objektivität« nichts als die nackten »Fakten« akzeptieren könne.
Aber genaugenommen war Paul das genaue Abbild seines Großvaters väterlicherseits, dem Feldmarschalleutnant, der absolut ein Mann des achtzehnten Jahrhunderts gewesen war und nicht im mindesten modern; er war im Zeitalter Napoleons ebenso erfolgreich gewesen wie Paul im Zeitalter der Elektrizität und des Telefons. Vor ein paar Jahren hatte ein Historiker eine Biographie des Feldmarschalleutnannts herausgebracht. In jedem Satz hatte Raphaela ihren Sohn Paul wiedererkannt: wie er ganz darin aufging, bessere Gewehre zu entwickeln, oder wie er mit dreizehn von zu Haus fortging, um in die Kadettenschule einzutreten, wie er zwar pflichtbewußt alle neunzig Tage einen Brief schrieb, sein Zuhause und seine Eltern aber

kein einziges Mal besuchte; erst vierzig Jahre später kam er wieder nach Schloß Reifnitz, als er in den Ruhestand trat. Von da an allerdings verließ er Schloß Reifnitz nicht mehr bis zu dem Tag, als er starb.

»Feldmarschalleutnant Baron Wald-Reifnitz hinterließ zwei bedeutende Errungenschaften«, schloß der Historiker. »Die Standardisierung aller Geschütze, wodurch die kaiserliche Armee-Gießerei in der Lage war, innerhalb eines Monats hundert Geschützrohre zu produzieren, wozu sie vorher ein Jahr gebraucht hatte. Und die Vereinheitlichung der Schulung der Artillerie, wodurch es möglich wurde, einen Mann innerhalb von neun Monaten zu einem vollqualifizierten Artilleristen auszubilden, wozu vorher fünf Jahre nötig waren.«

Pauls Mutter dachte, daß die Biographie ihres Sohnes, sollte jemals eine geschrieben werden, nicht sehr viel anders klingen würde.

Über diesen Gedanken geriet Raphaela, wie jedesmal, ins Grübeln über jene drei Männer, die sie in ihrem Leben wirklich gut gekannt hatte; alle drei waren erfolgreich, und jeder war völlig verschieden vom anderen.

Paul war am einfachsten zu erfassen, zugleich aber der Typ Mann, der am ausdauerndsten ist. Bei all seiner Forschungsarbeit, seiner Mathematik und seinem geschulten Verstand, war er vor allem ein hervorragender Handwerker. Die Welt brauchte zu jeder Zeit Handwerker, und sie hoffte, daß immer genug davon da sein würden. Sie sind die Kraft jeder Zivilisation und geben der Welt ihr tägliches Brot. Aber darüber hinaus haben sie nicht viel zu bieten, nichts, was Würze und Abwechslung bringt, nichts, was Freude bereitet.

Auch Arthur verkörperte einen fundamental wichtigen und beständigen Menschentypus, den des Künstlers. Zwanzig Jahre lang hatte er an seinem Buch über Brücken und Brückenbau gearbeitet. Als er damit fertig war, hatte er an den Schluß den Satz »AD MAJOREM DEI GLORIAM« gesetzt. Die Leute waren verdutzt gewesen, denn Arthur war allgemein als antiklerikal bekannt. Er aber hatte sein Buch nicht dem Gott Jehovah gewidmet, sondern der Natur. Der erste Absatz seines Buches lautete:

> *Dieses Buch handelt von den Dingen, mit denen sich Brückenbauer am meisten beschäftigen: Materialien, Aufhängung, Belastung durch Druck und Zugkraft, Windstärke, Wasserkraft, Tragfähigkeit, Wirtschaftlichkeit. Alle diese Dinge stellen in erster Linie für den Brückenbauer Einschränkungen dar. Sie sagen ihm, was er nicht tun kann. Das aber, was er tun kann und auch tun soll, wird ihm vom größten aller Baumeister, der Natur, vorgeschrieben. Ohne die Natur sind alle unsere Werke nichts. Der Wert einer Brücke mißt sich daran, wie sie sich in eine Landschaft oder ein Stadtbild einfügt. Das Merkmal einer richtig entworfenen Brücke besteht darin, daß sie die besten Seiten ihrer natürlichen Umgebung voll zur Geltung bringt.*

Kein einziges Mal hatte Arthur sie gefragt: »Gefällt dir diese Brücke?« Seine Frage hatte immer gelautet: »Wie wirkt dieses Tal mit der Brücke auf dich?«
Nur ein Künstler konnte die Frage in dieser Art stellen. Sie erinnerte sich daran, wie der damals noch blutjunge Gustav Mahler zu einem ihrer Hauskonzerte gekommen war, um seine ersten Kompositionen vorzutragen. Er mußte lange gebeten werden, bis er sie endlich vortrug. Dann aber hatte seine Frage nicht etwa gelautet: »Gefallen sie Ihnen?« sondern: »Werden sie gut klingen, wenn man sie singt?« Da hatte sie gewußt, daß sie einen wirklichen Musiker und Künstler vor sich hatte, obwohl die Lieder an sich noch recht unreif und wenig originell waren.

Der dritte Mann war ihr Bruder. Er war der einzige, den sie nur schwer verstand – obwohl Arthur ihn ganz einfach fand. Doch hatte sie mit sonst niemandem – außer vielleicht mit Maria – eine so unkomplizierte, harmonische, reibungslose Beziehung, frei von Mißverständnissen und Zweifeln.

Nach 1848 wollte ihr Bruder nichts mehr mit Politik zu tun haben. Zehn Jahre später waren die Liberalen in der Habsburger Monarchie an die Macht gekommen und hatten ihm einen Posten im Kabinett angeboten; er aber hatte dieses Angebot ohne Zögern abgelehnt. Er war durch und durch Geschäftsmann geworden. Nach dem ersten großen Eisenbahnbauprojekt, durch das Arthur und er reich geworden waren, hatte er sich wieder dem städtischen Realitätenmarkt zugewandt, womit seinerzeit sein Vater den Anfang gemacht hatte. Sehr rasch wurde er der führende Planer und Baumeister sämtlicher Großgebäude in der Stadt. Wann immer Raphaela die Ringstraße entlangfuhr oder -ging, sah sie die Wohnhäuser, Museen, Ministerien, Bürohäuser und Hotels, die von seiner »Ersten Österreichischen Baugesellschaft« errichtet worden waren, auf Grundstücken, die von seiner »Ersten Österreichischen Realitäten-Gesellschaft« gekauft worden waren; finanziert wurde das alles von seiner Perkacz-Hypothekenbank. Das Architekturbüro Perkacz & Co hatte die besten Architekten unter Vertrag. In seinen letzten Lebensjahren hatte sich ihr Bruder dann mit derselben Energie darangemacht, Touristik-Zentren zu erschließen und Hotels zu bauen: in den Bergen, an den Seen, am Meer, in den Dolomiten, den Bädern Böhmens und der Adria. Bei all diesen Unternehmen war er außergewöhnlich erfolgreich gewesen; er hatte damit mehr Geld verdient, als sie je für möglich gehalten hätte. Als die Anwälte sein Testament verlasen, war Raphaela geradezu überwältigt.

Aber, wie er selbst oft genug betonte, ein »wirklicher Geschäftsmann« war er eigentlich nie gewesen. Als er im Sterben lag, begann er seine Memoiren zu schreiben. Er lebte nicht lange genug, um sie zu Ende bringen zu können. Aber sein Sohn, Raphaelas Neffe, hatte das Fragment drucken lassen. Es begann mit folgenden Worten:

> *In meiner Jugend glaubte ich an die Verfassung; ich war bereit, mein Leben hinzugeben für eine verfassungsmäßige Regierung, für das Bürgerrecht, für parlamentarische Wahlen und die Pressefreiheit. Mein Leben lang habe ich dasselbe Ziel verfolgt: jene gerechte und freie Gesellschaft zu errichten, von der wir 1848 träumten, als wir auf die Barrikaden stiegen. Aber ich weiß seit langem, daß man dieses Ziel nicht durch eine Verfassung erreichen kann. Es hilft nichts, Gesetze zu erlassen – wir müssen die Menschen zu freien Bürgern heranziehen. Und diese Bewußtseinsumwandlung vollzieht sich im privaten Bereich der Menschen. Als Heranwachsende müssen sie von ihrer Umgebung durch das Gefühl der Würde, der Selbstachtung und der Eigenverantwortung geprägt werden.*
>
> *Ich bin immer noch ein Revolutionär – jedes einzelne der Gebäude, das ich in den vergangenen vierzig Jahren gebaut habe, legt Zeugnis davon ab. Immer noch träume ich von dieser tugendreichen Römischen Republik, der wir als Schuljungen in den trostlosen Jahren des reaktionären Vormärz die Treue schworen. Heute aber weiß ich, daß der Dolch eines Brutus nur eine neuerliche Gewaltherrschaft heraufbeschwört. Die Werkzeuge des Baumeisters sind es, die wir brauchen, nicht die Werkzeuge des Mörders. Mein Ziel ist es gewesen, eine menschenwürdige Umgebung zu schaffen, in der die Bürger aufrecht leben können.*

In seinem Buch vertrat ihr Bruder die Meinung, daß seine

Art zu bauen die gewinnbringendste sei, ja überhaupt die einzige, die Gewinn bringen könne. Er sprach voller Verachtung über die billigen Baumeister, die für die Errichtung jener entsetzlichen Arbeiter-Zinskasernen und stickigen Mittelklasse-Mietshäuser verantwortlich waren. Er behauptete, sie seien allesamt unfähige Geschäftsleute. Sicher, im Anfang schienen die Baukosten erstaunlich niedrig zu sein. Aber spätestens zehn Jahre danach würden die Gebäude verfallen, ihr eigener Wert wie der Wert der umliegenden Häuser würde um Klassen sinken. »Die Ratten halten Einzug«, schrieb er, »der Wert der Häuser fällt, dafür steigen die Erhaltungskosten, und die Mieterträge werden immer geringer.« Seine Gebäude hingegen stiegen ständig im Wert, während die Erhaltungskosten niedrig blieben oder sogar noch geringer würden; er führte zahlreiche Beispiele an, um seine Behauptung zu untermauern.

Raphaela hatte freilich den Verdacht, daß das für ihren Bruder nur eine sekundäre Rolle spielte; er würde wohl auf seine ureigenste Art weitergebaut haben, auch wenn das geringere Einnahmen bedeutet hätte. Perfektion bis in kleinste Details war für ihn überaus wesentlich – selbst auf den Dächern, wo wirklich nur die Krähen sie sehen konnten. Er bezahlte seine Architekten besser als jeder andere, er ließ aus Italien die besten und teuersten Steinmetze kommen. Und er baute hohe luftige Räume, obwohl er nach der Bauordnung die Stockwerke wesentlich niedriger hätte anlegen können und dadurch bei allen seinen Häusern und Bürogebäuden einen weiteren gewinnbringenden Stock hätte einziehen können.

»In meinen Häusern können die Menschen aufrecht stehen!« rühmte er sich stets.

Aber war dieser Typus Mensch, den Raphaela stets den »Patrizier« nannte, ebenso grundlegend und beständig wie der Handwerker und der Künstler? Oder war es doch eher so, wie ihr Mann immer behauptet hatte, daß dieser Typ ausschließlich dem vergangenen, optimistischen neunzehnten Jahrhundert angehörte?

Zehn Jahre nach dem Tod ihres Bruders schien es keine Patrizier mehr zu geben. Raphaela kannte nicht allzu viele Geschäftsmänner, hatte eigentlich nie viele gekannt, außer jene in ihres Vaters Familie – aber diejenigen, denen sie heute begegnete, waren ausschließlich an Geld interessiert, bestenfalls noch daran, als »gerissen« zu gelten.

Da war zum Beispiel der Bruder von Mariandl Mosenthal; Er war Bankier und hatte den Ruf, Österreichs, ja Europas bester Finanzmann zu sein, und man nannte ihn in einem Atemzug mit diesem sagenhaften amerikanischen Finanzgenie J. P. Morgan und Mosenthals englischem Freund Mr. Hinton.

Raphaela kannte sowohl Mosenthal als auch Hinton recht gut; sie schätzte Hintons Musikverständnis und daß er ein guter Zuhörer war. Weder Mosenthal noch Hinton waren sonderlich am Geldverdienen interessiert, obwohl sicher beide jede Menge Geld verdienten; (was den legendären Mr. Morgan betraf, so konnte sie diesbezüglich nicht für ihn bürgen; schließlich war er als Amerikaner für sie etwas reichlich Exotisches). Auch an den tatsächlichen oder möglichen Auswirkungen ihrer Tätigkeit waren sie nicht eigentlich interessiert. Ihr wirkliches Interesse galt ihrer Tüchtigkeit, dem, was sie das »Konzept« nannten, ihren Ideen, ihren nie endenden Transaktionen und komplizierten Geschäftsabwicklungen. Sie waren Handwerker, so wie Paul es gewesen war und vor ihm sein Großvater, der Feldmarschalleutnant.

Auch ihr Bruder hatte Erben gefunden für seinen Traum, die Welt zu verändern – freilich, sie glaubten neuerlich an die Verfassung. Und sie waren Sozialisten, wie der Enkel ihres Bruders, so wie sein bester Freund, der Sohn des Bankiers Mosenthal. Sie waren beide Medizinstudenten, völlig durchschnittliche, konventionelle junge Leute, die eine Zigarette nach der anderen rauchten, ihre Väter und Großväter verächtlich als »hoffnungslos bourgeois« bezeichneten und jederzeit dazu bereit waren, ihr Leben auf den Barrikaden für »die Revolution« oder »das Proletariat« hinzugeben, so wie ihr eigener Bruder, als er so alt wie diese jungen Männer, sein Leben für die Rechte der freien Bürger geopfert hätte. Es waren überaus ernsthafte junge Leute, dachte sie, aber im Grunde genommen völlig wirkungslos. Der Bankier Mosenthal und sein Freund Hinton hingegen waren erschreckend effektiv. Aber war es ihnen ernst damit – oder spielten sie nur mit ihrer eigenen Klugheit? An diesem Punkt ihrer Überlegungen hatte Arthur für gewöhnlich gesagt: »Hör auf, dir über das zwanzigste Jahrhundert den Kopf zu zerbrechen. Das zwanzigste Jahrhundert wird selbst für sich Sorge tragen müssen, ohne deine und meine Hilfe, ja wahrscheinlich auch ohne Pauls Hilfe. Genau genommen versuchst du mit diesen Überlegungen ja nur, nicht an Maria zu denken und nicht über sie reden zu müssen.«

Maria

Arthur hatte recht. Sogar jetzt noch, nach einem halben Jahrhundert, tat es weh an Maria zu denken und über sie zu reden. Noch mehr schmerzte es, an die Zeit nach Maria zu denken und davon zu sprechen.

Das erste Mal in den fünf Jahren seit Marias Geburt waren sie für längere Zeit voneinander getrennt. Den Winter über hatte Arthur an den Entwürfen für die Brücken und Viadukte der neuen Eisenbahnlinie über den Arlberg-Paß zwischen Innsbruck und der Schweizer Grenze gearbeitet. Es sollte seine berühmteste, aber auch seine originellste Arbeit werden. Die letzten Ausmessungen mußten selbstverständlich an Ort und Stelle vorgenommen werden, bevor mit der Erdaushebung und den Grabungen begonnen werden konnte. Das bedeutete, daß er im tiefsten Winter nach Tirol fahren mußte; im Hochgebirge waren die Straßen, so vorhanden, unpassierbar geworden durch Lawinen, durch schweren nassen Schnee und über die Ufer tretende Flüsse. Schweren Herzens hatten sie sich dazu entschließen müssen, daß Arthur allein fahren würde; Raphaela sollte sechs Wochen später, wenn der Schnee geschmolzen war, mit Maria nachfolgen.

In den Wochen vor Arthurs Abreise war Maria besonders entzückend, mit einem neuentwickelten, sehr weiblichen Hang zum Flirt. Manchmal schlich sie sich von hinten an ihren Vater heran, kitzelte ihn mit einer Feder und wand sich dann in Lachkrämpfen am Boden. Im nächsten Augenblick schon konnte sie tiefernst sein und derart tiefsinnige Fragen über eine von Arthurs Zeichnungen oder eines der Lieder ihrer Mutter stellen, daß ihre Eltern geradezu erschraken. Maria konnte stundenlang herumtollen, ohne müde zu werden. Dann wieder konnte sie durch Stunden regungslos die Goldfische im Aquarium beobachten, ihr Lieblingsgeschenk vom vergangenen Weihnachten. Arthur würde Raphaela vermissen. Aber beide wußten, daß ihm die Trennung von Maria noch viel schwerer fiel. Der einzige Trost war, daß es nur kurze sechs Wochen sein würden.

Zehn Tage nach Arthurs Abreise – er mußte zu diesem Zeitpunkt beinahe an seinem Bestimmungsort angelangt sein – begann Maria am Abend über Schmerzen im Kopf und in den Schultern zu klagen. Sie begann zu fiebern. Als Dr. Augsburg eine Stunde später endlich eintraf, wand Maria sich bereits in Krämpfen und schrie vor Schmerzen. Die ganze Nacht hindurch kämpfte der Arzt um ihr Leben und mobilisierte alles, was es an Heilkunst in Wien gab. Aber am nächsten Morgen war Maria tot.

»Gehirnhautentzündung«, sagte Dr. Augsburg. Er war fast ebenso verzweifelt wie Raphaela selbst. Doch als sie beginnen wollte, für das Weiterleben des Kindes zu beten, hielt er sie zurück: »Tun Sie das nicht, Baronin; seien Sie dankbar, daß sie stirbt. Wenn sie am Leben bliebe, würde sie fortan schwachsinnig oder gelähmt sein.«

In ihrer Verzweiflung schrie sie: »Warum nur bin ich nicht mit Maria mit Arthur mitgefahren; dort wäre sie außer Gefahr gewesen!« Doch der Arzt erwiderte ruhig: »Niemand kann dem Todesengel entkommen. Soviel wir über diese Erkrankung wissen, beträgt die Inkubationszeit mehrere Wochen, vielleicht sogar Monate. Das Kind wäre gestorben, wo immer Sie mit ihm auch hingefahren wären.«

Ihr Bruder zog zu ihr, obwohl seine Frau gerade erst ein Kind geboren hatte, damit sie bis zu Arthurs Rückkehr nicht allein war. Und auch der Arzt wich fast nie von ihrer Seite. Nachdem Arthur die Nachricht vom Tod seiner Tochter erhalten hatte, versuchte er so rasch wie möglich nach Hause zurückzukehren; aber damals gab es noch keine Telegraphen und keine Eisenbahn, und so benötigte er für seine Heimreise mehrere Wochen. Für Arthur mußte diese Zeit der Einsamkeit noch viel bitterer gewesen sein als für Raphaela.

Sie wußten beide, daß keiner von ihnen für den Tod des Kindes verantwortlich gemacht werden konnte. Trotzdem kehrte in ihren Gedanken immer wieder das furchtbare »hätte ich nur...« wieder, die Selbstvorwürfe entfernten sie voneinander und die Bitternis in ihren Herzen wuchs. Maria hatte sie wie mit einem starken Band aneinander gebunden; nun, da sie tot war, zerstörte sie ihre Ehe, zerstörte sie sie selbst.

Während dieser entsetzlichen zwei oder drei Jahre kam Arthur wohl noch von Zeit zu Zeit in Raphaelas Schlafzimmer. Aber sie wußte sehr wohl, daß er es nur aus einem Pflichtgefühl heraus tat und keineswegs, weil er Verlangen oder Freude daran empfunden hätte. Sie hätte nicht sagen können, woher sie die Gewißheit bezog – aber sie wußte, daß er in dieser Zeit mit einer, vielleicht auch mit mehreren anderen Frauen ein Verhältnis hatte, obwohl das gottlob weder damals noch später zwischen ihnen zur Sprache kam. Aber wenn sie in diesen endlosen Nächten allein in ihrem Bett lag und keinen Schlaf finden konnte, dann empfand sie keine Eifersucht. Vielmehr quälte sie sich mit Selbstvorwürfen: »Was habe ich falsch gemacht, daß er mich nicht mehr anziehend findet? Womit kann ich ihn verletzt haben?«

Wenn er aber doch einmal zu ihr kam, war sie vor Angst wie versteinert und hätte ihn am liebsten abgewiesen. Sie konnte den Gedanken an eine neuerliche Schwangerschaft nicht ertragen. In ihren Alpträumen brachte sie ein Monstrum zur Welt, eine Schwachsinnige, wie Maria es gewesen wäre, wenn sie die Krankheit überlebt hätte. Am schlimmsten aber war der Traum, in dem sie Maria noch einmal empfing, noch einmal zur Welt brachte und noch einmal an den Tod verlor. Jedesmal, wenn Arthur die Nacht bei ihr verbracht hatte, wartete sie voller Angst auf die nächste Monatsregel. Viele Jahre später, als sie endlich miteinander über diese furchtbare Zeit sprechen konnten, gestand Arthur, daß er damals ebenso große Angst davor gehabt hatte, ein Kind zu zeugen, wie sie gefürchtet hatte, ein Kind zu empfangen.

In diesen Jahren machten beide die Hölle durch. Zugleich aber reiften sie in dieser Zeit zu gefestigten, wirklichen Künstlern heran. Beide stürzten sich in die Arbeit, als wäre sie eine Droge. Arthur begann, an seinem großen Buch zu schreiben. Damals entstand auch sein Ruf als erstklassiger Baumeister, denn auf dem ganzen Kontinent gab es keinen Entwurf einer Brücke oder eines Viaduktes, auf dem sein Name gefehlt hätte.

Raphaela wiederum wandelte sich von einer begabten Amateurin zu einer echten Musikerin. Diese Entwicklung hatte wohl mit ihrer großen Enttäuschung begonnen, die sie über Schumanns Liederzyklus »Frauenliebe und Leben« empfand, der damals ungeheuer populär war. Sie hatte gehofft, darin für ihren eigenen Kummer als Frau ein Echo zu finden, doch stattdessen empfand sie die Lieder als schal und sentimental; dieser Eindruck hatte sich bis heute nicht für sie geändert. So machte sie sich also auf die Suche nach einer Musik, die ihrer Stimmung entsprach und der sie sich öffnen konnte. Diese Musik fand sie schließlich weit außerhalb des begrenzten Wiener Musikhorizonts – es waren die wunderschönen, fast überirdisch reinen Lieder von Berlioz, der damals auch in Frankreich noch ziem-

lich unbekannt war. Aber sie hatte nicht die nötige technische Ausbildung, um diese Lieder singen zu können. So ging sie also wieder zur Schule und arbeitete hart an ihrer Atemtechnik und dem richtigen Stimmansatz. Zu ihrer großen Überraschung fand sie heraus, daß sie einen Mezzosopran hatte mit einer so großen Spannweite, daß es beinahe schon ein wirklicher Alt war – sie, die ihr ganzes Leben lang einen hohen Sopran gesungen hatte.
Nach und nach festigte sich ihr Ruf als Musik-Pionierin, eine Aura, die sie auch heute noch umgab. Freilich, sie konnte längst nicht mehr die Lieder singen, die sie damals gesungen hatte und die die engstirnigen Wiener so befremdlich gefunden hatten: das deutsche Lied des achtzehnten Jahrhunderts, Vorläufer Schuberts; oder das französische Lied des neunzehnten Jahrhunderts von Berlioz über Fauré bis Debussy; oder ihre jüngste Entdeckung, die eigenartigen, wunderschönen Volkslieder dieser beiden jungen Budapester, Bartók und Kodály, die sie in letzter Zeit in Ostungarn und Rumänien zusammengetragen hatte. Aber sie konnte wenigstens dafür sorgen, daß diese Lieder vorgetragen und so den Menschen nahegebracht wurden. Sie hatte auch einen ausgezeichneten Ruf als Musikkennerin und exzellente Technikerin; dadurch kam es, daß sie schließlich zu unterrichten begann. Von allen ihren musikalischen Aktivitäten war dies die für sie befriedigendste und außerdem die einzige, die sie noch ausüben konnte, lange nachdem ihre Stimme sie in Stich gelassen hatte.
Später, nach dem Bau der »Marien-Brücke«, war sie viele Jahre hindurch Professorin am Konservatorium; sie unterrichtete Liedgesang und die Technik des Atmens und des Stimmansatzes. Selbstverständlich bezog sie keinerlei Gehalt und im Vortragskatalog wurde sie diskret als »Fräulein Wald« geführt.

Dann endlich fanden Arthur und Raphaela wieder zueinander.
In jenen frühen, glücklicheren Tagen vor Marias Tod hatte Raphaela, wenn sie Arthur auf seinen Reisen begleitete, immer Skizzenblock, Pinsel und Wasserfarben mitgenommen. Sie malte Arthurs Brücken und Viadukte, wie sie da aus dem Felsen emporwuchsen und schließlich wie lebendige Wesen aus den Verschalungen und Gerüsten hervortraten. Arthur liebte ihre Zeichnungen und er bewahrte sie alle sorgfältig auf. Freilich, das war die Arbeit eines Amateurs gewesen, dazu gedacht, ihr selbst und Arthur Freude zu bereiten. Diese Zeichnungen waren in keiner Weise ein Ersatz für die sorgfältigen Zeichnungen mit ihren präzisen Vermessungen, die Arthur als Grundlage beim Bau seiner Brücken dienten. Aber gerade, als sie jede Hoffnung für ihre Ehe aufgegeben hatte, war Arthur mit der Frage zu ihr gekommen: »Ich kann mir irgendwie nicht richtig vorstellen, wie das fertige Viadukt in diesem Tal aussehen wird. Würdest du mit mir kommen und mir Skizzen über die verschiedenen Möglichkeiten machen, wie und an welchen Plätzen das Viadukt ausgeführt werden kann?«
Von diesem Tag an gingen sie wieder gemeinsam auf Reisen. Es wurde bald zur Gewohnheit, daß Raphaela Arthurs erste, flüchtig hingeworfene Skizzen ausarbeitete und er dann erst seinen endgültigen Entwurf anfertigte. Von dieser Zeit an wurde sie Arthurs Partner, zwar nur ein Junior-Partner, aber doch ein Partner bei jeder seiner Arbeiten. Sowie sie ihre gemeinsamen Reisen wieder aufnahmen, wurden sie auch wieder Mann und Frau, oder besser gesagt Mann und Weib. Nur daß jetzt Raphaela diejenige war, die die Führung an sich riß, die Initiative ergriff, neue Spielarten erprobte und erforschte. Freilich ging sie nicht so weit, Arthur hinter einen Heuschober zu ziehen. Bei

Abenteuern dieser Art – und es gab einige davon – überließ sie Arthur die Initiative. Sie war der Ansicht, daß Heuschober absolut unter das Vorrecht des Mannes fielen. Sonst aber war sie es, die den ersten Schritt machte, und er ging darauf ein. Vielleicht war sie nach den vielen einsamen Nächten einfach ausgehungert nach Liebe, vielleicht aber hatten sie tatsächlich die Rollen getauscht. Vor Marias Tod hatte es »seine« Welt gegeben, nämlich seine Arbeit; dann hatte es »ihre gemeinsame« Welt gegeben – das Baby, das Zuhause. Jetzt gab es »ihre gemeinsame« Welt, die Welt seiner Brücken und Viadukte, in der sie seine gleichberechtigte Partnerin war; und dann gab es »ihre« Welt, die Welt der Musik, in der Arthur lediglich die Rolle eines bewundernden Zuhörers hatte.

Welche Gründe aber auch immer dazu geführt haben mochten, die neue Beziehung zwischen den beiden Eheleuten wurde allmählich ebenso innig und schön wie es die alte gewesen war. So wie ursprünglich Marias Geburt den Höhepunkt ihrer Beziehung dargestellt hatte, so stellte nun der Bau der Marien-Brücke den Höhepunkt und die absolute Erfüllung ihrer neuen Beziehung zueinander dar. Damals, in den späten Fünfzigerjahren, hätte Arthur sich normalerweise nicht mit der Errichtung einer kleinen Brücke für eine ländliche Schmalspurbahn befaßt. Für solche Aufträge war er bereits viel zu beschäftigt. Aber diese kleine Eisenbahn sollte eine alte Wallfahrtskirche auf der anderen Seite der Berge mit der Hauptlinie verbinden; das Tal, durch das die kleine Nebenlinie führen sollte, hatte für Arthur und Raphaela eine besondere Bedeutung: dort hatten sie bei ihrer ersten gemeinsamen Reise ihre »wirklichen Flitterwochen« begonnen, wie Arthur immer sagte. Sie liebten dieses kleine Tal mit seinen Alpenblumen und seiner verborgenen Schönheit – und sie wollten nicht, daß diese Schönheit zerstört würde.

Die Marien-Brücke war das Projekt, bei dem die Zusammenarbeit zwischen Arthur und Raphaela am stärksten war. Natürlich war es Arthur, der die technischen Einzelheiten plante: ein rustikales Holzgerüst hoch über dem Wasserfall, das geradezu einfach und zerbrechlich anmutete. Raphaela war es dann gewesen, die den glücklichen Einfall hatte, die Brücke in einem leichten Winkel parallel zum dahinterliegenden Bergkamm zu führen – die Kritiker feierten diese Brücke später als Arthurs bestgelungene Arbeit. Arthur wiederum überraschte Raphaela bei der Einweihungsfeierlichkeit damit, daß er die Brücke »Marien-Brücke« benannte; Jahre später wählte er dann das Aquarell, das sie von der Brücke gemacht hatte, für das Titelbild seines Buches aus.

An jenem weit zurückliegenden Abend hatte sie im Licht der untergehenden Sonne die fertiggestellte Brücke gezeichnet; dann waren sie lange Zeit still nebeneinander sitzen geblieben, Hand in Hand, voller Scheu, wie ein ganz junges Liebespaar bei seinem ersten Rendezvous. Als die Dunkelheit hereingebrochen war, sagte Arthur: »Ich danke dir, Raphaela«; dieselbe Stimme, dieselben Worte wir vor mehr als zehn Jahren, als sie zum ersten Mal das Lied »An die Musik« für ihn gesungen hatte. Und beide wußten, daß sie nun endlich die »rosa mystica«, das Mysterium ehelicher Liebe erreicht hatten, jenes unzerreißbare Band, das aus gemeinsam durchlittenem Kummer und gemeinsam durchlebter Freude geflochten ist.

»Und so lebten wir glücklich fort und fort«, dachte die Baronin Raphaela Wald-Reifnitz. Immer, wenn sie und Arthur ihren Erinnerungen nachgehangen waren, hatten sie an diesem Punkt, den Arthur »unsere zweiten Flitterwochen« nannte, haltgemacht.

»An die Musik«

Für Raphaela selbst freilich war noch ein weiterer Schritt in ihrer Entwicklung gefolgt.
Sie hatten den Anatomen Mosenthal seit frühester Kindheit gekannt – sein Vater war Österreichs führender Eisenbahn-Anwalt. Seit der Studienzeit war er mit ihrem Bruder befreundet und viele Jahre hindurch war er Arthurs und ihres Bruders Rechtsberater. Der Arzt Mosenthal liebte die Musik, und so wurde er sehr bald zu einem oft gesehenen Gast in ihrem Haus. Raphaela war es gewesen, die seinerzeit dem damals Dreizehnjährigen geraten hatte, nicht die allgemein üblichen Instrumente wie Violine oder Klavier zu lernen, sondern die Viola. Mosenthal kam nie über ein recht mittelmäßiges Spiel hinaus, aber da sogar mittelmäßige Bratschisten eine Rarität sind, war er bei allen musikalischen Abenden im Haus Wald-Reifnitz gern gesehen. Weder Arthur noch Raphaela hatten sonderlich viel fürs Klettern übrig; aber sie teilten seine Liebe fürs Land und lange bevor das Bergsteigen allgemeine Beliebtheit erreichte, kannten sie Mosenthal bereits als hervorragenden Bergsteiger.
Natürlich hatten auch sie die Neuigkeit gehört, daß er eines Tages im September mit einer Ehefrau aus den Dolomiten nach Wien zurückgekommen war – einem Mädchen aus einem abgelegenen Dörfchen im Grödnertal. So weit man wußte, war sie die Tochter eines Holzschnitzers und ihr Bruder war jener Bergführer, der Mosenthal auf seinen ersten Touren begleitet hatte. Raphaela hörte, daß das Mädchen sehr hübsch sei, aber natürlich ohne einen

Hauch von guter Erziehung – eine Bäuerin, eine Wilde, ungehobelt, ohne Manieren und vermutlich nicht einmal imstande, zu lesen oder zu schreiben.
»Mosenthal hat sich selbst ruiniert«, verkündete Raphaelas Schwiegertochter mit unüberhörbarer Schadenfreude. »Nach dieser unmöglichen Verbindung wird er in keinem guten Haus in Wien mehr empfangen werden!«
Raphaela war also nicht im geringsten überrascht, als Mosenthal bei ihr vorsprach, um ihr seine junge Frau vorzustellen. Allerdings traf sie die Schönheit der Braut völlig unvorbereitet: wie ein Bild von Perugino oder wie eine Madonna von Raffael, mit demselben Ausdruck ernster Zärtlichkeit, zugleich aber einer Andeutung eines Grübchens in der Wange. Als die junge Frau knickste und dabei »Gnädige Frau Baronin!« sagte, war Raphaela betroffen vom Charme dieser Stimme und fragte spontan: »Singen Sie vielleicht?«
Die junge Frau errötete bis zu den Haarwurzeln und brachte kein Wort heraus. Mosenthal aber erwiderte voller Eifer an ihrer Stelle: »Sie kennt die schönsten Volkslieder, Baronin, und sie singt sie sehr hübsch.« »Nun, wollen Sie für mich singen?«
Es brauchte lange, bis sie sie dazu überreden konnten – dann aber sang sie ein Volkslied nach dem anderen, die meisten waren völlig unbekannt, denn damals war es noch nicht in Mode gekommen, Volkslieder zu sammeln. Sie hatte eine glockenhelle Sopran-Stimme, sie intonierte richtig und schien das absolute Gehör zu besitzen.
Raphaela war damals bereits sechzig Jahre alt und hatte aufgehört zu unterrichten. Bei Mariandl aber machte sie eine Ausnahme, Mariandl wurde ihre Schülerin – bei weitem die beste, die sie jemals gehabt hatte. Es dauerte nicht lange und Mariandl wurde eine bessere Sängerin und Musikerin als Raphaela selbst. Eines Tages entdeckte Mariandl

die Zeichnungen und Skizzen, die Raphaela von Arthurs Brücken gemacht hatte. Mariandl bat darum, bei ihr zeichnen lernen zu dürfen. Bald darauf begann sie, mit ihrem Mann zusammenzuarbeiten; sie skizzierte und malte all die erstaunlichen, wundervollen Dinge, die er unter dem Skalpell und unter dem Mikroskop im menschlichen Kopf und Gehirn entdeckte. Bald schon überflügelte Mariandl ihre Lehrerin beim Zeichnen und Malen, so wie sie sie als Musikerin überflügelt hatte.

Raphaela wußte sehr wohl, daß sie selbst als Malerin nie mehr als eine Amateurin gewesen war; sie wußte, daß ihr Mann die eigentliche Arbeit geleistet hatte, während sie bestenfalls kleine Illustrationen dazu beigesteuert hatte. Aber wenn nun Mosenthals »Sinnesorgane« als Standardwerk und als ebenbürtig mit Grays »Anatomiewerk«, ja sogar ebenbürtig einem Vesalius angesehen wurde, dann war das ebenso Mariandls künstlerischem Beitrag wie Mosenthals eigener Gelehrtheit zuzuschreiben. »Ich bin immer nur Arthurs Junior-Partner gewesen«, dachte Raphaela. »Zu mehr wäre ich niemals imstande gewesen. Mariandl aber ist ihrem Mann absolut ebenbürtig.

Selbstversändlich bin ich nicht ›für immer jung‹, wie Mariandl das vor ein paar Monaten behauptet hat. Ich bin eine alte Frau. Aber es ist Mariandls Verdienst, daß ich nicht aufgegeben habe, daß ich mich nicht dem Alter ergeben habe. Für mich hat Mariandl das Alter um zwanzig und mehr Jahre hinausgeschoben. Gerade als Arthur und ich begannen, uns auf den Leistungen der Vergangenheit auszuruhen, brachte Mariandl uns alle diese jungen Leute ins Haus. Freilich, ohne Mariandl würde ich schwerlich zurechtkommen mit diesem jungen Volk, mit ihren Liebesgeschichten, ihren Streitigkeiten, mit all dem Lärm, den Jugend mit sich bringt. Aber, wenn Mariandl nicht wäre, dann würden sie überhaupt nicht zu mir kommen.«

Mariandl hatte sowohl Arthur als auch Raphaela dazu gebracht, wieder zu arbeiten, mit etwas völlig Neuem, Anderem anzufangen. Arthur hatte längst damit aufgehört, für ganz Europa Pläne zu entwerfen und auszuarbeiten; schließlich war er schon über siebzig, und so beschränkte er sich darauf, von Zeit zu Zeit bei einem großen Projekt als Berater zu fungieren. In der Folge hatte auch Raphaela aufgehört, zu malen und zu zeichnen, denn sie zeichnete und malte ausschließlich für ihn. Es war Mariandl gewesen, die sie schließlich zu ihrem erfolgreichsten und schönsten gemeinsamen Abenteuer überredet hatte – zu einer gemächlichen, drei Sommer dauernden Reise durch die Alpen von der Riviera bis zur Adria. Dabei sammelten sie anschauliche Beispiele für ihr gemeinsam verfaßtes Buch »Viadukte und Brücken im Gebirge, von der Römerzeit bis heute«; Arthur schrieb den geschichtlichen und technischen Teil, während sie die Illustrationen beisteuerte, und zwar zum ersten Mal als gleichberechtigte Partnerin. Das Buch kam gerade rechtzeitig zu Arthurs achtzigstem Geburtstag heraus; nichts in seinem Leben brachte ihm mehr Freude und Anerkennung als dieses Werk.

Mariandl hatte aber Raphaela ein noch viel größeres Geschenk gemacht: sie lehrte sie über sich selbst zu sprechen, sich anderen anzuvertrauen.

Raphaela war von klein auf dazu erzogen worden, niemals über sich selbst zu reden. »Eine Dame hört zu«, war das Motto ihrer Kindheit gewesen – und so war sie eine ausgezeichnete Zuhörerin geworden. Ihre Neigung zur Schweigsamkeit wurde sicher noch dadurch verstärkt, daß Verschwiegenheit ein Erbteil ihrer sephardischen Abstammung war – die Verschwiegenheit eines Volkes, das vermocht hatte, viele Jahrhunderte inmitten der Feinde zu überleben, indem seine Angehörigen nach außen wie Christen lebten, im Kreis der Familie aber strenggläubige Juden blieben. Jahrhundertelang hatten sie das mittelalterliche Spanisch ihrer Vorfahren erhalten; und jeder einzelne von ihnen wußte, welches Haus in Granada oder Toledo es war, zu dem jener Schlüssel gehörte, der an einem geheimen Platz an einem ornamentverzierten Haken hängt und der von einem Exil ins andere mitgenommen wird.

Mit Mariandl aber begann Raphaela endlich zu reden, sie vertraute sich ihr an, sie machte sich über sich selbst Gedanken und sie entdeckte ihre eigene Persönlichkeit, war nicht mehr länger nur die Schwester ihres Bruders, Arthurs Frau oder Marias Mutter.

»Eine eigenartige Beziehung ist das«, dachte Raphaela. »Ich bin vierzig Jahre älter als sie und dem tragen wir auch Rechnung in der Art und Weise, wie wir einander ansprechen. Selbstverständlich habe ich ihr von Anfang an ›Mariandl‹ gesagt und sie auch sehr rasch geduzt. Aber Mariandl sagt zu mir immer noch ›Baronin‹, in seltenen Augenblicken besonderer Vertrautheit vielleicht auch ›Baronin Raphaela‹, und es hat lange gedauert, bis sie sich daran gewöhnt hatte, ihre so viel ältere Freundin mit ›Du‹ anzureden.

Andererseits ist sie diejenige, die mit beiden Beinen fest im Leben steht, die stets ruhig und voller Zuversicht ist; mit ihr spreche ich, wenn ich einen Ratschlag, Trost und Unterstützung brauche. Das wichtigste aber ist, daß ich mit ihr *reden* kann, daß ich in ihr eine wirkliche Freundin habe.«

Selbstverständlich hatte es einige Zeit gedauert, bis es soweit war, und Mariandl hatte Raphaela etliche Jahre lang geduldig umwerben müssen, bis Raphaela endlich sprechen konnte – zuerst über ihre Heirat, die ersten Ehejahre mit Arthur, schließlich unter großer Überwindung über Maria und die entsetzliche Zeit nach Marias Tod.

Am Ende hatte sie Mariandl sogar anvertraut, welche besondere Bedeutung das Lied »An die Musik« im Laufe der Zeit für sie und Arthur bekommen hatte.
Es war am Morgen vor Arthurs achtzigstem Geburtstag gewesen. Klimts Portrait stand bereits auf einer Staffelei neben dem Gabentisch. In einem plötzlichen Impuls hatte sie einen Zeichenstift genommen und auf die Rückseite der Leinwand die Worte »An die Musik« und das Datum geschrieben.
Mariandl hatte sie fragend angelächelt. Raphaela war wie ein Schulmädchen errötet – dabei war sie würdige Großmutter von vier Enkeln und über siebzig! Dann hatte sie Mariandl von jenem Abend erzählt, an dem er ihr die Marien-Brücke gewidmet hatte und sie im Gasthof in ihrem Zimmer lange Zeit schweigend Seite an Seite gesessen waren. Als es schließlich stockdunkel geworden war und das Zimmermädchen eine Kerze gebracht hatte, hatte Arthur aus seiner Reisebibliothek ein Buch genommen – Jean-Paul Richter vielleicht, oder Novalis oder Tristram Shandy, seine Lieblingsdichter. Dann hatte er ihr folgenden Satz vorgelesen: »In der Liebe ist es wie in der Musik; je mehr man übt, desto besser wird man.«
Sie hatte ein bißchen verlegen gelacht. Der arme Franz Schubert hat sicherlich nicht das im Sinn gehabt. Die einzige Erfahrung, die er jemals mit der Liebe und mit den Frauen gemacht hatte, war ja wahrscheinlich diese eine Begegnung mit der Prostituierten gewesen, der er seine Syphilis und dadurch seinen frühen Tod zu verdanken hatte.
Aber wann immer sie seither dieses Lied gesungen hatte, hatte es für Arthur und sie den Ruf zu einem Stelldichein bedeutet und sie hatte begriffen, was mit der »holden Kunst« gemeint sei, an die die Schlußworte des Liedes gerichtet sind: »Ich danke Dir dafür!«

»Auch heute noch? In unserem Alter?« Sie glaubte Arthurs Stimme zu hören, halb spöttisch, halb liebevoll, so wie er immer zu ihr gesprochen hatte, wenn er sie bei einem ihrer »romantischen Flüge« ertappte, wie er es zu nennen pflegte.

»Gerade heute!« antwortete sie mit derselben festen Stimme, die keinen Widerspruch duldete, wie vor sechzig Jahren, als sie ihrem Vater erklärt hatte: »Diesmal *ist* es im wirklichen Leben passiert.«

Und als wollte sie einem törichten Streit ein Ende machen, öffnete sie den Klavierdeckel und begann leise ihr Lied zu spielen und die Worte vor sich hinzusummen. Nach ein paar Takten ließ sie die Hände auf den Tasten ruhen und glitt in den leichten Schlaf der Alten hinüber. So fand Mariandl sie, als sie wenige Minuten später kam, um sich von ihr zu verabschieden. Das Mieder ihres blauen Kleides hob und senkte sich sanft im Rhythmus ihres Atems. Mit tiefer Ergriffenheit sah die jüngere Frau, wie sehr dieses alte, runzelige Gesicht der jungen »Verliebten« auf Waldmüllers Bild glich: Auf beiden lag der helle Glanz der ersten Jugendliebe.